Oliver Geisselhart | Helmut Lange

LIEBE AM O(H)R

D1725050

Oliver Geisselhart | Helmut Lange

LIEBE AM O(H)R

Mit Wortbildern hundert und mehr
Spanischvokabeln pro Stunde lernen

mvgverlag

Bibliografische Information der Deutschen Nationalbibliothek
Die Deutsche Nationalbibliothek verzeichnet diese Publikation in der Deutschen Nationalbibliografie. Detaillierte bibliografische Daten sind im Internet über http://dnb.d-nb.de abrufbar.

Für Fragen und Anregungen:
info@mvg-verlag.de

2. Auflage 2016

© 2012 by mvg Verlag, ein Imprint der Münchner Verlagsgruppe GmbH,
Nymphenburger Straße 86
D-80636 München
Tel.: 089 651285-0
Fax: 089 652096

Alle Rechte, insbesondere das Recht der Vervielfältigung und Verbreitung sowie der Übersetzung, vorbehalten. Kein Teil des Werkes darf in irgendeiner Form (durch Fotokopie, Mikrofilm oder ein anderes Verfahren) ohne schriftliche Genehmigung des Verlages reproduziert oder unter Verwendung elektronischer Systeme gespeichert, verarbeitet, vervielfältigt oder verbreitet werden.

Redaktion: Petra Holzmann, München
Umschlaggestaltung: Kristin Hoffmann, München
Umschlagabbildung: Ralph Bittner, München
Satz: Daniel Foerster, Belgern
Druck: CPI books GmbH, Leck
Printed in Germany

ISBN Print 978-3-86882-282-3
ISBN E-Book (PDF) 978-3-86415-334-1
ISBN E-Book (EPUB, Mobi) 978-3-86415-335-8

Weitere Informationen zum Verlag finden Sie unter

www.mvg-verlag.de
Beachten Sie auch unsere weiteren Verlage unter
www.muenchner-verlagsgruppe.de

100 oder 200 Vokabeln in nur einer Stunde lernen …

… funktioniert wirklich. Unser Buch *Schieb das Schaf – mit Wortbildern hundert und mehr Englischvokabeln lernen* hat es bewiesen. Die Resonanz war unglaublich. Der Erfolg ebenso. *Schieb das Schaf* war bei Amazon sogar auf Platz eins! Also war es der bestverkaufte Buchtitel von über 10.534.000 verschiedenen lieferbaren Büchern bei Amazon! Es hielt sich wochenlang in den Top 100 der Gesamtbücher-Bestseller-Liste. Die Mails und Dankesschreiben, welche wir erhielten, überstiegen unsere kühnsten Träume. Eltern, die sich freuten, weil ihre Tochter eine Eins im Vokabeltest schrieb, ältere Herrschaften, die ihr Englisch auffrischen wollten, Business-Menschen, die Englisch lernen mussten, Schüler, Studenten, Hausfrauen und -männer, Azubis, Arbeiter, Verkäufer, Ärzte, Manager oder Vorstände. Menschen, die lernen müssen oder wollen, oder Leute, die einfach nur Spaß mit den lustigen Verbilderungen hatten: Aus allen Schichten, in jedem Alter, für etliche Anwendungen – *Schieb das Schaf* schob so viel positives und überwältigendes Feedback in unsere Büros. Wir waren überrascht und bestätigt zugleich. Dass sich ein solches »Vokabelbuch« gut verkauft, davon waren wir überzeugt. Der Verlag auch. Dass es aber gleich so einschlägt, damit hatte keiner gerechnet. Mittlerweile gibt es einen extra Vortrag zum Vokabelthema. Schulen und Universitäten laden uns ein. Der Höhepunkt aber war sicher der Deutsche Schulleiterkongress. Dort durfte ich, Oliver Geisselhart, einen Vortrag vor über 1000 Schulleitern halten. Und: Sie waren begeistert! Wir hätten ja bei einem solchen Publikum doch eher mit etwas Skepsis gerechnet. Aber nein, die Schulleiter haben es mit offenem Geist angenommen. Der Run auf *Schieb das Schaf* im Anschluss auf den Vortrag war gigantisch. Und auch dort wurde von den meisten der Wunsch nach weiteren Büchern dieser Art geäußert. Meist mit dabei: Spanisch! Und um den zahlreichen Anfragen nach einem »Spanischvokabelbuch« nachzukommen, haben wir dann *Liebe am O(h)r – mit Wortbildern hundert und mehr Spanischvokabeln lernen* geschrieben. Wir sind gespannt, wie es mit diesem Buch vorangeht.

Wer *Schieb das Schaf* bereits kennt, kann einige Teile der Einführung gerne noch einmal wiederholen. Wiederholung schadet ja nicht. Sie muss aber wahrscheinlich gar nicht sein. Schauen Sie einfach mal. Auch hier werden Sie gleich in der Einleitung die ersten 100 Spanischvokabeln lernen. So ganz nebenbei. Und mit Spaß. Ein paar Erklärungen kennen die »Schaffans« schon. Genauso wie die Erklärung der Technik im Allgemeinen. Sie können also nach der Lektüre nicht nur die circa 1500 Spanischvokabeln, sondern Sie haben auch die »LaGeiss-Technik« (abgeleitet von den Namen Lange und Geisselhart) drauf. Damit lernen Sie Vokabeln aller Sprachen effizient, schnell und dauerhaft.

Vokabellernen leicht gemacht

Sie wollen *viele* Vokabeln in kurzer Zeit dauerhaft abspeichern? Sie wollen also 100 oder gar 200 oder noch mehr Vokabeln in nur einer Stunde lernen? Sie wollen dabei auch noch Spaß haben und sich amüsieren?

Vergessen Sie es! Das schaffen Sie nie! Das heißt: Das schaffen Sie nie mit den Lerntechniken, die Sie in der Schule beigebracht bekommen haben. Apropos: Lerntechniken – in der Schule? Haben Sie dort denn überhaupt gelernt, *wie* Sie lernen sollen? Also ich nicht. Ich wusste nur, *dass* ich lernen sollte. Aber eben nicht, *wie*. Und so geht es 99,9 Prozent aller Menschen im deutschsprachigen Raum.

Zum Beispiel kam am Ende eines Gedächtnistraining-Vortrags ein Teilnehmer an den Signiertisch und wollte mich sprechen. Er sagte, er habe große Probleme damit, Fremdsprachen zu lernen. Wenn er eine neue Vokabel gelernt habe, vergesse er sie schnell wieder. Ich fragte ihn, wann er sie denn nicht mehr wüsste: nach zwei Tagen oder nach zwei Wochen? Daraufhin meinte er: »Nach zwei Sekunden!« Da musste ich ein Schmunzeln unterdrücken. Denn dann hatte er die Vokabel wahrscheinlich nicht wirklich gelernt.

Solche Begebenheiten erleben Helmut Lange und ich, Oliver Geisselhart, immer wieder bei Vorträgen oder Seminaren. Die allerwenigsten Menschen können gut, sicher, schnell und dauerhaft Vokabeln lernen. Selbst Schüler, die ja voll im Training sind, lernen zwar bis zu 50 Vokabeln in einer Stunde, aber die behalten sie meist nur bis zur Klausur im Gedächtnis. – Sie haben sie also nicht wirklich effektiv gelernt.

Was also tun?

Ganz klar: mit der richtigen Technik Vokabeln lernen! Und auf einmal geht es, ist es leicht, macht es sogar Spaß! Das ist nicht zu glauben und hört sich komisch an, aber es ist so!

Sie sind nicht zu alt!

Nein, auch wenn Sie jenseits der 30 sind, selbst wenn Sie jenseits der 70 sind, funktioniert es bei Ihnen. Die einzige Voraussetzung ist: Sie sollten geistig normal gesund sein. Ihr Gedächtnis wird im Alter nicht schlechter, zumindest nicht spürbar. Ihr Gedächtnis wird nur schlechter, wenn Sie es nicht mehr benutzen. Wenn Sie allerdings auch im Alter noch geistig rege bleiben und sich etwas fordern, bleibt Ihr Geist sehr leistungsfähig. Gut, gemäß der Wissenschaft werden Sie etwas, aber auch wirklich nur etwas langsamer, ansonsten sind sie genauso leistungsfähig. Was noch wichtiger ist: genauso lern- und wachstumsfähig!

Dominic O'Brien wurde achtmal Gedächtnisweltmeister, zuletzt mit 44 Jahren. Würde er heute mit 54 Jahren bei der Weltmeisterschaft mitmachen, hätte er wohl noch immer gute Chancen. Aber wollen Sie Gedächtnisweltmeister werden? Die meisten Menschen wohl eher nicht. Gedächtnissportler merken sich zum Beispiel 2280 Zahlen in nur einer Stunde (Wang Feng aus China) oder 201 Vor- und Zunamen und Gesichter in nur 15 Minuten (Boris-Nikolai Konrad aus Deutschland) oder

1.456 Karten in der richtigen Reihenfolge (Ben Pridmore aus England). Gut, das braucht eigentlich kein Mensch, aber sie können es!

Du bist auch nicht zu jung!

Auch wenn du gerade erst mit der Schule beginnst, funktioniert diese tolle Lerntechnik bei dir ebenso. Die junge Lara Hick stellte mithilfe dieser Technik im Jahr 2004 in der Gruppe der Acht- bis Zwölfjährigen einen Weltrekord auf: Sie merkte sich **in nur fünf Minuten 42 Vokabeln**!

Das wären nach Adam Riese ganze **504 Vokabeln in nur einer Stunde**!

Unglaublich? Natürlich! Aber wer kein Handy kennt, findet es auch unglaublich, dass man damit mit Menschen sprechen kann, die Tausende Kilometer weit weg sind. Du wirst gleich bei der ersten Übung merken, dass es auch bei dir funktioniert. Du merkst dir sofort bei dieser ersten Übung circa 20 Vokabeln in nur vier bis fünf Minuten!

20 Vokabeln in fünf Minuten

Okay, legen wir los. Just do it!

Lesen Sie den unten stehenden Text aufmerksam durch. Stellen Sie sich jede der zehn Szenen bildhaft vor. Auf der Leinwand Ihres Kopfkinos sollten Sie die Situationen so sehen, als hätten Sie sie gerade eben tatsächlich beobachtet. Am besten funktioniert das, wenn Sie direkt nach dem Lesen jeder Szene die Augen schließen. Verweilen Sie pro Szene beziehungsweise Bild circa fünf bis zehn Sekunden. Lassen Sie auch die Gefühle zu, die Sie hätten, wenn Sie die Szene in Wirklichkeit erleben würden. Wenn Sie alle zehn Szenen verbildert haben, werden Ihnen Fragen gestellt, die Sie dann beantworten sollen.

Nun geht es los:

1. Jemand sitzt im **Kanu** und spielt **Bongo** (bongo).
2. Heute gibt es **Brote** (brote) mit **Sprossen**.
3. Ein **Orca**-Wal (horca) hängt an einem **Galgen**.
4. Ein **Inder mit Ente** (intermitente) Citroën 2CV repariert einen **Blinker**.
5. Meine (Tante mit Lackfummel) **Lack-Tante** (lactante) stillt einen **Säugling**.
6. Die **Mango** (mango) hat einen **Griff**. Damit man sie vielleicht besser essen kann.
7. Ein Läufer rennt als Erster durchs **Ziel** und wird mit **Lametta** (la meta) von den Fans beworfen.
8. Eine **Bärin** (mit rosa Röckchen – soll ja auch eine Bärin und kein Bär sein) trinkt **O-Sa**ft (osa).
9. Mit einem **Bügeleisen** im **Plansch**becken (plancha) die Wasseroberfläche glatt bügeln.
10. Aus einer runden **Rama**-Margarine (Marke) wächst ein **Zweig** durch den runden Deckel.

Wenn Sie wirklich jede Szene deutlich im Geiste gesehen haben, beantworten Sie bitte folgende Fragen:

1. Wo hält sich der Typ auf, der **Bongo** spielt?

_____

2. Womit sind die **Brote** belegt?

_____

3. Wo hängt der **Orca**-Wal?

_____

4. Was reparierte der **Inder mit Ente**?

_____

5. Wen stillt die **Lack-Tante**?

_____

6. Was besitzt die **Mango**, um sie besser essen zu können?

_____

7. Wann wird der Läufer von den Fans mit **Lametta** beworfen?

_____

8. Wer trinkt **O-Saft**?

_____

9. Was benutze ich im **Plansch**becken?

_____

10. Was wächst aus der **Rama**schachtel heraus?

_____

Nun, wie viele Antworten haben Sie richtig? Bei mehr als sieben Richtigen dürfen wir Ihnen gratulieren. Bei weniger als sieben können wir Ihnen Mut zusprechen, denn: Man kann diese Lerntechnik verbessern und optimieren.

Hiermit haben Sie schon die ersten Vokabeln gelernt. Ja, tatsächlich! Denn wenn Sie wissen, wer am Galgen hängt (genau: der Orca), dann wissen Sie auch, was »Galgen« auf Spanisch heißt: Orca (= horca)! Und Kanu heißt demnach? Genau: bongo. Es wird sogar genauso geschrieben. Und wenn Sie noch wissen, wer den Blinker repariert hat, haben Sie auch die Vokabel »Blinker« gelernt: Denn »Blinker« heißt auf Spanisch: intermitente (Inder mit Ente, Citroën 2CV).

Sollten Sie also alle zehn Antworten gewusst haben, haben Sie zehn Vokabeln gelernt!

Gleich weiter geht's mit noch einmal zehn Kopf-Szenen. Sehen Sie diese bitte auch wieder so wie gerade vor Ihrem geistigen Auge.

1. Ein **Rechtsanwalt** hält eine **Avocado** (abogado) in seiner Hand.
2. Ein (A) **Lammbrate**n (alambrada) ist mit **Stacheldrahtzaun** umwickelt.
3. Eine **dicke** (dique) Frau sitzt auf dem **Deich**.
4. Auf den **Balear**en (balear) **schießen** alle wild um sich.
5. In der **Unterhose** steckt ein **Bombenarsch** (bombacha).
6. Der **Kasper** (caspa) vom Kasperltheater schüttelt seine **Kopfschuppen** ins Publikum.
7. Prinz William gibt seiner **Kate** (cate) auf dem Balkon des Buckingham-Palasts eine **Ohrfeige**.
8. Tierische **Schmeichelei**: »Du hast die schönsten Höcker, die ein **Kamel** (camelo) nur haben kann.«
9. Am Ende des **Pfad**es steht ein **Kamin** (camino).
10. Der **Caro-Kaffee** (caro) ist **teuer** geworden.

Und jetzt beantworten Sie bitte diese Fragen:

1. Was hält der **Rechtsanwalt** in seiner Hand?

   _____

2. Was ist mit **Stacheldraht** umwickelt?

   _____

3. Wer sitzt auf dem **Deich**?

   _____

4. Wo **schießen** alle wild um sich?

   _____

5. Was steckt in der **Unterhose**?

   _____

6. Wer verliert seine **Kopfschuppen**?

   _____

7. Wem gibt Prinz William eine **Ohrfeige** auf dem Balkon
   des Buckingham-Palasts?

   _____

8. Tierische **Schmeichelei**: »Du hast die schönsten Höcker!« –
   Zu welchem Tier sagt man das?

   _____

9. Was steht am Ende des **Pfades**?

   _____

10. Was ist extrem **teuer** geworden?

    _____

Na? Wie viele Antworten wussten Sie diesmal? Vielleicht mehr als sieben? Vielleicht weniger? Auf jeden Fall dürften es für's Erste gar nicht so wenige gewesen sein. Wenn Sie Ihr Kopfkino gut im Griff hatten, müsste es geklappt haben.

Auf jeden Fall haben Sie gerade eben wieder Vokabeln gelernt. Und wenn Sie es oben nicht schon gelesen hätten, hätten Sie es wahrscheinlich gar nicht gemerkt. Aber es waren schon wieder zehn neue Spanischvokabeln.

Vergleichen Sie nun Ihre Antworten mit den im Folgenden angegebenen »möglichen Antworten«. In der Spalte »Spanisch« sehen Sie die Übersetzung des deutschen Wortes, daneben – in der Spalte »Aussprache« – eine etwas merkwürdige Lautschrift, die Ihnen aber mehr bringt als die Lautschrift, die in Schulbüchern und Wörterbüchern verwendet wird. Bei »Aussprache« steht die spanische Vokabel genauso in Deutsch geschrieben, wie sich diese anhört. »Galgen« zum Beispiel heißt auf Spanisch »horca«. Ausgesprochen wird es »orka«. Und »orka« klingt wie »Orca« – also wie der große Schwertwal »Orcinus orca«.

Ein **Orca**-Wal hängt am **Galgen**. – Unser Gedächtnis findet solche Bilder spannender als die bloßen Begriffe. Der Trick ist also, die Vokabel als Bild mit der entsprechenden Übersetzung als Bild zu verknüpfen. Verknüpfen bedeutet hier: beide Bilder in ein Bild, in eine Szene oder in einen Film zu integrieren. Wollen Sie also »Galgen« auf Spanisch sagen, sehen Sie sofort, weil verknüpft gelernt, den daran hängenden »Orca«. Und schon haben Sie die Übersetzung. In den meisten Fällen läuft dieser Bilderabruf unbewusst und sehr schnell ab. Sie müssen also in der Praxis nicht erst lange an die Bilder denken und träumen, um auf die gesuchte Vokabel zu kommen. Dies werden Sie schon bald selbst merken.

»Rechtsanwalt« heißt auf Spanisch »abogado«. Ausgesprochen wird das Wort: »abogado«. Das klingt wie »Avocado« im Deutschen. Und weil wir beides wieder in ein Bild für unser Gedächtnis integrieren müssen, stellen wir uns einfach einen **Rechtsanwalt** mit einer **Avocado** vor. Das ist leicht, schnell gemacht und bleibt im Gedächtnis!

Deutsch	Mögliche Antwort	Spanisch	Aussprache
Kanu	Bongo	bongo	bongo
Sprossen	Brote	brote	brote
Galgen	Orca	horca	orka
Blinker	Inder mit Ente	intermitente	intermitente
Säugling	Lack-Tante	lactante	lacktante
Griff	Mango	mango	mango
Ziel	Lametta	meta, la	la meta
Bärin	O-Saft	osa	osa
Bügeleisen	Planschbecken	plancha	plantscha
Zweig	Rama	rama	rama
Rechtsanwalt	Avocado	abogado	abogado
Zaun	Lammbraten	alambrada	alambrada
Deich	dicke Frau	dique	dicke
schießen	Balearen	balear	balear
Unterhose	Bombenarsch	bombacha	bombatscha
Kopfschuppen	Kasper	caspa	kaspa
Ohrfeige	Kate	cate	kate
Schmeichelei	Kamel	camelo	kamelo
Pfad	Kamin	camino	kamino
teuer	Caro	caro	karo

Unglaublich: Sie haben gerade mal so nebenbei 20 Vokabeln gelernt und wissen diese morgen auch noch – ohne sie zu wiederholen!

Testen Sie sich doch gleich einmal richtig! Tragen Sie die entsprechenden Vokabeln in die unten stehende Liste ein und vergleichen Sie Ihre Einträge dann mit den Tabellen weiter vorne. Auf die richtige Schreibweise brauchen Sie jetzt noch nicht achtzugeben. Hier ist erst einmal wichtig, dass Sie die Vokabel sprechen können. Folglich können Sie auch unsere Spezial-Lautschrift verwenden.

Deutsch	Mögliche Antwort	Spanisch	Aussprache
Kanu			
Sprossen			
Galgen			
Blinker			
Säugling			
Griff			
Ziel			
Bärin			
Bügeleisen			
Zweig			
Rechtsanwalt			
Zaun			
Deich			
schießen			
Unterhose			
Kopfschuppen			

Ohrfeige			
Schmeichelei			
Pfad			
teuer			

Wenn Sie jetzt verwundert sind, dass Sie so viele Vokabeln so einfach behalten haben, dann ist das absolut normal. Fragen Sie sich nun: Warum hat mir das bis jetzt noch niemand beigebracht? – Kein Spanischlehrer, kein Pädagoge, auch nicht Ihre Eltern haben Ihnen wahrscheinlich gezeigt, wie man Vokabeln schneller und nachhaltiger lernt. Sie sehen also: Ebenso wie *Schieb das Schaf* für Englisch war dieses Buch für Spanisch überfällig.

Die nächsten 80 Vokabeln

Es geht weiter, und zwar flott. Hier gleich noch einmal zehn kleine Kopfszenen. Am Anfang ist es sinnvoll, in Zehnerschritten vorzugehen. Später, mit mehr Übung, können Sie dann gleich 20 oder gar 50 Vokabeln auf einmal abspeichern. Bis dahin haben Sie aber bitte noch ein wenig Geduld. Sie können am Ende der folgenden achtmal zehn Vokabeln testen, wie viel Sie behalten haben. Und los geht's:

1. **Kaba** (cava) wird in Spanien aus **Sekt**gläsern getrunken.
2. Ein **Einfamilienhaus** in Minaturformat in einer Eierschale (chalé).
3. Statt **Shampoo** (champú) nimmt man in Spanien **Radler** zum Haarewaschen.
4. Ein **Zicklein** kauft bei **Tchibo** (chivo) ein.
5. Der **Jumbo**jet (chumbo) verliert eine komplette Ladung **Kaktusfeigen**.

6. Mit einer **Steinschleuder** auf ein **Honda**(motorrad) (honda) Steine schleudern und fette Beulen reinmachen.
7. Ein **Lama** (lama) suhlt sich im **Schlamm**.
8. Eine wunderschöne **Landschaf**t (lancha) wird mit **Steinplatten** gepflastert.
9. Alle **lesen** in Büchern ohne Buchstaben. Sie sind völlig **leer** (leer).
10. Die **Strumpfhosen** sind wie ein **Leopard**enfell (leotardo) gemustert.

Die Fragen dazu:

– Woraus wird in Spanien **Kaba** getrunken?
– Was befindet sich in der Eier**schale**?
– Was kann man statt **Shampoo** fürs Haarewaschen noch benutzen?
– Wer kauft bei **Tchibo**?
– Was verliert der **Jumbo**jet während des Flugs?
– Was passiert mit dem **Honda**(motorrad)?
– Worin suhlt sich das **Lama**?
– Was macht man denn mit der wunderschönen **Land-schaft**?
– Was machen die alle mit den **leer**en Büchern?
– Welches Kleidungsstück ist wie ein **Leopard**enfell gemustert?

Die nächsten zehn Vokabeln:

1. Kinder formen aus **Lehm** eine **Limo**flasche (limo).
2. Der **Mann** in der **Diele** (mandil) hat nur eine **Schürze** an.
3. Statt einer **Togal**-Kopfschmerztablette (Marke) kann man den **Strick** nehmen. Das hilft auch gegen Kopfschmerzen.

4. Wenn man das **Messer** (mecer) **schüttelt**, wird es wieder richtig scharf.
5. **Gastar**beiter (gastar) **nutzen** oft ihre Kleidung **ab**.
6. Jemand **steckt** oder **stopft** das **Meter**maß (meter) in die Hosentasche **hinein**.
7. Ein **Affe** hört mit einem Kopfhörer **Mono** (eine Ohrmuschel am Ohr, die andere auf dem Auge – mono).
8. Ein Junge oder Mädchen sitzt auf **Papas Schoß** (papachos) und bekommt **Streicheleinheiten**.
9. Ich **packe** (Rettungs-)**Boote** (paquebote) ein, weil es auf dem **Passagierschiff** keine gibt.
10. Zwei **Piloten** (pilote) möchten sich auf einen **Pfahl** setzen, obwohl so wenig Platz für zwei ist.

Und hier die Fragen:

- Was formen die Kinder aus **Lehm**?
- Wer hat eine **Schürze** an?
- Wenn man Kopfschmerzen hat, sollte man nicht gleich den **Strick** nehmen. Was wäre besser?
- Was muss man **schütteln**, damit es wieder scharf wird?
- Wer **nutzt** oft seine Kleidung **ab**?
- Was **steckt** man in die Hosentasche **hinein**?
- Wie hört der **Affe**?
- Wo muss man sein, um **Streicheleinheiten** zu bekommen?
- Was muss man tun, bevor man mit einem **Passagierschiff** fährt?
- Wer möchte gerne auf dem **Pfahl** sitzen?

Deutsch	Mögliche Antwort	Spanisch	Aussprache
Sekt	Kaba	cava	kaba
Einfamilienhaus	Eierschale	chalé	tschallee
Radler (Getränk)	Shampoo	champú	tschampuu
Zicklein	Tchibo	chivo	tschibo
Kaktusfeigen	Jumbo(jet)	chumbo	tschumbo
Steinschleuder	Honda	honda	onda
Schlamm	Lama	lama	lama
Steinplatten	Landschaft	lancha	lantscha
lesen	leer	leer	leehr
Strumpfhosen	Leopardenfell	leotardo	leotardo
Lehm	Limoflasche	limo	limo
Schürze	Mann in der Diele	mandil	manndill
Strick	Togal	dogal	dogall
schütteln	Messer	mecer	messehr
abnutzen	Gastarbeiter	gastar	gastar
hineinstecken	Metermaß	meter	metehr
Affe	Mono	mono	mono
Streicheleinheiten	Papas Schoß	papachos	papatschos
Passagierschiff	packe (Rettungs-)boote	paquebote	paakeboote
Pfahl	Piloten	pilote	pilote

Nun dürfen Sie sich wieder testen:

Deutsch	Mögliche Antwort	Spanisch	Aussprache
Sekt			
Einfamilienhaus			

Radler (Getränk)			
Zicklein			
Kaktusfeigen			
Steinschleuder			
Schlamm			
Steinplatten			
lesen			
Strumpfhosen			
Lehm			
Schürze			
Strick			
schütteln			
abnutzen			
hineinstecken			
Affe			
Streicheleinheiten			
Passagierschiff			
Pfahl			

Die nächsten zehn Vokabeln:

1. Ein schönes **Geschenk** mit Schleife liegt in einem **Regal, oh!** (Regalo).
2. Ein **Rocker** (roca) mit Motorad springt über die **Klippe.**
3. Der Maler **Salvador** (salvador) Dalí war mein **Lebensretter**. Die Wiederbelebungsversuche am Strand waren erfolgreich.
4. Als der Kapitän den **Busen** der Loreley erblickte, geriet er in **Seenot** (seno).

5. Der **Superstar** (subastar) kommt unter den Hammer und wird **versteigert**. ... zum Ersten, zum Zweiten und zum letzten Mal.

6. Mit meinen zwei **Schwert**ern (suerte) piekste ich die **Glück**skekse auf. Die zerbröselten natürlich.

7. Am **Arbeitsplatz** ist ein **Tacho** (tajo) angebracht, der mir immer mein Arbeitstempo vor Augen hält.

8. Zum Weihnachtsfest bekomme ich einen **Panzer** geschenkt. Ich sage dafür nur: »**Danke** (tanque)!« Ist ja auch das Fest der Liebe.

9. Der Tisch wird anstatt mit einer **Tischdecke** mit einer **Tapete** (tapete) gedeckt.

10. Die **Dächer** (teja) sind voll mit **Ziegel**n.

Und hier die Fragen:

– Was liegt im **Regal**?
– Worüber springt der **Rocker**?
– **Salvador** Dalí war mein ...
– Warum geriet der Kapitän **Seeno**t?
– Was macht man denn mit dem **Superstar**?
– Was versuche ich mit meinen zwei **Schwert**ern aufzupieksen?
– Wo befindet sich der **Tacho**?
– Für welches Geschenk zum Weihnachtsfest be**danke** ich mich?
– Als was benutzt man die **Tapete**?
– Die **Dächer** sind voller ...?

Die nächsten zehn:

1. **Tina** (tina) Turner liegt in der **Badewanne** und singt »Simply the best«.
2. Der **Gras-Narr** (Hofnarr mit Graskleidung – graznar) **schnattert** wie eine Ente.
3. Ein **Drache** (traje) trägt einen Nadelstreifen**anzug**.
4. Weil seine **Wampe** (wampa) so groß ist, versinkt er im **Sumpf**.
5. Harald **Juhnke** (yunque) schlägt mit dem Hammer auf einen **Amboss**.
6. **Zorro** (zorro) schlägt mit einem Degen den Schwanz eines **Fuchs**es ab.
7. Winnetou – Häuptling der **Apachen** (mapache) – wäscht einen **(Wasch-)Bären**.
8. An der **Grundstücksgrenze** steht eine wunderschöne, große **Linde** (linde).
9. Ein **Walross** lernt das **Morsen** (morsa).
10. Eine **nahe Bekannte** (navegante) von mir ist **Seefahrerin**.

Die Fragen dazu:

- Wo liegt **Tina** Turner und singt »Simply the best«?
- Wer **schnattert** wie eine Ente?
- Was hat der **Drache** an?
- Wo versank der Typ mit der **Wampe**?
- Worauf schlägt Harald **Juhnke** mit dem Hammer?
- Wem schlägt **Zorro** den Schwanz ab?
- Wen wäscht Winnetou, der **Apachen**häuptling?
- Wo steht die große **Linde**?
- Wer lernt das **Morsen**?
- Welchen Beruf hat die **nahe Bekannte**?

Deutsch	Mögliche Antwort	Spanisch	Aussprache
Geschenk	Regal	regalo	regalo
Klippe	Rocker	roca	roka
Lebensretter	Salvador	salvador	salvador
Busen	Seenot	seno	seno
versteigern	Superstar	subastar	subastaar
Glück(skekse)	Schwerter	suerte	suärte
Arbeitsplatz	Tacho	tajo	tacho
Panzer	Danke	tanque	tanke
Tischdecke	Tapete	tapete	tapete
Ziegel	Dächer	teja	tächa
Badewanne	Tina Turner	tina	tina
schnattern	Gras-Narr	graznar	grasnar
(Nadelstreifen-)Anzug	Drache	traje	drache
Sumpf	Wampe	wampa	wampa
Amboss	Harald Juhnke	yunque	juhnke
Fuchs	Zorro	zorro	sohro
(Wasch-)Bär	Winnetou – Häuptling der Apachen	mapache	mapatsche
Grundstücksgrenze	Linde	linde	linde
Walross	Morsen	morsa	morsa
Seefahrerin	nahe Bekannte	navegante	nabegante

Nun dürfen Sie sich wieder testen:

Deutsch	Mögliche Antwort	Spanisch	Aussprache
Geschenk			
Klippe			

Lebensretter			
Busen			
versteigern			
Glück(skekse)			
Arbeitsplatz			
Panzer			
Tischdecke			
Ziegel			
Badewanne			
schnattern			
(Nadelstreifen-)Anzug			
Sumpf			
Amboss			
Fuchs			
(Wasch-)Bär			
Grundstücksgrenze			
Walross			
Seefahrerin			

Die nächsten zehn Vokabeln:

1. Die **Obst-Tante** (obstante) rennt mit Obst in der Hand einen Hindernislauf. Das ist ganz schön **hinderlich**.
2. Ein **Reh** liegt in einem **Loch** (reloj) und schaut auf die **Uhr**, wann es wieder raus kann.
3. Das **Papier** (papilla) fällt in den **Brei** hinein.
4. Einen **Kuchen bastel**n (pastel).
5. Es gibt ein **Liebesgedicht**, das heißt: »**Pomade am Ohr** (poema de amor)«.

6. **Pamela** Anderson (pamela) hat einen **Strohhut** auf.
7. Wladimir **Putin** (pudin) isst am liebsten Vanille**pudding** mit Schokosoße.
8. Ich brauche eine neue **Tasche**, meine alte **beult so** (bolso).
9. Mit einem **Schnürsenkel** (oder **Strick**) ist das **Cordon-bleu**-Schnitzel (cordón) zugebunden, damit der geschmolzene Käse nicht herausfließen kann.
10. Der neue **Duplo**-Schokoriegel (doble) (Marke) ist jetzt **doppelt** so lang.

Die Fragen dazu:

– Wem ist der Hindernislauf mit dem Obst so **hinderlich**?
– Wer schaut auf die **Uhr** und fragt sich, wann es wieder raus darf?
– Was fällt in den **Brei** hinein?
– Der **Kuchen** wird nicht gebacken, sondern ge...
– Wie heißt noch mal das spanische **Liebesgedicht**?
– Wer hat einen **Strohhut** auf?
– Wer ist **Pudding** am liebsten?
– Warum brauche ich eine neue **Tasche**?
– Was binde ich mit dem **Schnürsenkel** zu?
– Was ist **doppelt** so lang?

Die nächsten zehn:

1. In einer **Cola**-Flasche (cola) ist **Klebstoff** zum Basteln drin. Ich drücke gerade drauf, um einem Pferd den Schwanz anzukleben.
2. In einer **Nivea**-Dose (niveo, -a) (Marke) schneit es **schnee-weißen** Schnee.

3. Weil er einen ganzen **Korb Ata** (corbata) Scheuerpulver (Marke) kaufte, bekam er eine **Krawatte** dazu geschenkt.
4. Weil das Baby **am Ohr rosa** (amoroso, -a) ist, geht man sehr **liebevoll** mit ihm um. (Manchmal sind Babys auch grün hinter den Ohren.)
5. Auch der **Rächer** (reja) kommt hinter **Gitter**.
6. Einen Wasserkocher (coger) **aufheben** und **festhalten**.
7. Nach dem **Aderlass** wird das Blut in **Sangria**-Flaschen (sangria) abgefüllt.
8. **Bohr** (por) bitte nicht ganz **durch** die Wand.
9. Das **Kroko**dil (croco) wird mit **Safran** gewürzt und ist daher sehr gelb.
10. In der **DDR** (dedear) haben sich alle **befingert**.

Die Fragen dazu:

– Als was kann man **Cola** noch benutzen?
– Was passiert mit der **Nivea**-Dose?
– Was bekommt man gratis geschenkt, wenn man einen **Korb Ata** kauft?
– Wie geht man mit Babys um, wenn sie **am Ohr rosa** sind?
– Wer kommt hinter **Gitter**?
– Was macht man mit dem Wasser**kocher**?
– Wann werden die **Sangria**-Flaschen abgefüllt?
– Worauf muss man beim **Bohr**en achten?
– Warum ist das **Kroko**dil so gelb?
– Was haben alle in der **DDR** gemacht?

Deutsch	Mögliche Antwort	Spanisch	Aussprache
hinderlich	Obst-Tante	obstante	obsdante
Uhr	Reh in Loch	reloj	reloch
Brei	Papier	papilla	papija

Kuchen	basteln	pastel	pastel
Liebesgedicht	Pomade am Ohr	poema de amor	poema de amor
Strohhut, Damenhut	Pamela Anderson	pamela	pamela
Pudding	Wladimir Putin	pudin	puudinn
Tasche	Die alte beult so	bolso	bolso
Schnürsenkel (oder Strick)	Cordon-bleu-Schnitzel	cordón	korrdonn
doppelt	Duplo	duplo	duplo
Klebstoff, Pferdeschwanz	Colaflasche	cola	kohla
schneeweiß	Nivea-Dose	niveo, nivea	niweo, niwea
Krawatte	Korb Ata	corbata	korbahta
liebevoll	am Ohr rosa	amoroso, amorosa	amorohso, amorohsa
Gitter	Rächer	reja	recha
aufheben, festhalten	Wasserkocher	coger	kochähr
Aderlass	Sangria-Flaschen	sangria	sangria
durch	Bohr	por	por
Safran	Krokodil	croco	krohko
befingern	DDR	dedear	dedear

Und nun testen Sie sich:

Deutsch	Mögliche Antwort	Spanisch	Aussprache
hinderlich			
Uhr			
Brei			
Kuchen			
Liebesgedicht			

Strohhut, Damenhut			
Pudding			
Tasche			
Schnürsenkel (oder Strick)			
doppelt			
Klebstoff, Pferdeschwanz			
schneeweiß			
Krawatte			
liebevoll			
Gitter			
aufheben, festhalten			
Aderlass			
durch			
Safran			
befingern			

Die nächsten zehn Vokabeln:

1. Am **Ufer** hält sich ein **G**orilla (orilla) auf und sucht sein »G« im Wasser.
2. **Niki** (niqui) Lauda zieht sein **T-Shirt** aus.
3. Brigitte **Bardot** (pardo, -a) hat ihre blonden Haare jetzt **braun** färben lassen.
4. **Pack an** (bacán), dann wirst du ein **reicher Mann**!
5. Antonio **Banderas** (bandera) hält die spanische **Flagge** in der Hand.
6. Richard **Gere** (guía) blättert in einem **Reiseführer**.
7. Tom **Buhrow** (buró) hüpft von seinem **Nachttisch** zu seinem **Schreibtisch**.

8. Die Pizza **calzon**e (calzón) ist deswegen gefaltet, damit man sie in die **Hose** stecken kann.
9. Ein **(a) Macker** (hamaca) liegt in der **Hängematte**.
10. Die **Kinder** (guinda) essen gerne **Sauerkirschen**.

Die Fragen hierzu:

- Wer sucht sein »G« am **Ufer**?
- Wer zieht sein **T-Shirt** aus?
- Wer hat seine Haare **braun** färben lassen?
- ..., dann wirst du ein **reicher Mann**!
- Wer hält die spanische **Flagge** in seiner Hand?
- Wer blättert in einem **Reiseführer**?
- Wer hüpft vom **Nachttisch** zum **Schreibtisch**?
- Welche Pizza kann man in die **Hose**ntasche stecken?
- Wer liegt in der **Hängematte**?
- Wer isst gerne **Sauerkirschen**?

Die letzten zehn Vokabeln:

1. Leider hatte sie die **Kicher**erbsen (guija) mit **Kieselsteinen** verwechselt und wäre fast daran erstickt.
2. Der Polizist hat als Ersatz**knüppel** eine **Karotte** (garrote) am Gürtel.
3. Der wichtigste Gegenstand des **Gaffers** (gafas): die **Brille**.
4. Ein **Kranker** (granja) ist allein auf einem **Bauernhof**.
5. Der **Gries**brei (gris) ist misslungen. Jetzt ist er **grau** und **matt**.
6. In einem **Gießer** (= Gießkanne – guisar) Suppe **kochen**.
7. Wir streuen **Reis** (raíz) auf eine **Wurzel**.
8. Wenn man **in** der **Erde** (inerte) liegt, ist man wahrscheinlich schon **tot**.

9. Ich **gehe** in einem **Irr**garten (ir) umher.
10. Die **Chefin** kreischt, weil sich ein **Käfer** (jefa) in ihren Ausschnitt verirrt hat.

Die Fragen hierzu:

- Womit hat man die **Kichererbsen** verwechselt und wäre fast daran erstickt?
- Wofür ist die **Karotte** der Ersatz für den Polizisten?
- Was ist der wichtigste Gegenstand des **Gaffers**?
- Ein **Kranker** liegt wo?
- Der **Gries**brei ist misslungen. Wie sieht der denn jetzt aus?
- Wozu kann man einen **Gießer** sonst noch benutzen?
- Was haben wir auf die **Wurzel** gestreut?
- Was ist man wahrscheinlich, wenn man schon **in** der **Erde** liegt?
- Was tut man im **Irr**garten?
- Wer kreischt, wenn sich ein **Käfer** im Ausschnitt verirrt hat?

Deutsch	Mögliche Antwort	Spanisch	Aussprache
Ufer	Gorilla	orilla	orija
T-Shirt	Niki Lauda	niqui	nicki
braun	Brigitte Bardot	pardo, parda	bardo, barda
reicher Mann	Pack an	bacán	backahn
Flagge	Antonio Banderas	bandera	bandera
Reiseführer	Richard Gere	guía	giehja
Nachttisch, Schreibtisch	Tom Buhrow	buró	buroh
Hose	Pizza calzone	calzón	kalzon

Hängematte	Ein (a) Macker	hamaca	amahka
Sauerkirschen	Kinder	guinda	ginda
Kieselsteine	Kichererbsen	guija	giechah
(Ersatz-)Knüppel	Karotte	garrote	garrotte
Brille	des Gaffers	gafas	gafas
Bauernhof	Gran Canaria, Kranker	granja	grancha
grau, matt	Griesbrei	gris	kries
kochen	Gießer	guisar	giesahr
Wurzel	Reis	raiz	raihs
tot	in der Erde	inerte	in erte
gehen	Irrgarten	ir	irr
Chefin	Käfer	jefa	cheffa

Und nun testen Sie sich wieder:

Deutsch	Mögliche Antwort	Spanisch	Aussprache
Ufer			
T-Shirt			
braun			
reicher Mann			
Flagge			
Reiseführer			
Nachttisch, Schreibtisch			
Hose			
Hängematte			
Sauerkirschen			

Kieselsteine			
(Ersatz-)Knüppel			
Brille			
Bauernhof			
grau, matt			
kochen			
Wurzel			
tot			
gehen			
Chefin			

Lassen Sie sich überraschen!

Hier können Sie nun noch einmal checken, ob Sie sich wirklich alle beziehungsweise wie viele Sie sich von den 100 Vokabeln gemerkt haben. Mit Sicherheit sind es deutlich mehr als über das herkömmliche Wiederholungslernen. Also seien Sie ruhig ein bisschen stolz auf sich. Übrigens: Es geht hier (wie schon erwähnt) nicht um die Schreibweise, sondern lediglich um die Aussprache. Es ist also egal, wie Sie die entsprechenden Worte schreiben. Wichtig ist nur, dass sie sich so anhören wie bei den Merksätzen.

Warum gehen wir so vor? Nun, als Sie zu sprechen begonnen haben – es also gelernt haben –, haben Sie da schon alles richtig schreiben können? Nein, natürlich nicht. Als Sie mit sechs oder sieben eingeschult wurden, konnten Sie schon sehr gut sprechen, aber Sie konnten nicht schreiben! Doch nie haben Sie besser und schneller gelernt als damals! Deswegen machen wir es nun so wie zu der Zeit, als Sie noch ein Kind waren und

Lernen für Sie ganz normal war. Außerdem müssen Sie, bevor Sie ein Wort schreiben wollen, erst einmal wissen, *welches* Wort Sie schreiben wollen. Sie müssen es also erst denken beziehungsweise sprechen können. Die Rechtschreibung lernen Sie später.

Aber nun folgt die große Prüfung. Sie werden überrascht sein.

Deutsch	Spanisch
Kanu	
Sprossen	
Galgen	
Blinker	
Säugling	
Griff	
Ziel	
Bärin	
Bügeleisen	
Zweig	
Rechtsanwalt	
Zaun	
Deich	
schießen	
Unterhose	
Kopfschuppen	
Ohrfeige	
Schmeichelei	
Pfad	

teuer	
Sekt	
Einfamilienhaus	
Radler (Getränk)	
Zicklein	
Kaktusfeigen	
Steinschleuder	
Schlamm	
Steinplatten	
lesen	
Strumpfhosen	
Lehm	
Schürze	
Strick	
schütteln	
abnutzen	
hineinstecken	
Affe	
Streicheleinheiten	
Passagierschiff	
Pfahl	
Geschenk	
Klippe	
Lebensretter	
Busen	
versteigern	
Glück(skekse)	

Arbeitsplatz	
Panzer	
Tischdecke	
Ziegel	
Badewanne	
schnattern	
(Nadelstreifen-)Anzug	
Sumpf	
Amboss	
Fuchs	
(Wasch-)Bär	
Grundstücksgrenze	
Walross	
Seefahrerin	
hinderlich	
Uhr	
Brei	
Kuchen	
Liebesgedicht	
Strohhut, Damenhut	
Pudding	
Tasche	
Schnürsenkel (oder Strick)	
doppelt	
Klebstoff, Pferdeschwanz	
schneeweiß	
Krawatte	

liebevoll	
Gitter	
aufheben, festhalten	
Aderlass	
durch	
Safran	
befingern	
Ufer	
T-Shirt	
braun	
reicher Mann	
Flagge	
Reiseführer	
Nachttisch, Schreibtisch	
Hose	
Hängematte	
Sauerkirschen	
Kieselsteine	
(Ersatz-)Knüppel	
Brille	
Bauernhof	
grau, matt	
kochen	
Wurzel	
tot	
gehen	
Chefin	

Nun, wie viele Vokabeln haben Sie geschafft? Waren es mehr, als Sie ohne diese skurrile Technik – also früher – geschafft hätten? Bestimmt. Vielleicht haben Sie ja sogar 70 bis 80 Richtige. Vielleicht sogar noch mehr. Das ist toll! Manche Seminarteilnehmer allerdings finden das nicht so toll. Sie hätten gerne *alle* richtig. Das ist falscher Ehrgeiz. Warum? Nun, weil Sie sich damit unnötig unter Druck setzen. Und unter diesem Druck können Sie nicht Ihre volle Leistung abrufen. Ihr Hirn schüttet dann nämlich die Stresshormone Adrenalin, Kortisol und Noradrenalin aus. Und meist in Mengen, die nicht förderlich sind, denn dann wird der Abrufvorgang im Gedächtnis blockiert. Dadurch wissen Sie deutlich weniger als ohne die schädlichen Stresshormone. Noch schlimmer wird das Ganze, wenn Sie schon während des Lernens einen solchen Druck auf sich ausüben. Dann werden die Hormone schon beim Einüben frei. Beim Abrufen fällt Ihr Hirn in genau denselben Status und Sie erinnern sich noch schlechter. Deshalb: Perfektion weckt Aggression. Besser: Immer locker bleiben. Damit lernen Sie effektiver. Und die Vokabeln, die Sie nicht auf Anhieb wissen, lernen Sie einfach nach. Schauen Sie sich die Bilder, Szenen beziehungsweise Aussagen noch einmal an. Stellen Sie sich diese noch einmal so deutlich wie möglich vor Ihrem geistigen Auge vor. Lassen Sie Gefühle zu, diese sind so etwas wie ein »Merkturbo«. Und dann prüfen Sie sich erneut. Sie werden sehen, dann haben Sie sich wirklich *alle* gemerkt.

Sprachen lernen wie ein Profi

In Zukunft lernen Sie also selbst schwierige Sprachen leicht, schnell, effizient und dauerhaft. Wichtig hierbei ist – wie Sie wahrscheinlich schon gemerkt haben – eine gute Kreativität. Die sollten Sie durch Anwendung trainieren. Das heißt auch: Je mehr Vokabeln Sie lernen, desto kreativer werden Sie! Vertrauen Sie sich selbst. Nach den ersten 100 SELBSTverbilderten Vokabeln merken Sie eine drastische Verbesserung Ihrer Bilder. Sie sind dann auch schon deutlich schneller und finden für mehr Vokabeln passende Bilder.

Wie das Ganze nun genau funktioniert, die besten Tipps und Tricks und wie es auch mit schwierigen Vokabeln klappt, sehen Sie im folgenden Kapitel »Vokabellernen leicht gemacht – Die wichtigsten Tipps auf einen Blick«.

Sehr gut geübte Gedächtnisfans schaffen übrigens – und das ist kein Witz – 200 Vokabeln einer neuen Sprache in nur einer Stunde. Wie? Richtig, genauso wie oben: mit der LaGeiss-Technik. Ob Sie nämlich Spanischvokabeln, Englischvokabeln (siehe unser erstes Buch aus dieser Reihe *Schieb das Schaf*) oder die Vokabeln einer beliebigen anderen Sprache lernen wollen, macht keinen Unterschied. Also wenden Sie einfach die Ihnen bereits bekannte Technik an, um auch zum Beispiel lateinische, französische, italienische oder arabische Vokabeln abzuspeichern.

Nehmen wir als Einstiegsbeispiel einmal an, Sie wollten sich die Lateinvokabel »cubare« (gesprochen: kubare) und deren deutsche Bedeutung merken. Dann gehen Sie genauso vor, wie Sie es schon die ganze Zeit bei den Spanischvokabeln gelernt haben: Verbildern Sie die Vokabel. Die Bilder, die Sie bei »cubare« »hören«, könnten sein: Kuh, Bar, Bahre, Cuba, Reh usw. Das heißt: Achten Sie wie immer nicht auf die Schreibweise, sondern nur auf die Aussprache. Sprechen Sie die zu lernende Vokabel am besten laut aus und achten Sie auf die Bilder, die Ihnen spontan in den Sinn kommen, wenn Sie die Vokabel hören. Was hört sich ähnlich an? Gibt es ein deutsches Wort, das ähnlich klingt? Kennen Sie bereits eine andere Vokabel, die sich ähnlich anhört? Zerhacken Sie die neue, unbekannte Vokabel in Silben und machen Sie Wörter beziehungsweise Bilder aus den einzelnen Silben. Oder nehmen Sie einzelne Wortteile, die keine Silben sind. Dabei kommen manchmal sehr komische, einprägsame Geschichten heraus.

In unserem Beispiel »cubare« nehmen wir nun das Bild »Kuh und Bahre«. Dann sieht dies so aus:

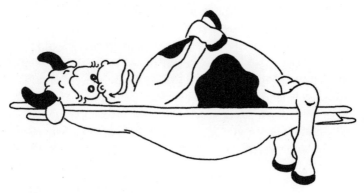

Die Kuh liegt auf der Bahre.

Die Bedeutung dieser Vokabel ist »liegen, schlafen«. Und genau aus diesem Grund »liegt« die Kuh auf der Bahre! Wir verknüpfen also zwei Bilder. Nämlich das Bild der Vokabel mit dem Bild der Bedeutung dieser Vokabel. So haben wir »Kuh und Bahre« als erstes Bild und die Bedeutung »liegen« als zweites Bild. Beide Bilder, also Vokabelbild und Bedeutungsbild, miteinander verknüpft, ergibt: »Die Kuh liegt auf der Bahre.«

Würde »cubare« zum Beispiel »tragen« heißen, wäre das Bild: »Die Kuh trägt die Bahre.«

Vokabellernen leicht gemacht –
Die wichtigsten Tipps auf einen Blick

1. Die Vokabel verbildern

- **Welches andere Wort hört sich ähnlich an?**

»Bolso« (span. Tasche) hört sich ähnlich an wie »bolzen« (Fußball spielen).

Diese Ähnlichkeit reicht dem Priming, dem Ähnlichkeitsgedächtnis, schon. Es muss also keineswegs perfekt sein, ähnlich reicht. Roland Geisselhart (Oliver Geisselharts Onkel) hat deshalb schon in den späten Sechzigerjahren die »Egal-Regel« kreiert: Egal, wenn es nicht hundertprozentig passt, Hauptsache, es ist im Klang einigermaßen ähnlich; es reicht auch, wenn nur die erste Silbe passt.

- **Vokabel in Silben zerhacken und für jede einzelne Silbe oder für zusammengefasste Silben nach ähnlichen Wörtern suchen:**

»Cubare« wird so zu »cu«, »ba«, »re«. Aus »cu« wird »Kuh«, »ba« und »re« zusammengefasst ergibt »Bahre«.

- **Aus den Silben neue Wörter kreieren**

»Helios« (griech. Sonne) wird so zu »he«, »li«, »os«. Daraus entstehen die Worte »**He**likopter«, »**Lie**ge«, »**Os**tern«. Bild: »Im Helikopter steht eine Liege mit Ostereiern darauf.«

- **Vokabel nicht in Silben, sondern entsprechend passend zerhacken**

Bei »vendredi« (frz. Freitag, ausgesprochen: woandredie) wären die Silben »ven«, »dre«, »di«. Besser passt: »vend«, »red«, »i«. Also: »Wand«, »rede«, »ich«.

- **Einzelne Buchstaben der Vokabel doppelt benutzen**

Bei »hostigar« (span. bedrängen, ausgesprochen: ostigar) könnte man das T doppelt benutzen: einmal für »Ost« und das zweite Mal für »Tiger«.

- **Dialekte und andere Sprachen mit einbeziehen**

»L'embouchure« (frz. die Flussmündung, ausgesprochen: loambuschür) klingt ähnlich wie »Lampenschirm« auf Schwäbisch ausgesprochen: »Loambeschürm«.

2. Die Bedeutung der Vokabel verbildern

- **Oft ist die Bedeutung schon ein Bild.**

Zum Beispiel ist die Bedeutung von »cubare« »liegen« und »liegen« ist ein Bild.

- **Sollte die Bedeutung kein Bild sein, benutzen Sie das erste, spontane Bild (wie bei den Vokabeln selbst), das Ihnen beim Aussprechen der Bedeutung in den Sinn kommt.**

Zum Beispiel ist die Bedeutung von »but« (englisch für »aber«, gesprochen: batt) kein Bild. – »Aber« ist nun mal kein Bild. Die erste spontane Assoziation könnte vielleicht die Band »Abba« sein. »Abba« hört sich ähnlich an wie »aber«.

3. Beide Bilder verknüpfen

- Die Verknüpfung sollte möglichst skurril sein. – Eine liegende Kuh auf einer Bahre ist skurril.

- Denken Sie nicht lange nach, die erste Verknüpfungsidee ist meist die beste.

- Konzentrieren Sie sich auf den Kern und lassen Sie Unnötiges weg.

- Sehen und erleben Sie das Verknüpfungsbild beziehungsweise den Verknüpfungsfilm deutlich in Ihrem Kopfkino.

- Die Verknüpfung sollte alle Sinnesorgane ansprechen.

- Beziehen Sie Gefühle mit ein.

Und nun testen Sie selbst, wie gut Sie im »Verbildern« von Vokabeln bereits sind. Sollten Sie alle Spanischvokabeln durchgearbeitet haben, haben Sie ja genug Anregung erhalten. Halten Sie sich bitte an die obigen Regeln und achten Sie nicht so sehr auf die Zeit, die Sie benötigen. Schnelligkeit kommt von ganz alleine.

Lassen Sie Ihrer Fantasie freien Lauf und nehmen Sie die ersten Bilder, die in Ihrem Kopf Gestalt annehmen. In der Klammer hinter den folgenden Vokabeln finden Sie die korrekte Aussprache, falls diese von der Schreibweise abweicht. Das ist wichtig, denn Ihre Bilder sollten auf der Aussprache basieren! Hören Sie sich also beim Sprechen der folgenden Vokabeln zu und erfinden Sie dazu Ihre individuellen Bilder. Unsere Vorschläge folgen später. Los geht's:

- **verser [wersee]**

  Mein Bild: _____

- **l'amas [lama]**

  Mein Bild: _____

- **nascere [nascherre]**

  Mein Bild: _____

- **fuscus (fuskus)**

  Mein Bild: _____

- **brachium (brachium)**

  Mein Bild: _____

Nun folgen die Verknüpfungen. Das erste Bild haben Sie ja gerade entwickelt. Das zweite Bild ist die Bedeutung der jeweiligen Vokabel. Dieses wird mit dem ersten Bild verknüpft. (Wie oben bei »cubare«.) In der Klammer dahinter steht die Sprache.

Verknüpfen Sie also jetzt das Vokabelbild mit dem Bedeutungsbild.

- **verser [wersee] (frz.) – schenken**

  Meine Verknüpfung: _____

- **l'amas [lama] (frz.) – die Menge**

  Meine Verknüpfung: _____

- **nascere [nasschere] (ital.) – geboren werden**

  Meine Verknüpfung: _____

- **fuscus (fuskus) (lat.) – dunkel**

  Meine Verknüpfung: _____

- **brachium (brachium) (lat.) – Arm**

  Meine Verknüpfung: _____

Ob Ihre Verknüpfungen erfolgreich waren, erfahren Sie im folgenden Test.

»Schenken« heißt auf Französisch: _____

»Die Menge« heißt auf Französisch: _____

»Geboren werden« heißt auf Italienisch: _____

»Dunkel« heißt auf Lateinisch: _____

»Arm« heißt auf Lateinisch: _____

Das Ganze funktioniert natürlich auch andersherum, also aus der Fremdsprache ins Deutsche.

Verknüpfen Sie also jetzt das Vokabelbild mit dem Bedeutungsbild.

»verser« [wersee] (frz.) heißt auf Deutsch: _____

»l'amas« [lama] (frz.) heißt auf Deutsch: _____

»nascere« [nasschere] (ital.) heißt auf Deutsch: _____

»fuscus« (fuskus) (lat.) heißt auf Deutsch: _____

»brachium« (brachium) (lat.) heißt auf Deutsch: _____

Sollten Sie hierbei noch Probleme gehabt haben, so können wir Sie hoffentlich beruhigen: Sie sollten erst einmal circa 100 Vokabeln selbstständig verbildert und verknüpft haben, dann erst klappt es richtig. Aber: Es muss ja nicht bei jeder Vokabel gelingen! Zu Beginn wenden Sie die LaGeiss-Technik eben nur bei den Vokabeln an, bei denen sich Ihnen das Bild praktisch aufdrängt. Mit der Zeit wird dies immer häufiger passieren. Und dann klappt es relativ zügig bei den meisten Vokabeln. Und ganz wichtig: Perfektion weckt auch hier immer noch Aggression. Es muss nicht bei jeder Vokabel gelingen! Freuen Sie sich über die, bei denen es klappt.

Ob Sie jemals so viel trainieren beziehungsweise anwenden, dass Sie, wie oben erwähnt, in nur einer Stunde 200 Vokabeln schaffen, ist gar nicht so wichtig. Wenn Sie nur halb so gut werden, schaffen Sie bereits 100 Vokabeln in nur einer Stunde oder 50 in einer halben. Und das ist doch auch ein toller Wert! Der ist übrigens für jeden gesunden Normalsterblichen zu erreichen. Wenn Sie täglich circa eine halbe Stunde Vokabeln lernen, sollten Sie diese Zahl nach ungefähr ein bis zwei Monaten erreichen.

Dann sind Sie auch in der Lage, eine neue Sprache, zumindest vom nötigen Wortschatz her, in nur einem Monat zu erlernen! Welche Zeitersparnis! Überlegen Sie: Sie lernen täglich 50 Wörter. Diese sollten natürlich die richtigen sein, also genau die, die Sie später tatsächlich brauchen. Schauen Sie sich einmal in einer guten Buchhandlung um. Dort gibt es Vokabelbücher mit häufig gebrauchten umgangssprachlichen Vokabeln. Bei 50 Vokabeln täglich schaffen Sie 250 in fünf Tagen. Am Wochenende wiederholen Sie diese noch einmal. Dies machen Sie drei Wochen lang, dann haben Sie 750 Vokabeln gelernt. Damit sind Sie schon ziemlich fit und können alles sagen, was Sie wollen. Natürlich ist Ihre Synonymauswahl begrenzt, aber was soll's? Die vierte Woche gehört allein der Wiederholung aller 750 Vokabeln. Wer dann zwischendurch noch die wichtigsten Grammatikregeln lernt, kommt im Ausland prächtig klar. Und das nach nur einem Monat!

Also, worauf warten Sie noch? Gehen Sie in die nächste Buchhandlung und fangen Sie an! Erfolg buchstabiert man T-U-N! Das ist bei Gedächtnistechniken genauso wie beim Fremdsprachenlernen oder in jedem anderen Bereich. Für den Anfang starten Sie einfach mit weiteren Spanischvokabeln.

Ach ja, fast hätten wir es vergessen – und das darf uns ja nicht passieren –, hier noch unsere Verknüpfungsvorschläge für obige Vokabeln:

- **verser [wersee] (frz.) – schenken**

Vokabel verbildern: »verser« wird »wersee« ausgesprochen. Dies klingt dann ähnlich wie die »Ferse« hinten am Fuß. Ein Bild für *verser* könnte also *Ferse* sein.

Übersetzung verbildern: »schenken« als Bild. Jemand »schenkt« einem anderen etwas.

Beide Bilder miteinander verknüpfen: Eine Person, eventuell Sie, bekommt von einer anderen Person (nehmen Sie am besten jemanden, den Sie kennen) eine *Ferse geschenkt* – schön mit roter Schleife drum herum. Tolles *Geschenk*!

- **l'amas [lama] (frz.) – die Menge**

Vokabel verbildern: Lama (das Tier).

Übersetzung verbildern: »Menschenmenge«.

Beide Bilder verknüpfen: Ein *Lama* rennt in die *Menge* und spuckt alle an.

- **nascere [nasschere] (ital.) – geboren werden**

Vokabel verbildern: »nass« und »Schere«.

Übersetzung verbildern: Ein Kind wird geboren.

Beide Bilder verknüpfen: Das Kind will nicht von selbst heraus, dann nehmen wir die *nasse (Geburts-)Schere.*

- **fuscus [fuskus] (lat.) – dunkel**

Vokabel verbildern: »Fuß« und »Kuss«.

Übersetzung verbildern: dunkel, kein Licht.

Beide Bilder verknüpfen: Ich gebe jemandem einen Fußkuss, da wird mir dunkel vor Augen.

- **brachium (brachium) (lat.) – Arm**

Vokabel verbildern: »brach ich um«.

Übersetzung verbildern: »Arm« ist schon ein Bild.

Beide Bilder verknüpfen: Meinen *Arm brach* ich *um.*

(Zum Großteil aus: Geisselhart, Oliver: Kopf oder Zettel?
Offenbach, Gabal, 4. Aufl. 2010)

Handhabung des Wörterbuches

Einzige Voraussetzung: Seien Sie offen für *alles*!

Sie müssen weder schlau, allwissend noch besonders intelligent oder talentiert sein. Aber Sie sollten offen für Neues sein – für alles Neue. Die Bilder, mit denen die einzelnen Vokabeln gelernt werden, sollten einigermaßen passen. Wenn sie dann noch absurd, lustig, brutal, bescheuert, übertrieben oder versaut sind, haftet die Vokabel richtig gut. Es ist in mehreren groß angelegten wissenschaftlichen Studien bewiesen worden, dass gerade Bilder beziehungsweise Bildverknüpfungen mit sexuellem Inhalt extrem gut behalten werden. Also: Lassen Sie *alle* Bilder zu. Stehen Sie sich bitte nicht durch Zensur selbst im Weg. Ihr Ziel ist es, Vokabeln zu lernen, viele Vokabeln. Und das in kurzer Zeit. Dann gehen Sie den Weg, der dafür nötig ist: Just be open minded!

Die folgenden Verbilderungen zu den Spanischvokabeln sind lediglich Vorschläge. Sie können diese für sich übernehmen oder jederzeit verändern oder durch andere Verbilderungen ersetzen.

Wenn Sie möchten, mailen Sie uns Ihre Verbilderungsvorschläge doch einfach zu. Tragen Sie dazu bei, dass auch andere an Ihren originellen, lustigen und skurrilen Verbilderungen teilhaben können. Wir freuen uns auch auf Beispiele aus anderen Sprachen. Hier unsere E-Mail-Adresse: info@liebe-am-ohr.de

Sie können bei jeder Gelegenheit üben: im Wartezimmer, auf der Toilette, in der Schule, im Flugzeug (vorausgesetzt, Sie sind kein Pilot). Achtung! Bitte nicht im Auto lernen, wenn Sie selber fahren. Die Ablenkung wäre einfach zu groß.

Ob Sie jetzt das Wörterbuch alphabetisch, von hinten nach vorne lesen oder zufällig eine Seite aufschlagen, spielt überhaupt keine Rolle. Am besten suchen Sie sich Vokabeln aus, die Sie brauchen, lustig finden oder weitererzählen wollen. Markieren Sie die Vokabeln, wenn Sie sich abfragen lassen oder selbst abfragen wollen.

Das Abspeichern gelingt Ihnen in der Regel am besten, wenn Sie die Augen dabei schließen. Wenn Sie die Übungen zu Beginn des Buches gemacht haben, dann wissen Sie bereits, worauf es ankommt.

Und nehmen Sie die Verbilderungsvorschläge im Buch nicht allzu ernst. Sollten diese zum Teil nicht nach Ihrem Geschmack sein, können Sie gerne, wie oben schon erwähnt, eigene Vorschläge machen. In erster Linie soll das Arbeiten mit dem Buch und den darin enthaltenen Verbilderungen Spaß machen und Sie dazu animieren, mit dieser Technik weiterzuarbeiten.

Sie dürfen das Buch verschenken, weiterempfehlen (gerne auch an Spanischlehrer) und mitgestalten.

Erklärung

spanisches
Wort

offizielle Laut-
schrift, die nicht
alle kennen

Lautschrift mit dem uns
bekannten Alphabet.
So lesen, als wäre es
Deutsch.

brote el ['brote] *[brote]*
Keimling, Trieb, Sprosse;
Bild: Heute gibt es gesunde
Brote mit **Keimlingen**.

Beschrei-
bung des
Bildes
bzw. der
Szene

deutsche
Übersetzung

Bild, Szene,
Kopfkino,
manchmal
auch Tipp oder
Interessantes

ist deutsch, hört sich
aber so ähnlich an
wie das spanische
Wort. Damit man die
beiden auf einen Blick
erkennt, sind sie rot
hervorgehoben.

A

abandono *el* [aβaṇˈðono] *[abandono]* **Verzicht**; Bild: Der **Verzicht** auf das *Bandoneo*n ist für den argentinischen Tangomusiker unvorstellbar.

abarca *la* [aˈβarka] *[abarka]* **Sandale**; Bild: Ich tausche einen *(a) Parka* gegen eine **Sandale** ein.

abdomen *el* [aβˈðomen] *[abdomen]* **Unterleib**; Bild: Der **Unterleib** ist für den *Abt* ein (böses) *Omen*.

abeja *la* [aβeˈxa] *[abecha]* **Biene**; Bild: Eine **Biene** mit einem Würfel*becher* fangen.

aberrante [aβeˈrraṇte] *[aberante]* **abwegig, unsinnig**; Bild: Es war **abwegig** und **unsinnig**, er *aber rannte* die gesamte Marathonstrecke wieder zurück.

abisal [aβiˈsal] *[abisal]* **abgrundtief**; Bild: *A bisserl* (süddeutsch für »ein bisschen«) **abgrundtiefe** Gedanken darf man schon haben.

abobar [aβoˈβar] *[abobar]* **verdummen**; Bild: Wenn man ein *Abo* für die *Bar* hat, wird man früher oder später **verdummen**.

abogado *el* [aβoˈɣaðo] *[abogado]* **Rechtsanwalt**; Bild: Ein **Rechtsanwalt** mit Robe hält eine *Avocado* in der Hand.

abra *el* [ˈaβra] *[abra]* **Bucht, Lichtung**; Bild: In einer **Bucht** (und/oder **Lichtung**) murmelt ein Magier Zauberformeln: »*Abra*kadabra!??!«

abrasión *la* [aβraˈsjon] *[abrasjon]* **Abtragung, Abschürfung**; Bild: Bei einer Bart-*Abrasur* werden die Barthaare **abgeschürft**.

abundante [aβuṇˈdante] *[ahundante]* **reichlich, ausgiebig**; Bild: Ich trinke *ab und an Tee* – dann aber **ausgiebig**.

abusar [aβuˈsar] *[abusar]* **missbrauchen, ausnutzen**; Bild: Ein *(a) Bussar*d wird von einem anderen **missbraucht**.

aclarar [aklaˈrar] *[aklarar]* **aufhellen**; Bild: Ein *(a) Klarer* (Korn) wird meinen Verstand schon **aufhellen**.

acoger [akoˈxer] *[akocher]* **aufnehmen, empfangen**; Bild: Wir würden dich herzlich bei uns **aufnehmen**, wenn du einen *(a) Kocher* (Wasserkocher) mitbringen würdest.

acular [akuˈlar] *[akular]* **rückwärts einparken**; Bild: Immer wenn ich **rückwärts einparke**, ist hinterher mein *Akku leer*.

adán *el* [aˈðan] *[adan]* **schlampiger Mensch**; Bild: *Adam* (der erste Mensch) war eine **schlampiger Mensch** und hat beim Schreiben seines Namens beim »m« einfach einen Strich weggelassen.

ademán *el* [aðe'man] *[ademan]* **Gebärde**; Bild: Einem Mann hinterherwinken (*Adé, Mann*) ist eine häufig gebrauchte **Gebärde** bei Gehörlosen.

adepto, -a *el/la* [a'ðepto, -a] *[adepto, -a]* **Anhänger(in), Mitglied**; Bild: Als **Mitglied** behandelt man mich wie einen (*a*) *Depp da*.

adobe *el* [a'ðoβe] *[adobe]* **Luftziegel**; Bild: Wenn man neuerdings den *Adobe* Reader startet, fliegen **Ziegel** auf dem Bildschirm durch die **Luft**.

adorno *el* [a'ðorno] *[adorno]* **Schmuck**; Bild: Theodor W. *Adorno* (Philosoph) verschenkt **Schmuck**.

afín [a'fin] *[afin]* **verwandt**; Bild: Alle Menschen sind mit der Ur-*Affin* (Äffin) **verwandt**.

agalla *la* [a'ɣaʎa] *[agaia]* **Kieme**; Bild: Ein (*a*) *Geier* hat unter seinem Gefieder auch noch eine **Kieme**.

ágil ['axil] *[achil]* **flink, geschickt, agil**; Bild: Nachdem seine *Achill*essehne gerissen war, war er nicht mehr so **flink**.

agitar [axi'tar] *[achitar]* **hin und her bewegen**; Bild: Ich habe eine (*a*) *Gitarr*e. Bei der muss man die linke Hand immer **hin und her bewegen**.

agrícola [a'ɣrikola] *[agrikola]* **landwirtschaftlich**; Bild: *A(g)fri-Cola* ist kein **landwirtschaftlich**es Erzeugnis.

agro *el* ['aɣro] *[agro]* **Acker**; Bild: Ein (*a*) *groß*er **Acker**.

ajo *el* ['axo] *[acho]* **Knoblauch**; Merkhilfe: Knobl*acho*.

alabanza *la* [ala'βaɲθa] *[alabansa]* **Lob**; Bild: Der Brigadekommandeur bekommt **Lob** (Schulterklopfen), weil er *alle Panzer* unbeschadet zurückgebracht hat.

alambrada *la* [alamβraða] *[alambrada]* **Stacheldrahtzaun**; Bild: Ein (*a*) *Lammbrate*n ist mit einem **Stacheldrahtzaun** umwickelt.

alameda *la* [ala'meda] *[alameda]* **Pappelwald, Pappelallee**; Bild: *Alle Meter* begegne ich einer Pappel im **Pappelwald**.

alarma *la* [a'larma] *[alarma]* **Alarm**; Bild: Die *Alarma*nlage schlägt **Alarm**.

alba *el* ['alba] *[alba]* **Morgendämmerung**; Bild: Es ist *alber*n, dazusitzen und die **Morgendämmerung** zu beobachten.

albornoz *el* [alβor'noθ] *[albornos]* **Bademantel**; Bild: *All*e *Porno*stars tragen nach den Dreharbeiten einen **Bademantel**.

alegar [ale'ɣar] *[allegar]* **vorbringen, beibringen**; Bild: Um einen glaubwürdigen Beweis **vorbringen** zu können, müssen *alle* Braten *gar* sein.

alegato *el* [ale'ɣato] *[alegato]* **Plädoyer**; Bild: Der *Alligato*r hält ein **Plädoyer** für die Tierhaltung in Kindergärten.

alegre [a'leɣre] *[alegre]* **fröhlich, lustig, lebhaft**; Bild: Ein (a) *Leck-Reh* ist **fröhlich** und **lebhaft** dabei, einen Leckstein abzulutschen.

alejar [ale'xar] *[alechar]* **entfernen, vertreiben**; Bild: Wir **vertreiben** das Christkind, wenn wir »*Alle Jahr*e wieder« singen.

alelar [ale'lar] *[allelar]* **verblöden**; Bild: Wir **verblöden**, wenn wir die Gläser *alle leer* trinken.

alemán(a) *(el/la)* [ale'man] *[allemann]* **Deutsch, Deutsche(r), deutsch**; Bild: Auf dem Passagierschiff ruft der spanische Kapitän zu den **Deutsch**en: »*Alle Mann* an Bord!«

Alemania *la* [ale'manja] *[allemanja]* **Deutschland**; Bild: In **Deutschland** sagen *alle Mann* »*Ja*« und alle Frauen »Nein«.

aleta *la* [a'leta] *[aleta]* **Flosse, Nasenflügel, Kotflügel**; Bild: Am **Nasenflügel** klebt noch der *Alete*-Kinderbrei (Marke).

algo ['alɣo] *[algo]* **etwas**; Bild: **Etwas** *Alko*hol kann nicht schaden.

alhaja *la* [a'laxa] *[alacha]* **Schmuckstück, Prachtstück**; Bild: Das **Schmuckstück** ist ein (a) *Lacher*.

alimento *el* [ali'mento] *[alimento]* **Nahrung**; Bild: *Aliment*e bestehen nicht nur aus Nahrung.

alistar [alis'tar] *[alistar]* **einschreiben, auflisten, mustern**; Bild: Muhammad *Ali* war der *Star*, weil er sich nicht **mustern** ließ und nicht zum Militär ging. Er war erst gar nicht **aufgelistet**.

allende ['aʎende] *[alljende]* **jenseits**; Bild: **Jenseits** des Alls ist da, wo das *All* zu *Ende* ist; Bild: Die Schriftstellerin Isabel *Allende* ist schon **jenseits** der 70.

alma *el* ['alma] *[alma]* **Seele**; Bild: Die *Allma*cht Gottes bringt die **Seele** des Menschen in die Ewigkeit.

almeja *la* [al'mexa] *[almecha]* **Venusmuschel**; Bild: »*Allmäch*t'« (nürnbergerisch für »Allmächtiger«), die Nudeln mit **Venusmuschel**n sind sehr lecker.

almibar *el* [al'miβar] *[almibar]* **Sirup**; Bild: An der *Almibar* auf der Alm gibt es nur **Sirup**.

alojar [alo'xar] *[alochar]* **beherbergen, unterbringen**; Bild: Ein (a) *Locher* löchert alle Hausbesitzer mit der Frage: »Können Sie mich **beherbergen**?«

alpino [al'pino] *[alpino]* **Alpen**; Bild: In den **Alpen** gibt es ein *Albino*-Dorf.

altamente [alta'mente] *[altamente]* **äußerst**; Bild: Es ist **äußerst** betrüblich, dass man *alt am Ende* aussieht.

alto [ˈalto] *[alto]* **laut, hoch**; Merkhilfe: Die *Alt*stimme im Chor ist die **hohe** Stimme, die früher von Männern gesungen wurde. Frauen durften früher in der Kirche nicht mitsingen. Daher gab es Kastraten mit hoher Stimme.

ama *el* [ˈama] *[ama]* **Herrin, Besitzerin**; Bild: Die **Herrin** kann mich mal *am A ...* lecken.

amar [amˈar] *[amar]* **gern haben**; Bild: Statt »Du kannst mich mal *am Ar*sch lecken« kann man auch »Du kannst mich mal **gern haben**« sagen. Das klingt schöner, meint aber das Gleiche.

amarillo [amaˈriʎo] *[amario]* **gelb**; Bild: Ein *Marille*nlikör (Aprikosenlikör) in **gelb**er Farbe.

ámbar *(el)* [ˈambar] *[ambar]* **Bernstein, bernsteinfarben**; Bild: *Am Bar*t wachsen **bernsteinfarbene Bernsteine**.

ambos, -as [ˈambos, -as] *[ambos, -as]* **beide**; Bild: **Beide** arbeiten gleichzeitig an einem *Ambos*s.

amistad *la* [amiˈstaðˈ] *[amistad]* **Freundschaft**; Bild: In einer amerikanischen Stadt – in einer *Ami-Stadt* – leben viele meiner Freunde, mit denen mich eine **Freundschaft** verbindet.

amistar [amisˈtar] *[amistar]* **Freundschaft schließen**; Bild: Mit einem Ami-Star **Freundschaft schließen**.

amor *el* [aˈmor] *[amor]* **Liebe**; Bild: **Liebe** ist, wenn man beim anderen ständig *am Ohr* knabbert.

amoroso, -a [amoˈroso, -a] *[amoroso, -a]* **liebevoll, weich, mild**; Bild: Weil das Baby *am Ohr rosa* ist, geht man sehr **liebevoll** mit ihm um. (Manchmal sind Babys auch grün hinter den Ohren.)

amortiguar [amortiˈɣwar] *[amortigwar]* **(ab)dämpfen, puffern, auffangen**; Bild: Weil der Boxer *am Ohr dick war*, konnte er den Schlag noch gut **abdämpfen**.

ánade *el* [ˈanaðe] *[anade]* **Ente**; Bild: Man kann **Ente** auch mit einer P*anade* zubereiten.

anal [aˈnal] *[anal]* **anal**; hört sich im Deutschen ähnlich an (siehe Seite 192 f.).

ananás *el* [anaˈnas] *[ananas]* **Ananas**; hört sich im Deutschen ähnlich an (siehe Seite 192 f.).

anaquel *el* [anaˈkel] *[anakel]* **Wandbrett, Regalbrett**; Bild: Ein *(a)* N*agel* liegt auf einem **Regalbrett**.

anatema *la* [anaˈtema] *[anatema]* **Verfluchung**; Bild: *Anna*s *Thema* ist wie immer ihre **Verfluchung**.

anca *la* [ˈaŋka] *[anka]* **Hinterbacke**; Bild: Ein *Anker* hat sich zwischen den **Hinterbacke**n eingeklemmt. Bild: Paul *Anka* (Sänger) tritt mit nackten **Hinterbacke**n auf.

ancla *el* [ˈaŋkla] *[ankla]* **Anker**; Bild: Der **Anker** war für den Dieb zu schwer, daher wurde die *Ankla*ge wegen versuchten Diebstahls zurückgezogen.

anclar [ˈaŋklar] *[anklar]* **ankern**; Bild: Es ist noch *unklar*, ob wir in diesen Gewässern **ankern** können.

andante [aŋˈdaŋte] *[andante]* **umherziehend**; Bild: Jeden Brief, den ich *an Tante* X absende, bekomme ich wieder zurück. Sie ist nämlich eine **herumziehend**e Tante und hat daher ständig wechselnde Wohnsitze.

andar [aŋˈdar] *[andar]* **zu Fuß gehen**; Bild: Jemand **geht zu Fuß** in die *Ant*arktis.

andén *el* [aŋˈden] *[anden]* **Bahnsteig, Gehweg, Kai**; Bild: Inmitten der *Anden* baut man unzählige **Bahnsteig**e und **Gehweg**e.

andinista *la/el* [aŋdiˈnista] *[andinista]* **Bergsteiger(in)**; Bild: Die **Bergsteigerin** kommt nur mühsam *an die Nester* der Adler.

anguila *la* [aŋˈgila] *[angila]* **Aal**; Bild: *Angela* Merkel (Politikerin) hat einen **Aal** um den Hals.

angula *la* [aŋˈgula] *[angula]* **Glasaal**; Bild: »**Glasaal** *an Gula*sch« ist die neue Kochkreation von Spitzenköchen.

animal [aniˈmal] *[animal]* **tierisch**; Bild: *Anni malt* **tierisch** gut.

animalada *la* [animaˈlaða] *[animalada]* **Unsinn**; Bild: Ah, nimm a Lada (Automarke). Ist doch **Unsinn**. Dann kann ich doch gleich die öffentlichen Verkehrsmittel benutzen.

anís *el* [ˈanis] *[anis]* **Anis**; hört sich im Deutschen ähnlich an (siehe Seite 192 f.).

anorak *el* [anoˈrakᵏ] *[anorak]* **Anorak**; hört sich im Deutschen ähnlich an (siehe Seite 192 f.).

anotar [anoˈtar] *[anotar]* **notieren**; Bild: Ein (a) *Notar* **notiert** sich etwas.

ansia *el* [ˈansja] *[ansja]* **Angst**; Bild: Ein H*ansea*t hat **Angst**. Bild: Er k*ann's* ja auch: **Angst** haben. Bild: Sie *ahnt's* ja nicht, welche **Angst** er hat.

antigualla *la* [antiˈɣwaʎa] *[antigwaja]* **alter Plunder**; Bild: *An die Gweiher* (bayer. für: Geweihe) hängt **alter Plunder**. Bild: Im *Antiquaria*t gibt es **alten Plunder** zu kaufen.

antílope *el* [anˈtilope] *[antilope]* **Antilope**; hört sich im Deutschen ähnlich an (siehe Seite 192 f.).

aparte [aˈparte] *[aparte]* **beiseite;** Bild: Napoleon Bon*aparte* stellt seinen Tee **beiseite**.

apear [apeˈar] *[apear]* **fällen;** Bild: Ein (*a*) *Bär* **fällt** einen Baum.

apenar [apeˈnar] *[apenar]* **bekümmern;** Bild: Es **bekümmert** ihn, dass er einen *appen Ar*m hat (der Arm ist ab).

apersibir [aperθiˈβir] *[apersibir]* **warnen, aufmerksam machen;** Bild: *Aber Sibir*ien ist es wert, dass man darauf **aufmerksam macht**.

apio el [ˈapjo] *[apjo]* **Sellerie;** Bild: Ein (*a*) *Bio* **Sellerie** aus dem Bioladen.

aporte el [aˈporte] *[aporte]* **Beitrag, Spende;** Bild: Auf dem *Abort* leiste ich meinen **Beitrag** zum Thema.

apostura la [aposˈtura] *[apostura]* **gutes Aussehen;** Bild: Eine (*a*) *Postuhr* (Zifferblatt mit Posthorn) trägt zum **guten Aussehen** bei.

aprendiz(a) el/la [apreṇˈtiθ(a)] *[aprentis(a)]* **Lehrling;** Bild: Der **Lehrling** hat mit feuergefährlichen Dingen in der Schreinerei gespielt. Nun steht er da und sagt: »*Ab ˈbrennt is ˈ*.«

apunte el [aˈpunte] *[apunte]* **Notiz, Skizze;** Bild: Eine (*a*) *Bunte* (Zeitschrift) dient dazu, *Notiz*en **und Skizze**n festzuhalten.

aquárium el [aˈkwariun] *[akwariun]* **Aquarium;** hört sich im Deutschen ähnlich an (siehe Seite 192 f.).

aquel, -ella, -ello [aˈkel, -eʎa] *[akel, akeja]* **der, die, das dort;** Bild: **Der, die, das, dort** in einem (*a*) *Kell*er.

ara la [ˈara] *[ara]* **Altar;** Bild: Ein *Ara* (Papagei) sitzt auf einem **Altar**.

arete el [aˈrete] *[arete]* **Ohrring;** Bild: Während sie die (*a*) *Rede* hielt, fiel ihr ein **Ohrring** ab. Bild: Jemand zieht eine Zig*arette* durch einen **Ohrring**.

arma el [ˈarma] *[arma]* **Waffe;** Bild: Mit der **Waffe** schoss man ihm einen *Arm ab*. Bild: Auf dem *Arm* ist eine **Waffe** tätowiert.

armazón el [armaˈθon] *[armason]* **Gestell, Skelett;** Bild: Bei *amazon*.de kann man auch ein **Skelett** kaufen. Bild: Der *arme Sohn* sieht nach der Diät aus wie ein **Skelett**.

aroma el [aˈroma] *[aroma]* **Aroma, Duft;** hört sich im Deutschen ähnlich an (siehe Seite 192 f.).

arranque el [aˈrraŋke] *[aranke]* **Energie;** Bild: Eine (*a*) *Ranke* rankt sich um eine **Energy**-Drink-Dose.

arreglar [arreˈɣlar] *[areglar]* **in Ordnung bringen;** Bild: Es gibt einen (*a*) *Regler*, der alles **in Ordnung bringt** (aufräumt).

arroz *el* [aˈrroθ] *[arros]* **Reis***;* Bild: Ein (*a*) *Ross* wird mit **Reis**(brei) gefüttert.

as *el* [as] *[as]* **Ass***; hört sich im Deutschen ähnlich an (siehe Seite 192 f.).*

asado *el* [aˈsaðo] *[asado]* **Braten***;* Bild: Ein (*a*) *Sado*-Maso-Liebesspiel eignet sich bestens, um zwischendrin einen **Braten** zu verspeisen.

asaltar [asalˈtar] *[asaltar]* **überfallen, stürmen***;* Bild: Die Geier **stürmten** die Kirche und fraßen das *Aas* auf dem *Altar.*

asalto *el* [aˈsalto] *[asalto]* **Sturmangriff***;* Bild: Bevor der **Sturmangriff** begann, machten alle noch einen (*a*) *Salto.*

aspa *el* [ˈaspa] *[aspa]* **Windmühlenflügel, Propellerflügel***;* Bild: Wenn man zu viel *Asba*ch Uralt (Marke) trinkt, dreht sich alles und man glaubt, man sei ein **Propellerflügel**.

asustar [asusˈtar] *[asustar]* **erschrecken, Angst machen***;* Bild: Der *Star* (Vogel) der *ASU* (Abgassonderuntersuchung) **erschreckt** die Kunden.

atar [aˈtar] *[atar]* **festbinden, festschnüren***;* Bild: Den *Atari*-Computer Computer (Marke) an den Tisch **festbinden**.

auge *el* [ˈaŭxə] *[auche]* **Aufschwung, Boom***;* Bild: Die Kurve eines Diagramms geht steil nach oben (Symbol für **Aufschwung**) und wird von einem *Auge* beobachtet.

aullar [aŭˈʎar] *[aujah]* **jaulen, heulen***;* Bild: *Au ja*, das hat wehgetan, da musste ich aber ganz schön **jaulen**.

au pair *la/el* [oˈper] *[oper]* **Au-pair-Mädchen, Au-pair-Junge***;* Bild: Mit dem **Au-pair-Mädchen** in die *Oper* gehen.

aurora *la* [aŭˈrora] *[aurora]* **Morgenröte***;* Bild: »*Aurora* (Marke) mit dem Sonnenstern« – Werbeslogan für Mehl. Das Logo hat einen roten Hintergrund und weist darauf hin, dass es sich um die **Morgenröte** handelt.

ausente [aŭˈsente] *[ausente]* **abwesend***;* Bild: *Aus – Ende* – Amen, du warst so lange **abwesend**. Jetzt musst du die Konsequenzen tragen.

austral [aŭsˈtral] *[austral]* **südlich, Süd***;* Bild: *Austral*ien liegt auf der **südlich**en Erdhalbkugel.

auto [ˈaŭto] *[auto]* **Beschluss, Auto***;* Bild: Der **Beschluss** stand fest: Wir fahren mit dem *Auto*.

avatar *el* [aβaˈtar] *[abatar]* **Verwandlung, Reinkarnation***;* Bild: Der Spielfilm »*Avatar*« zeigt eine **Verwandlung** eines Menschen in einen Naví.

ave *el* [ˈaβe] *[abe]* **Vogel***;* Bild: Der **Vogel** trällert ein »*Ave* Maria«.

avícola [aˈβikola] *[abikola]* **Geflügel***;* Bild: Zum *Abi-Cola* (auf der Coladose steht »Abi 2012«) gibt es **Geflügel**gerichte.

ayer [aˈjer] *[eier]* **gestern**; Bild: Gast: »Die *Eier* sind von **gestern**. Ich möchte aber eines von heute haben!« Ober: »Dann kommen Sie doch morgen wieder.«

B

baba *la* [ˈbaβa] *[baba]* **Schleim, Geifer**; Bild: Ali *Baba* und die Räuber stehen um den gestohlenen Schatz und aus ihren Mündern rinnt der **Geifer**.

babel *el* [baˈbel] *[babel]* **Durcheinander**; Bild: Im »*Turm von Babel*« (Bild von Pieter Brueghel) herrscht ein totales **Durcheinander**. Bild: Alle *babbel*n **durcheinander**.

babor *el* [baˈβor] *[babor]* **Backbord**; Bild: Damit ich mir merken kann, wo **Backbord** ist, papp (klebe) ich mir ans Ohr einen Zettel (*Pappohr*).

bacán *el* [baˈkan] *[bakan]* **reicher Mann**; Bild: *Pack an*, dann wirst du ein **reicher Mann**!

bache *el* [ˈbatʃe] *[batsche]* **Schlagloch**; Bild: Eine *Bache* (weibliches Wildschwein) rennt über die Straße und stolpert über ein **Schlagloch**.

baile *el* [ˈbajle] *[baile]* **Tanz, Tanzen**; Bild: Zum **Tanz(en)** gehen alle mit *Beile*n.

bajo *el* [ˈbaxo] *[bacho]* **Bass, Bassist**; Bild: Ein Kontra*bassist* steht in einem *Bach(oh*, wie kalt).

bala *la* [ˈbala] *[balla]* **(Gewehr)kugel**; Bild: Die **Gewehrkugel**n fliegen um meine Ohren. Das Ge*baller* macht mich ganz *ballaballa*.

balear [baleˈar] *[balear]* **schießen, anschießen, erschießen**; Bild: Auf den *Balear*en **schießen** alle wild um sich.

ball *el* [bal] *[ball]* **Ball**; hört sich im Deutschen ähnlich an (siehe Seite 192 f.).

balsa *la* [ˈbalsa] *[balsa]* **Floß**; Bild: Auf einem **Floß** wird jemand ein*balsa*miert.

baluarte *el* [baˈlwarte] *[balwarte]* **Schutzwall**; Bild: *Ball, warte* nur, ich krieg dich schon über den **Schutzwall**.

banda *la* [ˈbaṇda] *[banda]* **Band, Streifen, Ufer**; Bild: Der *Panda*bär wird am **Ufer** mit einem **Band** *banda*giert.

bandera *la* [baṇˈdera] *[bandera]* **Fahne, Flagge**; Bild: Antonio *Bandera*s (Schauspieler) hält die spanische **Flagge** in der Hand.

bandido, -a *el/la* [baṇˈdiðo] *[bandido]* **Verbrecher, Gauner**; Bild: Im Rockerklub »*Bandido*s« scheinen alle **Verbrecher** und **Gauner** zu sein.

baño *el* [ˈbaɲo] *[banjo]* **Bad**; Bild: Im **Bad**ezimmer spielt jemand *Banjo*.

barbar [barˈβar] *[barbar]* **einen Bart bekommen**; Bild: Alle *Barbar*en **bekommen einen Bart.**

barbilla *la* [barˈβiʎa] *[barbia]* **Kinn**; Bild: Jemand ist beim *Barbier* und lässt sich das **Kinn** rasieren.

barrica *la* [baˈrrika] *[barika]* **kleines Fass**; Bild: Um über die *Barrika*den zu kommen, nutzten sie ein **kleines Fass.**

barrila *la* [baˈrrila] *[barila]* **bauchiger Krug**; Bild: *Barilla*-Nudeln (Marke) gibts jetzt auch in einem **bauchigen Krug.**

base *la* [ˈbase] *[base]* **Grundlage**; Bild: Meine *Base* (Cousine) vermittelt mir die **Grundlagen** von Mathe.

bastante [basˈtaṇte] *[bastante]* **genügend, genug**; Bild: Die *Tante* am *Bass* hat jetzt **genug** gespielt.

basto, -a [ˈbasto] *[basto]* **grob, rau, minderwertig**; Bild: »… und *basta*: Ab jetzt muss ich euch etwas **grob**er behandeln.«

batiente *el* [baˈtjeṇte] *[batjente]* **Fensterflügel, Türflügel, Türpfosten**; Bild: Der *Patient* hat sich den Kopf am **Fensterflügel** angeschlagen.

batín *el* [baˈtin] *[batin]* **Morgenrock (für Männer)**; Bild: Meine *Patin* schenkt mir einen **Morgenrock.**

baúl *el* [baˈul] *[baul]* **Truhe**; Bild: *Paul* Breitner (Fußballer) sitzt auf einer alten **Truhe.**

bebe, -a *el/la* [ˈbeβe, -a] *[bebe, -a]* **Baby**; Bild: Das **Baby** wird mit *Bebe*-Creme (Marke) eingecremt.

belén *el* [beˈlen] *[belen]* **Weihnachtskrippe**; Bild: Der Hund fängt zu *bellen* an, immer wenn er die **Weihnachtskrippe** sieht.

bello, -a [ˈbeʎo, -a] *[bejo, -a]* **schön, wohlgeformt**; Bild: Der *BH* ist echt **schön**. Bild: Der *Beo* (Vogel) singt/ spricht **schön.**

besar [beˈsar] *[besar]* **küssen, sich küssen**; Bild: *Besser* **küssen** (Casting).

beso *el* [beso] *[beso]* **Kuss, Schmatz**; Bild: Die Hexe gibt ihrem *Besen* einen *beso*nderen **Kuss.**

bigote *el* [biˈɣote] *[bigote]* **Schnauzbart, Schnurrbart**; Bild: Ein Mann mit **Schnauzbart** schaut sehr *bigott* (= scheinheilig) aus.

binar [biˈnar] *[binar]* **zum zweiten Male tun**; Bild: Ich *bin* ein Narr, weil ich es **zum zweiten Mal tue**.

biquini *el* [biˈkini] *[bikini]* **Bikini**; hört sich im Deutschen ähnlich an (siehe Seite 192 f.).

bis [bis] *[bis]* **noch einmal**; Bild: Ich sagte zu ihm: »**Noch einmal**!« ... und er *biss* in die gleiche Stelle am Hals, *bis* ich leer war. (Dracula)

biscote *el* [bisˈkote] *[biskote]* **Zwieback**; Bild: Als er den alten **Zwieback** aß, dachte er, er *biss* in *Kot*.

bisel *el* [biˈsel] *[bisel]* **Abschrägung, schräge Kante**; Bild: An die **schräge Kante** des Hauses *pisel*n.

bizarro, -a [biˈθarro, -a] *[bisarro]* **mutig, tapfer**; Bild: Camille *Pissarro* (Maler) war ein *mutig*er Maler.

blanco [ˈblaŋko] *[blanko]* **weiß**; Bild: Roberto *Blanco* (Schlagersänger) ist eigentlich **weiß**.

blonda *la* [ˈbloṇda] *[blonda]* **Seidenspitze**; Bild: Die *blonde* Frau trägt (einen Hut mit) **Seidenspitze**.

blues *el* [blus] *[blus]* **Blues**; hört sich im Deutschen ähnlich an (siehe Seite 192 f.).

boa *la* [ˈboa] *[boa]* **Boa**; hört sich im Deutschen ähnlich an (siehe Seite 192 f) Bild: Im *La-bor* hat sich eine **Boa** (Schlange) versteckt.

bobo *el* [ˈboβo] *[bobo]* **Dummkopf**; Bild: DJ *Bobo* (schweizer Popmusiker) ist kein **Dummkopf**.

boca *la* [ˈboka] *[boka]* **Mund**; Bild: Mit dem **Mund** einen *Poka*l festhalten.

bofe *el* [ˈbofe] *[bofe]* **Lunge**; Bild: Beim *Pofe*n (umgangssprachlich für schlafen) ist die **Lunge** besonders aktiv.

bogar [boˈɣar] *[bogar]* **rudern, paddeln**; Bild: Humphrey *Bogar*t (Schauspieler) **rudert** in einem Boot.

boite *la* [bwaˈ] *[bwad]* **Nachtlokal**; Bild: Wer sich in einem **Nachtlokal** aufhält, ist auch immer auf der Suche nach *Beute*.

bolo *el* [ˈbolo] *[bolo]* **Kegel**; Bild: Bei einer neuen Variante des *Polo*spiels muss man **Kegel** umwerfen.

bolso *el* [ˈbolso] *[bolso]* **Tasche, Handtasche**; Bild: Auf dem *Bolz*platz spielen Kinder mit einer **Handtasche** Fußball.

bombacha *la* [bomˈbatʃa] *[bombat-scha]* **Unterhose**; Bild: In der **Unterhose** steckt ein *Bomb*enarsch, auf den man *patscht*.

bombín *el* [bomˈbin] *[bombin]* **Melone, Luftpumpe**; Bild: In der **Melone** ist eine *Bomb*e dr*in*. Bild: *Pump in* die **Melone** Luft mit der **Luftpumpe**.

bómper *el* [ˈbomper] *[bomper]* **Stoßstange**; Bild: Ein *Bomb*er (militärisches Flugzeug) mit **Stoßstange**.

bonanza *la* [boˈnaɲθa] *[bonanza]* **Windstille, Flaute**; Bild: *Bonanza*-Serie: Auf der Ranch der Cartwrights ist eine Fahne, die bei **Windstille** regungslos herunterhängt.

bongo *el* [ˈboŋɡo] *[bongo]* **Kanu**; Bild: Jemand sitzt im **Kanu** und spielt *Bongo*.

bono *el* [ˈbono] *[bono]* **Bonus, Gutschein**; Bild: *Bono* (Sänger von U2) überreicht einen **Gutschein**. Bild: Ich habe einen **Gutschein** bekommen und darf *Bono* persönlich kennenlernen.

borde [ˈborðe] *[borde]* **wild, unehelich**; Bild: Im *Bord*ell geht es **wild** und **unehelich** zu.

bordo *el* [ˈborðo] *[bordo]* **Bord**; Bild: Zur Begrüßung an **Bord** gab es ein Glas *Bordeaux*-Rotwein.

boro *el* [ˈboro] *[boro]* **Bor**; Bild: In Marl*boro*-Zigaretten (Marke) hat man Spuren von **Bor** (chemisches Element) entdeckt.

bosta *la* [ˈbosta] *[bosta]* **Kuhfladen, Pferdeapfel**; Bild: »Is' *Post* da?« – »Nein, is' nur ein **Pferdeapfel** im Briefkasten.«

bote *el* [ˈbote] *[bote]* **Aufprall, Sprung**; Bild: Der Post*bote* **prallt** immer **auf** unser Haus.

botija *la* [boˈtixa] *[boticha]* **Krug**; Bild: Ein *Bottich* ist auch so etwas Ähnliches wie ein **Krug**.

botín *el* [boˈtin] *[botin]* **Beute**; Bild: Für unseren Hund ist die Post*botin* eine leichte **Beute**.

braga *la* [ˈbraλa] *[braga]* **Windel, Schlüpfer**; Bild: Die *Prager* tragen im Frühling **Windeln** und **Schlüpfer**.

brida *la* [ˈbriˈða] *[brida]* **Zaumzeug**; Bild: *Britta* trägt **Zaumzeug**.

brillo *el* [ˈbriλo] *[brio]* **Glanz, Glitzer**; Bild: Nachdem die *Brille* geputzt wurde, hatte sie wieder ihren besonderen **Glanz**.

broche *el* [ˈbrotʃe] *[brotsche]* **Druckknopf**; Bild: Die *Brosche* mit einem **Druckknopf** an der Kleidung befestigen.

brotar ['brotar] *[brotar]* **aufkeimen, ausschlagen**; Bild: Es ist ziemlich *bro(u)tal*, wenn die Bäume **ausschlagen**.

brote *el* ['brote] *[brote]* **Keimling, Trieb, Sprosse**; Bild: Heute gibt es gesunde *Brote* mit **Keimlingen**.

bruja *la* ['bruxa] *[brucha]* **Hexe, Eule**; Bild: Die **Hexe** und die **Eule** machen eine *Bruch*landung.

brusco, -a ['brusko, -a] *[brusko, -a]* **plötzlich, sprunghaft**; Bild: **Plötzlich** platzte der *Brust*korb auf und ein Alien sprang heraus (Szene aus Alien I). Bild: **Plötzlich** war die Flasche Lam*brusco* (Perlwein) weg.

brutal [bru'tal] *[brutal]* **brutal**; hört sich im Deutschen ähnlich an (siehe Seite 192 f.).

buche *el* ['butʃe] *[butsche]* **Magen**; Bild: Wenn man die Blätter der *Buche* isst, hat man Schmerzen im **Magen**.

bueno! ['bweno] *[bweno]* **na gut**! Bild: Kinder fragen: »Dürfen wir noch was Süßes haben?« Antwort: »*Na gut*, ein Kinder *bueno* (Marke) bekommt ihr noch.«

burdo, -a ['burðo, -a] *[burdo, -a]* **grob, plump**; Bild: In der Modezeitschrift *Burda* (Marke) geht man sehr **plump** und **grob** mit den Models um.

búnker *el* ['bunker] *[bunker]* **Bunker**; hört sich im Deutschen ähnlich an (siehe Seite 192 f.).

buró *el* [bu'ro] *[buro]* **Schreibtisch, Nachttisch**; Bild: Im *Büro* habe ich einen **Schreibtisch**, auf dem ein **Nachttisch** steht. Bild: Tom *Buhrow* (Journalist) hüpft von einem **Nachttisch** zu einem **Schreibtisch**.

bus *el* [bus] *[bus]* **Bus**; hört sich im Deutschen ähnlich an (siehe Seite 192 f.).

buscar [bus'car] *[buskar]* **suchen**; Bild: Mit dem *Bus* das eigene Auto (= *car*) **suchen**. Wahrscheinlich hat jemand das Auto gedankenverloren abgestellt und dann nicht mehr gefunden.

C

cabal [ka'βal] *[kabal]* **völlig richtig, genau**; Bild: Es ist **völlig richtig**, dass *ka Ball* (kein Ball) mehr da ist.

caballa *la* [kaˈβaʎa] *[kabaja]* **Makrele**; Bild: Kein (*ka*) *Bayer* isst **Makrele**n.

caber [kaˈβer] *[kaber]* **hineinpassen, durchpassen**; Bild: Eher **passt** eine *Kaper* **durch** ein Nadelöhr …

café *el* [kaˈfe] *[kafe]* **Kaffee**; hört sich im Deutschen ähnlich an (siehe Seite 192 f.).

cagar [kaˈɣar] *[kagar]* **scheißen, beflecken**; Bild: Manche Kinder sagen: »Ich muss *kaka*!«, wenn sie **scheißen** müssen.

caída *la* [kaˈiða] *[kaida]* **Absturz, Abfall, Fall**; Bild: Das Terrornetzwerk al-*Qaida* ist vom **Absturz** bedroht.

caldo *el* [ˈkaldo] *[kaldo]* **Brühe, Bouillon**; Bild: Die **Brühe** ist *kalt* geworden.

calentar [ˈkalenˈtar] *[kalentar]* **wärmen, erwärmen**; Bild: Ein Penner **wärmt** sich, indem er einen *Kalender* als Zudecke benutzt.

calor *el* [kaˈlor] *[kalor]* **Hitze**; Bild: Beim Verbrennen von *Kalor*ien erzeugt der Körper **Hitze**.

calva *la* [ˈkalβa] *[kalba]* **Glatze, kahle Stelle**; Bild: Das *Kalb* leckt eine **Glatze** ab.

calzón *el* [ˈkalˈθon] *[kalson]* **Hose**; Bild: *Karlsson* vom Dach lässt die **Hose** runter. Bild: Die Pizza *calzon*e ist

deswegen gefaltet, damit man sie in die **Hose** stecken kann.

cama *la* [ˈkama] *[kama]* **Bett**; Bild: Unter dem **Bett** kann man (*kama*) auch schlafen. Bild: In der Speise*kammer* steht ein **Bett**.

camarón *el* [kamaˈron] *[kameron]* **Garnele, Krabbe**; Bild: *Cameron* Diaz (Schauspielerin) steckt sich **Garnele**n in ihre Nasenlöcher.

cambio *el* [ˈkambjo] *[kambjo]* **Abwechslung, Austausch, Änderung**; Bild: Zur **Abwechslung** nehme ich mal den *Bio-Kamm* statt den Kunststoffkamm.

cambista *el/la* [ˈkamˈbista] *[kambista]* **Geldwechsler/in**; Bild: Der **Geldwechsler** *kam bis da*hin, dann raubte man ihn aus.

camelo *el* [kaˈmelo] *[kamelo]* **Schmeichelei**; Bild: **Schmeichelei**: »Du hast die schönsten Höcker, die ein *Kamel* nur haben kann.«

camilla *la* [kaˈmiʎa] *[kamija]* **Krankenbahre**; Bild: *Camilla* Parker Bowles (zweite Ehefrau von Prinz Charles) liegt auf einer **Krankenbahre**.

camino *el* [kaˈmino] *[kamino]* **Weg, Pfad**; Bild: Am Ende des **Weg**es bzw. **Pfad**es steht ein *Kamin*.

campar [kamˈpar] *[kampar]* **lagern**; Bild: Der *Campar*i muss ewig **lagern** (Flaschenlagerung im Gewölbekeller), damit er gut schmeckt.

campo *el* [ˈkampo] *[kampo]* **Feld, Acker**; Bild: Jemand hat einen *Kamm* im *Po* und steht auf dem **Acker**.

can *el* [kan] *[kan]* **Hund**; Bild: Manch ein **Hund** *kan*n alles.

canapé *el* [kanaˈpe] *[kanapee]* **belegte Brotscheibe**; Bild: Ich sitze auf einem *Kanapee* (Sofa) und esse lecker **belegte Brotscheiben**.

canasta *la* [kaˈnasta] *[kanasta]* **Korb**; Bild: Beim *Canasta*-Kartenspiel werden die Karten in einem **Korb** abgelegt.

cancel *el* [kanˈθel] *[kansel]* **Windfang**; Bild: Die *Kanzel* für die Predigt ist im **Windfang** aufgebaut.

cancha *la* [ˈkantʃa] *[kantscha]* **Sportplatz, Pferderennplatz**; Bild: Die **Sportplatz**-Be-*kanntscha*-ft.

candente [kanˈdente] *[kandente]* **glühend, brennend**; Bild: Die *kant*ige Ente oder die *Ente* von Immanuel *Kant* ist **glühend** heiß.

candor *el* [kanˈdor] *[kandor]* **Unschuld, Naivität**; Bild: Ein *Kantor* ist ein Kirchenmusiker, der für seine **Unschuld** und seine **Naivität** bekannt ist.

canibal *el* [kaˈniβal] *[kanibal]* **Kannibale**; Bild: *Kann i bal*d was zu essen haben. Ansonsten werd ich zum **Kannibalen**.

canilla *la* [kaˈniʎa] *[kanija]* **Schienbein**; Bild: Ans **Schienbein** treten, das *kann i a* (ich auch).

canon *el* [ˈkanon] *[kanon]* **Gesetz, Kanon**; Bild: Das Grund**gesetz** im *Kanon* singen. Bild: Die *Kanon*en zerfetzen das **Grundgesetz**.

cansado, -a [kanˈsaðo, -a] *[kansado, -a]* **müde, ermüdend**; Bild: *Kann Sado* (-Maso) **müde** machen?

cantar [kanˈtar] *[kantar]* **singen**; Bild: Wenn man jemanden an die *Kandar*e (= Zaumzeug) nimmt, wird er wohl kaum **singen**.

cante *el* [ˈkante] *[kante]* **Volkslied**; Bild: Er *kann*te kein einziges **Volkslied**.

cantidad *la* [kantiˈðaᵟ] *[kantidad]* **Menge, Betrag, Quantum**; Bild: Diese Menge an Lernstoff bewältigen – *kann* *die dat* (kann die das)? Bild: Der *Kandidat* ist mit der *Menge* der Aufgaben überfordert.

canto *el* [ˈkaṇto] *[kanto] Gesang, Singen*; Bild: Der *Kantor* ist ein Kirchenmusiker, der sich um den *Gesang* in der Kirche kümmert.

caña *la* [ˈkaɲa] *[kanja] Rohr, Schilf, Halm*; Bild: Man *kann ja* Dächer aus dem *Schilf* bauen.

caos *el* [ˈkaos] *[kaos] Chaos*; hört sich im Deutschen ähnlich an (siehe Seite 192 f.).

capaz [kaˈpaθ] *[kapas] fähig, imstande*; Bild: Sie ist wirklich *imstande*, keinen (*ka*) *Pass* mitzunehmen.

capot *el* [kaˈpo] *[kapo] Motorhaube*; Bild: Wenn man am Straßenrand ein Auto sieht, dessen *Motorhaube* offen steht, ist meistens etwas *kaputt*.

carajo *el* [kaˈraxo] *[karacho] Schwanz (Penis)*; Bild: Heino singt »Caramba, *caracho*, ein Whisky …« – seine Variante von »Sex, Drugs and Rock 'n' Roll«.

capuchón *el* [kapuˈʧon] *[kaputschon] Kapuze, Verschlusskappe*; Bild: Neu gekauft – und die *Kapuze* ist *kaputt schon*.

cara *la* [ˈkara] *[kara] Gesicht, Antlitz*; Bild: Ich schlecke dir die *Kara*mellsoße aus dem *Gesicht*. Bild: Ein *Kara*teschlag ins *Gesicht*.

caramba! [kaˈramba] *[karamba] Verdammt noch mal!*; Bild: Heino singt: »*Caramba*, caracho, ein Whisky …« – siehe *carajo* oben! Heino *verdammt noch mal* seinen Penis und den Whisky. Bild: Wenn sich – *verdammt noch mal* – die Schraube nicht löst, dann sprüht man *Caramba* (Marke) drauf.

carcoma *la* [karˈkoma] *[karkoma] Holzwurm*; Bild: Mein *Car* (Auto) liegt im *Koma*, weil es von einem *Holzwurm* befallen ist.

carente [kaˈrente] *[karente] ohne*; Bild: Wer keine (*ka*) *Rente* bekommt, muss *ohne* Geld auskommen. Bild: Wir haben den *Karren Tee* mitgenommen, *ohne* ihn zu bezahlen.

carne *la* [ˈkarne] *[ˈkarne] Fleisch*; Bild: Nach dem *Karne*val fastet man und verzichtet auf *Fleisch*.

caro, -a ['karo, -a] *['karo, -a] teuer*; Bild: Der *Caro*-Kaffeeersatz (Marke) ist *teuer*.

carrera *la* [ka'rrera] *[karera] Karriere, Laufbahn*; Bild: Die *Karriere* von Michael Schumacher hat mit einer *Carrera*-Rennbahn (Marke) begonnen.

carril *el* [ka'rril] *[karill] Spur*; Bild: Die *Car* (Auto)-*Rill*e ist die *Spur*, die das Auto beim Fahren hinterlässt.

carrusel *el* [karru'sel] *[karusell] Karussell*; hört sich im Deutschen ähnlich an (siehe Seite 192 f.).

carta *la* ['karta] *[karta] Brief*; Bild: Man sollte lieber eine *Karte* statt einen *Brief* schreiben, das kommt billiger.

cárter *el* ['karter] *[karter] Gehäuse*; Bild: Jimmy *Carter* (amerikanischer Präsident) hatte auf seinem Schreibtisch immer ein *Gehäuse* aus Metall.

casa *la* ['kasa] *[kasa] Haus*; Bild: Vor einem *Haus* steht jemand an einer *Kasse* und verlangt Eintritt.

casal *el* [ka'sal] *[kasal] Landhaus, Bauernhaus*; Bild: Leider befindet sich in diesem *Landhaus* kein (ka) *Saal*.

caspa *la* ['kaspa] *[kaspa] (Kopf-)Schuppen*; Bild: Der *Kaspe*r hat *Kopfschuppen*.

castor *el* [kas'tor] *[kastor] Biber*; Bild: Ein *Castor*behälter wird von einem *Biber* angenagt.

catar [ka'tar] *[katar] kosten*; Bild: Einen *Katarrh* zu haben, *kostet* viel. Ich stehe in der Apotheke und schütte meine gesamte Geldbörse auf die Theke, um ein Nasenspray damit bezahlen zu können.

cate *el* ['kate] *[kate] Ohrfeige*; Bild: Prinz William gibt seiner *Kate* eine *Ohrfeige*.

catón *el* [ka'ton] *[katon] Lesefibel*; Bild: Meine *Lesefibel* habe ich in einem *Karton* aufgehoben.

cava *el* ['kaβa] *[kaba] (spanischer) Sekt*; Bild: *Kaba* wird in Spanien in *Sekt*gläsern serviert.

cebar [θe'βar] *[sebar] mästen*; Bild: Ein Tierpfleger *mästet* einen *Seebär*. Daher ist der auch so dick.

ceder [θe'ðer] *[seder]* **aufgeben, einlenken, verzichten**; Bild: Bei der Herstellung von Bleistiften **verzichtet** man immer mehr auf *Zeder*nholz, weil es langsam wächt und somit teuer ist.

celo *el* ['θelo] *[selo]* **Balz, Brunft**; Bild: Ein *Cello* beschnuppert ein anderes *Cello*. Das ist ein typisches **Balz**verhalten bei Celli.

cena *la* ['θena] *[sena]* **Abendessen**; Bild: Die Film*szene* zeigt, wie alle am **Abendessen** beteiligt sind.

cenador *el* [θena'ðor] *[senador]* **Gartenlaube, Speisesaal**; Bild: Der *Senator* sitzt alleine im großen **Speisesaal**.

cenar [θe'nar] *[senar]* **zu Abend essen**; Bild: Der *Seenarr* (ein Narr auf See) wird bei mir **zu Abend essen**.

cerdo, -a *el* ['θerðo] *[serdo]* **schweinisch, schmutzig, Schwein, Sau**; Bild: Nimm den Besen und *kehr da* jetzt. Du **Schwein** hast ja alles **schmutzig** gemacht.

cereal *el* [θere'al] *[sereal]* **Getreide**; Bild: Das künstliche Müsli schmeckt *sehr real* nach **Getreide**.

cerner [θer'ner] *[serner]* **nieseln**; Bild: Mit der Zeit wird Johannes B. *Kerner* nass, weil es **nieselt**.

cerveza *la* [θer'βeθa] *[serwessa]* **Bier**; Bild: Das **Bier** schmeckt *sehr wäss*rig.

cesar [θe'sar] *[sesar]* **enden, aufhören**; Bild: Das Leben **endet** für Julius *Cäsar* ziemlich tragisch mit 23 Dolchstichen.

chacha *la* ['ʧaʧa] *[tschatscha]* **Kindermädchen**; Bild: Das **Kindermädchen** tanzt *Cha-Cha*-Cha mit *Zsa Zsa* Gabor (Schauspielerin).

chalé *la* [ʧa'le] *[tschale]* **Einfamilienhaus, Landhaus**; Bild: Ein **Einfamilienhaus** in einer Eier*schale*.

champú *el* [ʧam'pu] *[tschampu]* **Haarshampoo, Radler (Bier-Limo-Mix)**; Bild: Statt Haar*shampoo* nimmt man in Spanien **Radler** zum Haare waschen.

chanada *la* [ʧa'naða] *[tschanada]* **Schwindel, Betrug**; Bild: Jackie *Chan* (Schauspieler) ist in *K*anada (Ahornblatt) einem **Betrug** zum Opfer gefallen.

charrán *el* [ʧa'rran] *[tscharan]* **Gauner, Schelm**; Bild: Der **Gauner** flüchtet in einem VW *Sharan* (Marke).

chelo *el* ['ʧelo] *[tschelo]* **Cello**; hört sich im Deutschen ähnlich an (siehe Seite 192 f.).

china *la* ['ʧina] *[tschina]* **Kieselstein**; Bild: Selbst die **Kieselstein**e kommen jetzt schon aus *China*. Und es steht auch noch »Made in China« auf jedem Einzelnen drauf.

chip *el* [ʧip] *[tschip]* **Chip**; hört sich im Deutschen ähnlich an (siehe Seite 192 f.).

chivo *el* [ʧiβo] *[tschibo]* **Zicklein**; Bild: Ein **Zicklein** kauft bei *Tchibo* (Marke) ein.

chufla *la* [ʧufla] *[tschufla]* **Witz, Scherz**; Bild: Es gibt genügend **Witz**e, bei denen man mit einem *Schuh* in einen Kuh*fla*den tritt.

chulada *la* [ʧuˈlaða] *[tschulada]* **Frechheit**; Bild: Das ist die absolute **Frechheit**: Ein *Lada* hat einen großen *Schuh* auf dem Dach.

chumbo *el* [ʧumbo] *[tschumbo]* **Kaktusfeige**; Bild: Der *Jumbo*jet verliert eine komplette Ladung **Kaktusfeige**n.

chupar [ʧuˈpar] *[tschupar]* **einsaugen, aufsaugen, aussaugen**; Bild: Das *Schuhpaar* wurde mit dem Staubsauger **eingesaugt**.

cien [θjen] *[sjen]* **hundert**; Bild: Beim Lidl gibt es **hundert** cien-Artikel (Marke).

cigarra *el* [θiˈɣarra] *[sigarra]* **Geldbeutel, Zikade**; Bild: Eine *Zigarre* im **Geldbeutel** ausdrücken.

cima *la* [ˈθima] *[sima]* **Berggipfel, Spitze**; Bild: Sieh *ma*l, wer da auf dem **Berggipfel** ist.

clan *el* [klan] *[klan]* **Clan**; hört sich im Deutschen ähnlich an (siehe Seite 192 f.).

clara *la* [ˈklara] *[klara]* **Eiweiß**; Bild: Heidis Freundin *Klara* isst ganz viel **Eiweiß**, weil sie dann angeblich wieder laufen kann.

clarín *el* [klaˈrin] *[klarin]* **Hornist**; Bild: Hans *Clarin* (Schauspieler und die Stimme von Pumuckl) ist in einem Orchester als **Hornist** tätig.

clarinete *el* [klariˈnete] *[klarinete]* **Klarinette**; hört sich im Deutschen ähnlich an (siehe Seite 192 f.).

claro *el* [ˈklaro] *[klaro]* **Lichtung**; Bild: Hänsel sagt: »*Klaro*! Da vorne ist die **Lichtung** – da klärt sich's auf.«

clase *la* [ˈklase] *[klase]* **Sorte, Art**; Bild: Eine Schul*klasse* bekommt die Aufgabe, bestimmte **Sorte**n Äpfel am Geschmack zu erkennen.

claustro *el* [ˈklau̯stro] *[klaustro]* **Klosterhof, Kreuzgang**; Bild: *Klaus* Wowereit (Politiker) *tro*mmelt im **Klosterhof**.

clava *la* [ˈklaβa] *[klaba]* **Keule**; Bild: Ein Steinzeitmensch *klappe*t mit der **Keule**.

clave *la* [ˈklaβe] *[klabe]* **Code, Passwort, Schlüssel**; Bild: Um in eine Enklave reinzukommen, braucht man ein **Passwort**.

cliché *el* [kliˈʧe] *[klitsche]* **Klischeevorstellung**; Bild: Es ist einfach eine **Klischeevorstellung**, dass jeder Saftladen eine *Klitsche* ist.

clima *el* [ˈklima] *[klima]* **Klima**; hört sich im Deutschen ähnlich an (siehe Seite 192 f.).

clítoris *el* [ˈklitoris] *[klitoris]* **Klitoris**; hört sich im Deutschen ähnlich an (siehe Seite 192 f.).

cobra *la* [ˈkoβra] *[kobra]* **Kobra**; hört sich im Deutschen ähnlich an (siehe Seite 192 f.).

cobrador(a) *el/la* [ˈkoβraˈðor(a)] *[kobrador(a)]* **Kassierer(in)**; Bild: Eine *Kobra* bewacht ein *Tor*. Davor sitzt ein **Kassierer** an einer Kasse und kassiert Neugierige ab.

cloque el [kloˈke] *[kloke]* **Bootshaken**; Bild: Mit einem **Bootshaken** gegen eine *Glocke* schlagen.

coche *el* [ˈkoʧe] *[kotsche]* **Auto**; Bild: Das **Auto** war früher eine *Kutsche*.

cocker *el* [ˈkoker] *[koker]* **Cockerspaniel**; Bild: Joe *Cocker* (Sänger) tritt mit seinem **Cockerspaniel** auf.

coco *el* [ˈkoko] *[koko]* **Kokosnuss**; Bild: *Coco* Chanel (Modedesignerin) hat einen Hut mit einer **Kokosnuss** entworfen.

cofre *el* [ˈkofre] *[kofre]* **Truhe**; Bild: In der **Truhe** befindet sich ein *Koffer*.

coger [koˈxer] *[kocher]* **festhalten, aufheben, fassen**; Bild: Den Wasser*kocher* **aufheben** und **festhalten**.

col *la* [kol] *[kol]* **Kohl**; hört sich im Deutschen ähnlich an (siehe Seite 192 f.).

cola *la* [ˈkola] *[kola]* **Klebstoff, Schwanz**; Bild: In einer *Cola*flasche ist **Klebstoff** zum Basteln drin. Ich drücke gerade drauf, um einem Pferd den **Schwanz** anzukleben.

colada *la* [koˈlaða] *[kolada]* **Wäsche**; Bild: Es ist keine *Cola da*, um die **Wäsche** damit einzuweichen.

colador *el* [kolaˈðor] *[kolador]* **Sieb**; Bild: Eine *Cola* steht im (Fußball-)*Tor*. Als Netz hat man ein großes **Sieb** angebracht.

colgado, -a ['kol'ɣaðo] *[kolgado]* **auf-gehängt, erhängt**; Bild: Die *Colgate*-Zahncreme (Marke) ist an einem Galgen **erhängt** worden.

colgar ['kol'ɣar] *[kolgar]* **hängen**; Bild: Wenn der *Kohl gar* ist, kann man ihn an Fäden **aufhängen**.

colibrí *el* ['koli'βri] *[kolibri]* **Kolibri**; hört sich im Deutschen ähnlich an (siehe Seite 192 f.).

colmar [kol'mar] *[kolmar]* **bis zum Rand füllen, überfüllen**; Bild: *Colmar* ist die Hauptstadt der elsässischen Weine. Dort werden die Gläser **bis zum Rand gefüllt**.

colorado, -a [kolo'rado] *[kolorado]* **bunt, farbig**; Bild: Haribo *Color-Rado* (Marke) ist **bunt**es Süßzeug.

comba *la* ['komba] *[komba]* **Verbiegung, Springseil**; Bild: Mit einem *Kompas*s übers **Springseil** hüpfen.

combate *el* [kom'bate] *[kombate]* **Kampf, Gefecht, Schlacht**; Bild: *Kommt* »Der *Pate*« im Fernsehen? Ich will mal wieder einen richtigen **Kampf** sehen.

comensal *la/el* [komen'sal] *[komensal]* **(Tisch)gast, (Tisch)nachbarin**; Bild: Mein **Tischgast** *komm*t in d*en* *Saal*.

comer [ko'mer] *[komer]* **dinieren, essen, fressen**; Bild: Am *Comer* See kann man vorzüglich **dinieren**.

cometa *el* [ko'meta] *[kometa]* **Komet, (la) Drachen**; Bild: Der Schweif des *Komet*en stammt von einem **Drachen**, der darauf lebt.

comezón *el* [kome'θon] *[komeson]* **Juckreiz, Unruhe**; Bild: Ich *komme schon* und dann mach' ich was gegen deine **Unruhe**/deinen **Juckreiz**.

cómico, -a ['komiko, -a] *[komiko, -a]* **komisch, witzig**; Bild: Der *Komiker* ist **komisch**.

comida *la* [ko'miða] *[komida]* **Essen, Speise, Nahrung, Lebensmittel**; Bild: Ich *komm mitta*gs nach Hause, um leckere **Speisen** zu essen.

compás *el* [kom'pas] *[kompas]* **Takt, Rhythmus, Zirkel**; Bild: Auf einem *Kompass* den **Rhythmus** mit einem **Zirkel** trommeln.

competer [kompe'ter] *[kompeter]* **obliegen;** Bild: *Komm, Peter*, du darfst *ob*en **liegen**.

compinche *la/el* [kom'pinʧe] *[kompintsche]* **Kumpan(in)**; Bild: *Komm, Pinscher,* und sei mein **Kumpan**.

compost *el* [kom'pos^t] *[kompost]* **Kompost**; hört sich im Deutschen ähnlich an (siehe Seite 192 f.).

compresor *el* [kompre'sor] *[kompresor]* **Kompressor, Verdichter**; hört sich im Deutschen ähnlich an (siehe Seite 192 f.).

compromiso *el* [kompro'miso] *[kompromiso]* **Verbindlichkeit, Verpflichtung**; Bild: Was nach einem *Kompromiss* aussieht, ist in Wırklichkeit eine **Verpflichtung**.

coña *la* ['koɲa] *[konja]* **Verarschung**; Bild: Die volle **Verarschung**: In der *Cognac*-Flasche (Branntwein) war stinknormaler Tee.

cópula *la* ['kopula] *[kopula]* **Paarung, Begattung**; Bild: Francis Ford *Coppola* (Regisseur) vermeidet **Paarung**sszenen in seinen Filmen.

corazón *el* [kora'θon] *[korason]* **Herz**; Bild: *Koras Sohn* wird am **Herz**en operiert.

corbata *la* [kor'βata] *[korbata]* **Krawatte**; Bild: Weil er einen ganzen *Korb Ata* Scheuerpulver (Marke) kaufte, bekam er eine **Krawatte** dazu geschenkt.

cordón *el* [kor'ðon] *[kordon]* **Schnur, Schnürsenkel, Strick**; Bild: An einem **Schnürsenkel** (oder **Strick**) ist ein *Cordon*-bleu-Schnitzel angebunden und der geschmolzene Käse fließt heraus.

corpus *el* ['korpus] *[korpus]* **Fronleichnam**; Bild: Zur **Fronleichnam**sprozession fährt ein *Chor* im *Bus*.

corral *el* [ko'rral] *[koral]* **Gehege, Hühnerhof**; Bild: Auf einem **Hühnerhof** gibt es bunte *Korall*en, auf denen Hühner herumlaufen.

correa *la* [ko'rrea] *[korea]* **Gurt, Riemen**; Bild: Chick *Corea* (Pianist) spielt ange**gurt**et Klavier.

corrido, -a [ko'rriðo, -a] *[korido, -a]* **verschoben**; Bild: Durch das Erdbeben hat sich der *Korridor* **verschoben**.

cortante [kor'taṇte] *[kortante]* **schneidend, scharf**; Bild: Die *Chor-Tante* hat bei jeder Chorprobe ein **scharf**es Messer dabei.

costa *la* ['kosta] *[kosta]* **Küste**; Bild: *Costa* Cordalis (Schlagersänger) singt an einer **Küste**.

coste *el* [ˈkoste] *[koste]* **Preis**; Bild: Wie hoch die *Koste*n sind, verrät uns der **Preis**.

coxal [koˠˈsal] *[kogsal]* **Hüft...**; Bild: **Hüft**probleme werden in der Regel mit *Kochsal*z behandelt.

coz *la* [koθ] *[kos]* **Fußtritt, Hufschlag**; Bild: Beim *Kotz*en gibt's noch einen **Fußtritt** extra.

cracker *el/la* [ˈkraker] *[kraker]* **Hacker**; Bild: Der **Hacker** sitzt vor seiner Tastatur und beißt in einen *Cracker* (Keks).

crápula *la* [ˈkrapula] *[krapula]* **Wüstling, Trunkenheit**; Bild: Der **Wüstling** *grap*scht der *Ulla* von hinten an die Schultern.

cráter *el* [ˈkrater] *[krater]* **Krater**; hört sich im Deutschen ähnlich an (siehe Seite 192 f.).

crecer [kreˈθer] *[kreser]* **wachsen, heranwachsen, wuchern**; Bild: Die Kinder **wachsen heran** und werden immer *grö*ßer. Bild: Die *Gräser* **wachsen**.

cresa *la* [ˈkresa] *[kresa]* **(Insekten-)Eier, Made**; Bild: Schaut man sich *Gräser* genauer an, kann man **Insekteneier** erkennen.

creta *la* [ˈkreta] *[kreta]* **Kreide**; Bild: Die **Kreide** kommt aus *Kreta*.

cristo *el* [ˈkristo] *[kristo]* **Kruzifix**; Bild: *Christo* (Verpackungskünstler) verpackt ein riesiges **Kruzifix**.

croco *el* [ˈkroko] *[kroko]* **Safran**; Bild: Das *Kroko*dil wird mit **Safran** gewürzt und ist daher sehr gelb.

crol *el* [ˈkrol] *[krol]* **Kraul(schwimmen)**; Bild: Joachim *Król* (Schauspieler) lernt das **Kraulschwimmen**.

cuadra *la* [ˈkwaðra] *[kwadra]* **Stall**; Bild: Der **Stall** ist *quadra*tisch.

cuál [kwal] *[kwal]* **welcher, welche, welches**; Bild: **Welch** eine *Qual* hab ich durchlebt?

cuba *la* [ˈkuba] *[kuba]* **Kübel, Bottich**; Bild: In *Kuba* (bei Fidel Castro) trinken alle aus **Kübel**n.

cubo *el* [ˈkuβo] *[kubo]* **Eimer**; Bild: Am *Kuh-Po* hängt ein **Eimer**, der die Kacke auffängt.

cuerda *la* [ˈkwerða] *[kwerda]* **Leine, Strick**; Bild: Ein **Strick** hängt *quer da*.

cuerpo *el* [ˈkwerpo] *[kwerpo]* **Körper, Leib, Rumpf**; Bild: Der *Quer-Po* ist quer am **Körper** angebracht.

culebra *la* [kuˈleβra] *[kulebra]* **Schlange**; Bild: Als die Kuh von der **Schlange** gebissen wurde, hat sie *Kuh-Lepra* bekommen.

culera *la* [ku'lera] *[kulera]* **Kotfleck, Hosenboden**; Bild: Der Lehrer der Kuh (*Kuhlehrer*) hat einen **Kotfleck** auf seinem **Hosenboden**.

culo *el* ['kulo] *[kulo]* **Hintern**; Bild: Der **Hintern** hat in der Mitte eine *Kuh*le.

cuna *la* ['kuna] *[kuna]* **Wiege**; Bild: Die *Kuh* kam sehr *nah* an die **Wiege**.

currante *el/la* [ku'rraṇte] *[kurante]* **Arbeiter(in)**; Bild: Eine *Kuh rannte* dem **Arbeiter** hinterher.

curva *la* ['kurβa] *[kurba]* **Kurve, Bogen, Kehre**; Bild: Hinter der **Kurve** liegt das *Kurba*d.

cutis *el* ['kutis] *[kutis]* **(Gesichts)haut**; Bild: *Gut is'* die **Gesichtshaut**.

cutre ['kutre] *[kutre]* **geizig, knausrig**; Bild: Selbst mit einem *Kuhdre*ck geht er **geizig** um (rückt nichts raus).

D

dama *la* ['darma] *[dama]* **Dame**; Bild: *Dama*ls sagte man zu einer Frau noch öfters »**Dame**«.

dar [dar] *[dar]* **geben, schenken, austeilen**; Bild: Jemandem etwas *dar*bieten heißt auch, ihm etwas **geben**.

dardo *el* ['darðo] *[dardo]* **Wurfpfeil, Speer**; Bild: *Dart* spielt man mit **Wurfpfeilen** oder mit einem **Speer**.

decoro *el* [de'koro] *[dekoro]* **Würde, Respekt**; Bild: Wenn jemand hoch *dekor*iert ist, dann hat er viele Orden verliehen bekommen und man zollt ihm **Respekt**.

dedear [deðe'ar] *[dedear]* **befingern**; Bild: In der *DDR* haben sich alle **befingert**.

defraudar [defraŭ'ðar] *[defraudar]* **hinterziehen, unterschlagen**; Bild: *Die Frau da*, ist die, die mir 10 000 Euro **unterschlagen** hat.

delfin *el* [del'fin] *[delfin]* **Delfin**; hört sich im Deutschen ähnlich an (siehe Seite 192 f.).

demás [de'mas] *[demas]* **übrige(r)**; Bild: Sissy *de Maas* (Sportmoderatorin) isst **übrig** gebliebene Reste beim Sport am Sonntag.

demora *la* [de'mora] *[demora]* **Verspätung, Verzug**; Bild: Durch die ständigen **Verspätung**en der Züge bin ich absolut *demora*lisiert.

dentro ['deṇtro] *[dentro]* **innen**; Bild: Den *Tro*g von **innen** reinigen.

derecha *la* [de'reʧa] *[deretscha]* **Rechte, politsch**; Bild: Die politisch **Rechten** sind *die Rächer*.

derecho *el* [de´reʧo] *[deretscho]* **Recht, Anrecht, Anspruch**; Bild: Keine Angst, *der red´ scho* (bayerisch). Das ist ja auch sein **Anrecht**.

desamor *el* [desa´mor] *[desamor]* **Lieblosigkeit, Abneigung**; Bild: Der Mörder umwickelte mit *Tesa*-Klebeband (Marke) seinen Mund und seine Handgelenke, bevor er sein Opfer im *Moor* lebendig versenkte. Für diese **Lieblosigkeit** bekam der Täter zehn Jahre aufgebrummt. Bild: Weil kein Pflaster mehr da war, klebte man dem Mädchen voller **Lieblosigkeit** *Tesa* an*s Ohr*(-läppchen).

descanso *el* [des´kanso] *[deskanso]* **Erholung, Ruhe**; Bild: *Des kann so* schön entspannend sein, wenn man sich eine Phase der **Erholung** gönnt.

descendiente *el* [deθeṇ´dieṇte] *[desendijente]* **Nachkomme**; Bild: *Des sind die Ente*n: meine Nachkommen.

desdén *el* [des´ðen] *[desden]* **Verachtung**; Bild: Mit **Verachtung** werde ich das *testen*.

desfalco *el* [des´falko] *[desfalko]* **Veruntreuung, Hinterziehung**; Bild: Die **Hinterziehung** des Falco (Sänger) wurde durch die Presse öffentlich. Pressebild: Falco zieht etwas hinter sich her.

desfile *el* [des´file] *[desfile]* **Umzug, Vorbeimarsch, (Militär-)Parade**; Bild: *D*(a)*es Filet*stück ist durch den **Vorbeimarsch** total platt getrampelt worden.

desmán *el* [des´man] *[desman]* **Ausschreitung**; Bild: Als Paul *Desmon*d (Musiker) »Take Five« im 5/4-Rhythmus zum ersten Mal aufführte, gab es **Ausschreitung**en.

desmayo *el* [des´majo] *[desmajo]* **Ohnmacht**; Bild: *Das Mayo*-Zeugs ist so fett, dass man sofort in **Ohnmacht** fällt, wenn man davon nur probiert.

desorden *el* [de´sorðen] *[desorden]* **Durcheinander, Unordnung, Schlamperei**; Bild: Die *Teesorten* sind **durcheinander**geraten. Welch eine **Schlamperei**. Bild: *Des Ord*nen (das Ordnen) macht überhaupt keinen Spaß – dann bleibt´s eben beim **Durcheinander**.

despiste *el* [des´piste] *[despiste]* **Verwirrung**; Bild: *Des bist de* (das bist du) – die Personifizierung der **Verwirrung**.

desprender [despreṇ´der] *[desprender]* **abstoßen, abgeben**; Bild: *Des brennt er* (Das brennt er) ab, weil er es nicht mehr **abstoßen** kann.

desuso *el* [de´suso] *[desuso]* **Nichtanwendung**; Bild: Die *Dessous* kommen zur **Nichtanwendung**.

desván *el* [des´βan] *[desban]* **Dachboden**; Bild: Was war das? *Des war´n* (Das waren) die Einbrecher auf dem **Dachboden**.

desventura *la* [desβeṇ´tura] *[desbentura]* **Unglück**; Bild: … dess, wenn du Rad fährst, kein **Unglück** passiert.

desviar [desβi'ar] *[desbiar]* **umleiten, abzweigen**; Bild: *Des Bier* (Das Bier) kann man von der Brauerei gleich zu mir ins Wohnzimmer **umleiten**.

detrás [de'tras] *[detras]* **hinten**; Bild: Jemand hat **hinten** Tetrapacks hängen. Vielleicht hat er sich draufgesetzt.

devorar [deβo'rar] *[deborar]* **auffressen, verschlingen**; Bild: *Deborah Harry* (Sängerin von »Blondie«) **verschlingt** ihr Mikrofon.

día *el* ['dia] *[dia]* **Tag**; Bild: Die *Dia*show am **Tag**.

dial *el* [di'al] *[dial]* **Anzeige**; Bild: Auf der **Anzeige** kann man sehen, wie viel Aale *die Aal*fischer gefangen haben.

diana *la* [di'ana] *[diana] (das)* **Wecken, Weckruf, Zielscheibe**; Bild: *Diana* Spencer ist die **Zielscheibe** für den Messerwerfer. Bild: Beim **Wecken** schreit *Diana*: »Aufsteh'n, faules Pack!«

diantre *el* [di'antre] *[diantre]* **Teufel**; Bild: *Die and're* ist der **Teufel**. (Zickenkrieg)

dibujar [diβu'xar] *[dibuchar]* **zeichnen, abzeichnen**; Bild: In *die Bücher* **zeichnen**.

dicha *la* ['ditʃa] *[ditscha]* **Glück**; Bild: *Dittsche* (Olli Dittrich, Schauspieler) ist auf der Suche nach seinem **Glück**.

dictamen *el* [dik'tamen] *[diktamen]* **Gutachten**; Bild: *Dicke Damen* stellen ein **Gutachten** aus. Bild: Das ärztliche **Gutachten** über meinen *Dickdarm* zeigt keinen Befund.

dictar [dik'tar] *[diktar]* **diktieren, verkünden**; Bild: Der *Dickdarm* **diktiert** (Diktiergerät) unsere Verdauung.

diente *el* ['djente] *[djente]* **Zahn**; Bild. *Die Ente* hat einen **Zahn** bekommen.

diesel *el* ['djesel] *[djesel]* **Diesel**; Bild: *Die Esel* fahren mit **Diesel** und tanken an der Tankstelle.

diferente [dife'rente] *[diferente]* **unterschiedlich, verschieden**; Bild: *Die Verrent*ung verläuft sehr **unterschiedlich**. Bild: Enten können **unterschiedlich** tief tauchen. Die am tiefsten kommt, ist die *Tiefer-Ente*.

difundir [difun'dir] *[difundir]* **verbreiten, veröffentlichen**; Bild: *Die von dir* **veröffentlichten** Bilder sind sehr gut.

digerir [dixe'rir] *[dicherir]* **verdauen, ertragen**; Bild: Ein *dicker Ire* in einem Pub **verdaut** gerade sein fettes Essen (hält sich den Bauch).

diletante [dile'tante] *[diletante]* **dilettantisch**; Bild: In der *Diele* hat die *Tante* einen Telefontisch **dilettantisch** aufgestellt (Ikea-Möbel).

diligente [dili'xeɲte] *[dilichente]* **sorgfältig, fleißig**; Bild: Es gibt in*telligente* und *diligente* Schüler. Beide sind erfolgreich. Der eine kann es, weil er es in die Wiege gelegt bekommen hat, der andere ist halt einfach **fleißig** und **sorgfältig**.

dinero *el* [di'nero] *[dinero]* **Geld**; Bild: Robert *de Niro* (Schauspieler) fächert sich mit **Geld**scheinen Frischluft zu.

dique *el* ['dike] *[dike]* **Deich**; Bild: Eine *dicke* Frau sitzt auf dem **Deich**.

dique flotante *el* ['dike floðŋðe] *[dike flotante]* **Schwimmdock**; Bild: Die *dicke Flohtante* wird in einem **Schwimmdock** repariert.

dirigente *el/la* [diri'xeɲte] *[dirichente]* **Führer(in)**; Bild: Der **Führer** hat keinen Duftbaum im Auto, sondern *die Riechente*.

disco *el* ['disko] *[disko]* **Scheibe**; Bild: In der *Disco* werden **Scheibe**n aufgelegt (LPs und CDs).

discolo, -a ['diskolo, -a] *[diskolo, -a]* **ungezogen, widerspenstig**; Bild: *Diese Cola* kriegst du nicht, weil du **ungezogen** warst.

discriminar [dis'kriminar] *[diskriminar]* **unterscheiden, diskriminieren**; Bild: *Die is'* ein *Kriminarr*. Das **unterscheidet** sie von den anderen Familienmitgliedern.

disecar [dise'kar] *[disekar]* **sezieren, ausstopfen**; Bild: *Diese Karr*e eignet sich besonders gut, um sie **auszustopfen**.

diseminar [disemi'nar] *[diseminar]* **verstreuen, verbreiten**; Bild: *Die Semina*re haben sich in ganz Deutschland **verbreitet**.

disentir [diseɲ'tir] *[disentir]* **anderer Meinung sein**; Bild: *Die sind hier* nicht erwünscht – Leute, die **anderer Meinung sind**.

disfraz *el* [dis'fraθ] *[disfras]* **Verkleidung, Tarnung, Maske**; Bild: *Diese Fratze* ist die ideale **Verkleidung**.

dislocar [dislo'kar] *[dislokar]* **verrenken, verzerren**; Bild: Von wegen »die is' locker«, **verrenken** tut sie sich ständig.

dispar [dis'par] *[dispar]* **ungleich**; Bild: *Die Spar*-Supermärkte haben **ungleiche** Waren.

dispensa *la* [dis'pensa] *[dispensa]* **Befreiung**; Bild: Für *die Spencer* (Diana, Prinzss of Wales) war die Scheidung eine **Befreiung**.

distar [dis'tar] *[distar]* **entfernt sein**; Bild: *Die Star*s **sind** weit **entfernt**.

distinguido, -a [distiŋ'giðo, -a] *[distingido, -a]* **angesehen, sehr geehrte(r)…**; Bild: Die ist sehr **angesehen**: *Die stinkt* wie *Guido*.

diurno [di'urno, -a] *[diurno, -a] **täglich***; Bild: Von meinem Tageskalender (Werbegeschenk eines Bestattungsinstituts) reiße ich ***täglich*** *die Urne* ab. Bild: Ich mach' ***täglich*** *die Uhr no* (fränk.: die Uhr hin).

divieso *el* [di'βjeso] *[dibjeso]* ***Furunkel***; Bild: Die *Devise* von Hippokrates hieß: »*Ubi pus, ibi evacua*« (»Wo Eiter [***Furunkel***] ist, dort entleere ihn«).

divulgar [diβulgar] *[dibulgar]* ***verbreiten, weitersagen, ausposaunen***; Bild: *Die Bulgar*en ***posaunen*** Geheiminfos ***aus***.

doblar [doβlar] *[doblar]* ***abknicken, biegen, beugen***; Bild: *Die Topler*one-Schokolade (Marke) muss man ***knicken***, um ein Stück ***ab***zubekommen.

doce *el* [do'θe] *[dose]* ***zwölf, Zwölf***; Bild: Jedes Jahr gibt es ***zwölf** Dose*n.

docencia *la* [do'θenθja] *[dosensja]* ***Lehramt, Lehrberuf***; Bild: »Herr Dozent, do sans ja (fränkisch für: da sind Sie ja) gut aufgehoben – im ***Lehramt***!«

dogal *el* [do'ɣal] *[dogal]* ***Strick***; Bild: Wenn man Kopfschmerzen hat, nimmt man entweder eine *Togal*-Kopfschmerztablette (Marke) oder gleich den ***Strick***.

domingo *el* [do'miŋɣo] *[domingo]* ***Sonntag***; Bild: Placido *Domingo* (Sänger) singt am ***Sonntag*** in der Kirche.

dominio *el* [do'minjo] *[dominjo]* ***Beherrschung***; Bild: Immer wenn ich *Domino* spiele, verliere ich die ***Beherrschung***.

donar [do'nar] *[donar]* ***spenden***; Bild: Alle ***spenden*** für den Donnergott *Donar* (das ist der, mit dem Hammer in der Hand – in der anderen hat er vielleicht eine ***Spenden***dose).

dorso *el* ['dorso] *[dorso]* ***Rücken***; Bild: Bei einem *Torso* sieht man von hinten nur den ***Rücken***.

dosis *la* ['dosis] *[dosis]* ***Dosis***; hört sich im Deutschen ähnlich an (siehe Seite 192 f.).

drama *el* ['drama] *[drama]* ***Drama***; hört sich im Deutschen ähnlich an (siehe Seite 192 f.).

duda *la* ['duða] *[duda]* ***Zweifel, Bedenken***; Bild: Warum ***zweifel***st *du da*ran?

dudar [du'ðar] *[dudar]* ***zweifeln***; Bild: *Du dar*fst (Marke) ***zweifeln***, ob da wirklich weniger Kalorien drin sind.

dudosamente ['duðosa'men̦te] *[dudosamente]* ***kaum***; Bild: »Möchtest *du Toast am Ende* deines Frühstücks?« – »Wohl ***kaum***! – Ich bin jetzt schon total satt!«

duplo, -a [ˈduplo, -a] *[duplo, -a] doppelt*; Bild: Der neue Duplo-Schokoriegel (Marke) ist jetzt *doppelt* so lang.

durar [duˈrar] *[durar] dauern, andauern, währen*; Bild: Werbeslogan: »*Dura*cell (Marke) Batterien leben (*währen, dauern*) länger.«

E

eficaz [efiˈkaθ] *[efikas] wirksam, leistungsfähig*; Bild: *Evi*'s *Katz*e ist sehr *leistungsfähig* (zieht den Kinderwagen).

electo, -a [eˈlekto, -a] *[elekto, -a] gewählt*; Bild: *Er leck*t da und *leckt do*rt und hat somit sein Eis schon mal aus*gewählt*.

elevador el [eleβaˈðor] *[elebador] Aufzug*; Bild: Ein *Ele*fant und Darth *Vader* warten auf den *Aufzug*.

embalse el [emˈbalse] *[embalse] Stausee, Talsperre*; Bild: Man kann in der *Talsperre* d*en Ball seh*en.

embarcar [embarˈkar] *[embarkar] an Bord gehen*; Bild: Mit d*em Parka an Bord gehen*.

ende [ˈende] *[ende] folglich*; Bild: *Ende* gut – *folglich* – alles gut!

enero el [eˈnero] *[enero] Januar*; Bild: Der *Januar* ist kein *Ernährer*, weil da kaum etwas wächst.

engrase el [enˈgrase] *[engrase] Einfettung, Schmierung*; Bild: Ich *entgrase* den Rasen – dann bekommt er noch eine *Schmierung*.

ente el [ˈente] *[ente] Wesen, Kerl*; Bild: Die *Ente*, das *Wesen* von einem anderen Stern, ist gerade mit einem Ufo gelandet und steigt aus.

enteramente [ˈenteraˈmente] *[enteramente] völlig*; Bild: *Ente* rammt *Ente* – *völlig*er Blödsinn.

entereza la [enteˈreθa] *[enteresa] Beharrlichkeit, Charakterfestigkeit*; Bild: Mit *Beharrlichkeit* zeigte er starkes *Interesse*.

entero, -a [enteˈro, -a] *[entero, -a] ganz*; Bild: Er aß die »*Ente roh*« *ganz* auf.

enterrador(a) el/la [enterraˈðor(a)] *[enterador(a)] Totengräber(in)*; Bild: Die *Ente* auf dem *Rad* mit *Ohr*en fährt zu einem *Totengräber*.

enterrar [eɳteˈrrar] *[enterar]* **begraben**; Bild: Die *Ente* war *rar*. Eine der letzten wurde heute **begraben**.

entuerto *el* [eɳˈtwerto] *[entwerto]* **Unrecht**; Bild: Es ist das **Unrecht** schlechthin, dass man *entwerte*te Briefmarken nicht mehr benutzen darf.

erecto, -a [eˈrekto, -a] *[erekto]* **aufrecht, steif**; Bild: Homo *erectu*s ist der **aufrecht** gehende Mensch.

erizado, -a [eriˈθaðo, -a] *[erisado, -a]* **stachelig, borstig**; Bild: *Er is' a do* (Er ist auch da) und pflückt **stachelige** Stachelbeeren.

ermita *la* [erˈmita] *[ermita]* **Kapelle**; Bild: Ein *Er*emit (Einsiedler) lebt in einer **Kapelle**.

errata *la* [eˈrrata] *[erata]* **Druckfehler**; Bild: Wenn man den Text nicht liest, muss man den **Druckfehler** *errat*en.

escabel *el* [eskaˈβel] *[eskabel]* **Schemel, Fußbank**; Bild: Jemand sitzt auf einem **Schemel** und hört den Befehl: »*Ess Kabel*!« – und er isst Kabel.

escarola *la* [eskaˈrola] *[eskarola]* **Endiviensalat**; Bild: *Ess, Karola* (jeder kennt eine) **Endiviensalat**. Denn der ist gesund.

escobilla *la* [eskoˈβiʎa] *[eskobija]* **Bürste, Handfeger**; Bild: Zuerst *ess*en alle *Kopier*papiere und dann wischen sich alle den Mund mit einem **Handfeger** ab.

escoger [eskoˈxer] *[eskocher]* **das Beste herauspicken**; Bild: Der Essen-*Kocher* kann sich beim Kochen schon immer **das Beste herauspicken**.

escote *el* [esˈkote] *[eskote]* **Ausschnitt, Dekolleté**; Bild: *Eskorte* (Begleitschutz) für eine Frau mit großem **Ausschnitt**.

escuadra *la* [esˈkwaðra] *[eskwadra]* **Zeichendreieck**; Bild: Befehl: »*Ess quadra*tisches **Zeichendreieck**!«

escuela *la* [esˈkwela] *[eskwela]* **Schule**; Bild: *Es quäl*t uns die **Schule**.

escultura *la* [eskulˈtura] *[eskultura]* **Skulptur**; Bild: Die **Skulptur** stellt eine Gruppe von Menschen dar, die eine ausgeprägte *Esskultur* haben.

esmerado, -a [esmeˈraðo, -a] *[esmerado, -a]* **sorgfältig, gepflegt**; Bild: *Ess mehr Ado*-Gardinen (ADO – mit der Goldkante = Gardinenwerbung), die sind **gepflegt** und daher besonders gut. Bild: Es ist mehr da (*is' mera do*), wenn du mehr willst, aber ess mit Messer und Gabel, das sieht **gepflegter** aus.

esmeralda *la* [esmeˈralda] *[esmeralda]* **Smaragd**; Bild: Die Schöne aus Victor Hugos »Der Glöckner von Notre Dame« hieß *Esmeralda* und trug einen großen tiefgrünen **Smaragd**.

espalda *la* [esˈpalda] *[espalda]* **Rücken, Kehrseite**; Bild: Nachdem du schwer gehoben hast, ist der **Rücken**schmerz *bald da* (*is' bald da*).

espanto *el* [esˈpanto] *[espanto]* **Schrecken**; Bild: *Es spannt o*ft die Hose. Oh, welch ein **Schrecken**.

España *la* [esˈpaɲa] *[espanja]* **Spanien**; Bild: Nach einem **Spanien**urlaub mit gutem Essen: *Es spannt ja* alles!

espina *la* [esˈpina] *[espina]* **Fischgräte, Dorn, Stachel**; Bild: *Ess Spina*t, aber pass auf, da könnte vielleicht eine **Fischgräte** drin sein.

esposas *las* [esˈposas] *[esposas]* **Handschellen**; Bild: Als *es* auf dem *Po saß*, kam es nicht mehr auf, da die Hände mit **Handschellen** auf dem Rücken gefesselt waren. – Fast das gleiche Wort wie für »Ehefrau« (esposa).

esposo, -a *la/el* [esˈposo, -a] *[esposo, -a]* **Ehemann/frau**; Bild: Fast das gleiche Wort wie für »Handschelle« (siehe: esposas).

espuma *la* [esˈpuma] *[espuma]* **Schaum, Gischt**; Bild: *Ess Puma*fleisch, dann kriegt ihr **Schaum** vor dem Mund.

esquí *el* [esˈki] *[eski]* **Ski**; Bild: Der *Eski*mo fährt **Ski**.

esquina *la* [esˈkina] *[eskina]* **(Straßen) ecke**; Bild: *Ess China*-Essen am **Straßeneck**.

estable [esˈtaβle] *[estable]* **dauerhaft, beständig**; Bild: *Ess Table*tten, dann hast du **dauerhaft** einen Schaden.

estadista *el/la* [estaˈðista] *[estadista]* **bedeutender Politiker, bedeutende Politikerin**; Bild: *Er is' da* und *die is' da* – alles bedeutende Politiker(innen).

estafeta *la* [estaˈfeta] *[estafeta]* **Postamt**; Bild: *Ess dein' Feta* auf dem **Postamt**.

estante *el* [esˈtante] *[estante]* **Bücherbrett, Regal**; Bild: Meine übergewichtige *Ess-Tante* hat mir ein **Regal** geschenkt.

este *el* [ˈeste] *[este]* **Osten**; Bild: Alle *Äste* wachsen nach **Osten**.

estrago *el* [esˈtraɣo] *[estrago]* **Verwüstung**; Bild: **Verwüstung**: Meine *Estrago*nkräuter im Garten sind völlig zerstört.

estrechar [estreˈtʃar] *[estretschar]* **verengen, enger machen**; Bild: *Es stretch*t am *Ar*sch, weil man die Strumpfhosen **enger gemacht** hat.

estrella *la* [esˈtreʎa] *[estreja]* **Stern, Star, Diva**; Bild: *Es dreh*en sich *ja* alle Planeten um den **Stern**.

estuche *el* [esˈtuʧe] *[estutsche]* **Etui**;
Bild: *Es tut schö*n weh, wenn man sich
ins **Etui** einzwickt.

evadir [eßaˈðir] *[ebadir]* **vermei-
den, ausweichen**; Bild: Gott sprach zu
Adam: »Die *Eva* (gehört) *dir*!« Adam:
»Kann man das nicht **vermeiden**?«

evasión *la* [eßaˈsjon] *[ebasjon]* **Flucht**;
Bild: *Evas Sohn* ist auf der **Flucht**.

exaltar [eˠsalˈtar] *[egsaltar]* **rühmen,
verherrlichen, loben**; Bild: Auf dem
*Echs*en*altar* werden Echsen **verherr-
licht**.

examen *el* [eˠsamen] *[egsamen]* **Prü-
fung**; Bild: Aberglaube: Um in der **Prü-
fung** gut abzuschneiden, muss man an
einem *Eck Samen* pflanzen.

exclamar [esklaˈmar] *[esklamar]*
schreien; Bild: Ich könnte **schreien**:
Mein *Ex klammer*t sich immer noch an
mich.

expreso *el* [esˈpreso] *[espresso]* **Eilbo-
te**; Bild: Der **Eilbote** trinkt mit mir im-
mer noch einen *Espresso*.

extra[1] [ˈestra] *[estra]* **Extra-**; Bild: Es-
*tra*gon sind **Extra**kräuter, die man u.a.
für Fischgerichte benutzen kann.

extra[2] *la/el* [ˈestra] *[estra]* **Statist(in)**;
Bild: In einem Film werden *extra* vie-
le **Statist**en eingesetzt.

F

fain [fain] *[fain]* **prima, hochwertig**;
Bild: Das Essen schmeckt *fein*, weil
hochwertige Produkte verwendet wur-
den.

faja *la* [ˈfaxa] *[facha]* **Korsett**; Bild:
Das **Korsett** ist so eng, dass man sich
mit einem *Fächer* Luft zufächern muss.
Bild: Im *Fach* liegt das **Korsett**.

falaz *el* [faˈlaθ] *[falas]* **betrügerisch**;
Bild: Auf dich ist kein *Verlass* mehr.
Das scheint mir alles sehr **betrügerisch**
zu sein.

falda *la* [ˈfalda] *[falda]* **Rock**; Bild: Der
Rock hat da eine große Bügel*falte*.

faldero *el* [falˈdero] *[faldero]* **Schür-
zenjäger**; Bild: Wie ein *Falter* das Licht
umschwirrt er die Frauen – ein richtiger
Schürzenjäger.

fallo *el* [ˈfaʎo] *[fajo]* **Urteil**; Bild: Ein
Urteil fällen, weil er *Fallo*bst geklaut
hat.

falto, -a [ˈfalto, -a] *[falto, -a]* **mangel-
haft, ohne**; Bild: **Ohne** *Falten* wäre das
Leben schöner.

fané [faˈne] *[fane]* **faltig, runzelig**;
Bild: Eine **faltige, runzelige** *Fahne*.
Bild: Kriegst du eine mit der P*fanne*
übergebraten, bist du auch ganz schön
faltig und **runzlig**.

faquir *el* [faˈkir] *[fakir]* **Fakir**; hört sich im Deutschen ähnlich an (siehe Seite 192 f.).

farra, estar de [ˈfarra] *[farra]* **einen draufmachen**; Bild: *Ist da der Pfarrer*, der **einen draufmacht?**

fase *la* [ˈfase] *[fase]* **Phase**; hört sich im Deutschen ähnlich an (siehe Seite 192 f.).

fatiga *la* [faˈtiɣa] *[fatiga]* **Ermüdung, Atemnot, Verschleiß**; Bild: Der *Vatika*n zeigt hin und wieder Anzeichen des **Verschleiß**es.

faz *la* [faθ] *[faz]* **Vorderseite, Gesicht**; Bild: Die **Vorderseite** der »Frankfurter Allgemeinen Zeitung – *FAZ*« ist auch das **Gesicht** dieser Zeitung.

fe *la* [fe] *[fe]* **Glaube**; Bild: Eine *Fee* bringt mir den **Glauben** näher (Konfirmation). Bild: *LaFee* (Sängerin) ist von ihrem **Glauben** abgekommen.

federal [feðeˈral] *[federal]* **Bundes-, bundesstaatlich**; Bild: Nach der Wende sah man nicht mehr den **Bundes**adler, sondern einen *Federaal* (Aal mit Federn) auf der **Bundes**flagge. Bild: Ein Vogel (**Bundes**adler) wollte Hochzeit machen … *federal*-la-la.

feliz [feˈliθ] *[felis]* **glücklich, fröhlich**; Bild: In einem *Verlies* kann man auch **fröhlich** sein.

ferry *el* [ˈferri] *[ferri]* **Fähre**; Bild: Bryan *Ferry* (Sänger) lässt sich mit einer **Fähre** zur Bühne fahren.

festin *el* [fesˈtin] *[festin]* **Feier, Festessen**; Bild: Bei dem **Festessen** hielten alle Gäste ihre Hähnchenkeulen *fest in* den Händen.

festón *el* [fesˈton] *[feston]* **Girlande**; Bild: Ein Sommer*fest o*hne **Girlande** ist langweilig.

fetén [feˈten] *[feten]* **hervorragend**; Bild: Bei allen *Feten* war ich **hervorragend** und ragte aus der Menge der Besucher hervor.

feto *el* [ˈfeto] *[feto]* **Leibesfrucht, Fötus**; Bild: Leider kann der **Fötus** kein *Veto* einlegen (Hand heben).

fiar [fiˈar] *[fiar]* **Kredit geben**; Bild: Banker: »Ich kann nicht allen von den Fantastischen *Vier* (Sänger) einen **Kredit geben**.«

fideos *los* [fiˈðeo] *[fideos]* **Nudeln**; Bild: In einer *Video*kassette befanden sich die gekochten **Nudeln**.

fiel [fjel] *[fjel]* **ehrlich, treu, loyal**; Bild: Ist es zu *viel* verlangt, für immer **treu** zu bleiben?

figurín *el* [fiɣuˈrin] *[figurin]* **Schaufensterpuppe**; Bild: *Fick, Urin* und **Schaufensterpuppe**. Schreiben wir mal lieber nix zu. Was soll denn der Leser von uns denken?

fijar [fiˈxar] *[fichar]* **befestigen, anbinden, anheften**; Bild: Die *Viecher* (süddt. für »Vieh«) muss man **anbinden**, sonst laufen sie davon.

fila *la* [ˈfila] *[fila]* **Reihe, Schlange**; Bild: Vor den *Fila*-Sportartikeln (Marke) hat sich eine **Schlange** gebildet.

filfa *la* [ˈfilfa] *[filfa]* **Lüge, Betrug**; Bild: *Vielfa*cher **Betrug** zahlt sich nicht aus.

fin *el* [fin] *[fin]* **Ende**; Bild: Am **Ende** der meisten Filme sieht man die Unterschrift von Huckleberry *Finn*.

final *el* [fiˈnal] *[final]* **Finale, Endrunde**; Bild: Nach dem **Finale** gibt es immer *finn*ischen *Aal*.

finca *la* [ˈfiŋka] *[finka]* **Bauernhof, Grundstück, Besitz**; Bild: Der **Bauernhof** war von *Fink*en überbevölkert.

finura *la* [fiˈnura] *[finura]* **Höflichkeit, Feinheit, Kultiviertheit**; Bild: Aus **Höflichkeit** schenkte der Finne ihr eine echte alte *finn*ische *Uhr*.

firma *la* [ˈfirma] *[firma]* **Unterschrift, Testament**; Bild: Mit einer einzigen **Unterschrift** war die gesamte *Firma* verkauft.

firme [ˈfirme] *[firme]* **kräftig, stabil, fest**; Bild: Man muss erst *firme*n, dann ist der Glaube **stabil**.

fisión *la* [fisˈjon] *[fisjon]* **Spaltung, Kernspaltung**; Bild: Ich hatte die *Vision*, dass jemand mit einem Beil versuchte, einen Kirsch*kern* zu **spalten**.

fisura *la* [fisura] *[fisura]* **Spalt, Riss, Kluft**; Bild: Nachdem ich in den Gletscher**spalt** fiel, war meine *Frisur* dahin.

flaco, -a [ˈflako, -a] *[flako, -a]* **flach, dünn, dürr, mager**; Bild: Die **mager**e Frau ist ganz schön *flach*. Bild: Die **dürr**e Frau benutzt ein *Flako*n.

flecha *la* [ˈfleʧa] *[fletscha]* **Pfeil**; Bild: Bevor er den **Pfeil** abschoss, *fletsch*te er noch die Zähne.

fleje *el* [ˈflexe] *[fleche]* **Bandeisen**; Bild: Auf einer riesigen *Fläche* werden **Bandeisen** gelagert.

flete *el* [ˈflete] *[flete]* **Fracht, Frachtgut**; Bild: Die komplette **Fracht** besteht aus einer riesigen Block*flöte*.

flor *la* [flor] *[flor]* **Blume, Blüte**; Bild: Im Haus*flur* hat jemand **Blüte**n und **Blume**n für mich ausgestreut.

flotador *el* [flotaˈðor] *[flotador]* **Rettungsring, Schwimmer**; Bild: Im *Floh-Tator*t ging es um einen Wasserfloh, der gerade noch mit einem **Rettungsring** gerettet werden konnte.

flujo *el* [ˈfluxo] *[flucho]* **Fluss**; Bild: Das ver*fluch*te, unbekannte *Fluch*(g)objekt landet im **Fluss**.

follaje *el* [ˈfoʎaxe] *[fojache]* **Geschwafel, Geschwätz**; Bild: Bei dem **Geschwafel** musste ich *voll lach*en.

follar [foˈʎar] *[fojar]* **bumsen**; Bild: *Vor Jahr*en haben wir zum letzten Mal **gebumst**.

fonda *la* [ˈfoṇda] *[fonda]* **Gasthaus, Wirtshaus**; Bild: Jane und/oder Peter *Fonda* (Schauspieler) bedienen hinter einem Tresen ihres eigenen **Gasthau**ses Gäste.

fortín *el* [forˈtin] *[fortin]* **kleine Festung(sanlage)**; Bild: Zur **Festung** fuhr ich mit dem *Ford hin* (Marke).

fosa *el* [ˈfosa] *[fosa]* **Grube, Graben**; Bild: Die fränkische *Fosa*-Nacht (Fastnacht) findet immer in einer **Grube** statt.

fracaso *el* [fraˈkaso] *[frakaso]* **Scheitern, Misserfolg, Unglück**; Bild: *Frag Hasso* (Hund), wer für den **Misserfolg** verantwortlich ist.

fragor *el* [fraˈɣor] *[fragor]* **Getöse, Prasseln, Krachen**; Bild: *Frag* dein *Ohr*, ob diese Musik schön ist oder nur **Getöse**?

franco [ˈfraŋko] *[franko]* **aufrichtig, frei, freimütig**; Bild: Frank und frei; der spanische Diktator Francisco *Franco* war alles andere als **freimütig**.

franja *la* [ˈfraŋxa] *[francha]* **Fransen, Saum, Borte**; Bild: *Franka* Potente (Schauspielerin) hat eine **Fransen**jacke an.

fraude *el* [ˈfrauðe] *[fraude]* **Betrug**; Bild: *Frau D.* (jeder kennt eine) war Opfer des **Betrug**s.

fray *el* [fraj̩] *[frai]* **Klosterbruder**; Bild: Nur im Kloster ist der **Klosterbruder** *frei*. Bild: Wehe, wenn man den **Klosterbruder** *frei*lässt.

freir [freˈir] *[freir]* **braten, frittieren**; Bild: Spätestens wenn die Pommes **frittiert** werden, dann *frier*en sie nicht mehr.

fresa *la* [ˈfresa] *[fresa]* **Erdbeeren**; Bild: Das Tier hat die **Erdbeeren** ge*fress*en.

fresco, -a [ˈfresko, -a] *[fresko, -ɑ]* **frisch, neu, kühl**; Bild: *Fresken* sind eine Form der Wandmalerei, bei der die Farben auf den **frisch**en Putz aufgetragen werden.

frescor *el* [fresˈkor] *[freskor]* **Frische, Kühle**; Bild: Ich stelle den *Fresskor*b in die **Kühle**, damit alles frisch bleibt. (Rauhreif auf dem Fresskorb)

frescura *la* [fresˈkura] *[freskura]* **Frische, Kühle, Kühlung**; Bild: Es gibt eine *Fresskur*, bei der man aber leider nur **frische** und **kühle** Nahrungsmittel zu sich nehmen darf.

frio *el* [ˈfrio] *[frio]* **Kälte**; Bild: Ich *frier* *a*n bei der **Kälte**.

frio, -a [ˈfrio, -a] *[frio, -a]* **kalt, frostig**; Bild: Im *Frühjah*r ist es oft noch **frostig**.

frontis *el* [ˈfrontis] *[frontis]* **Vordersei-te, Fassade**; Bild: An der *Front is'* eine **Fassade** aufgebaut.

frotar [froˈtar] *[frotar] (ab-)* **reiben, frottieren**; Bild: Mit dem *Frotte*ehand-tuch das Gesicht trocken **reiben**.

fuego *el* [ˈfweɣo] *[fwego]* **Feuer**; Bild: Fege**feuer**.

fuerte [ˈfwerte] *[fwerte]* **baumstark, robust, belastbar**; Bild: Es gibt *Pferde* (Haflinger), die sind besonders **belast-bar.** (Brauereigäule ziehen Wagen mit Bierfässern.)

fuga *el* [ˈfuɣa] *[fuga]* **Flucht**; Bild: Die *Fugger* waren vor den Neidern immer auf der **Flucht**. Bild: Vor einer *Fuge* von Bach (Musiker) waren schon man-che Klavierschüler auf der **Flucht**.

fumar [fuˈmar] *[fumar]* **rauchen**; Bild: Um einen Platz zu finden, wo man **rau-chen** darf, muss man heute einen *Fuß-mar*sch hinter sich bringen.

funda *la* [ˈfunda] *[funda]* **Etui, Hülle**; Bild: Mein verloren gegangenes **Etui** kann ich beim *Funda*mt abholen.

fundir [funˈdir] *[fundir]* **schmelzen, verschmelzen, gießen**; Bild: Von dir ha-be ich das Blei**gießen** gelernt. Jetzt habe ich *fundier*te Kenntnisse darin.

fusil *el* [fuˈsil] *[fusil]* **Gewehr**; Bild: Beim Reinigen des **Gewehr**s war noch ein *Fussel* im Lauf.

fusa *la* [ˈfusa] *[fusa]* **Zweiunddreißigs-telnote**; Bild: In einem *Fuß*abstreifer ist eine **Zweiunddreißigstelnote** eingear-beitet.

fusta *el* [ˈfusta] *[fusta]* **Reitgerte**; Bild: Mit der **Reitgerte** versuchte er, die *Fuß-sta*pfen der Pferde zu verwischen.

G

gabela *la* [gaˈβela] *[gabela]* **Abgabe**; Bild: Als **Abgabe** geben Sie bitte Ihre *Gabel a*b (für die Steuer).

gafas *las* [ˈgafas] *[gafas]* **Brille, Au-genglas**; Bild: Der wichtigste Gegen-stand des *Gaffe*rs: die **Brille**.

gago, -a *la/el* [ˈgaɣo, -a] *[gago, -a]* **Stot-terer, -in**; Bild: Lady *Gaga* (Sängerin) **stottert** beim Singen.

galgo, -a *el/la* [ˈgalɣo, -a] *[galgo, -a]* **Windhund, Windhündin**; Bild: An ei-nem *Galg*en hängt ein **Windhund**. Bild: Der **Windhund** wird mit *Calgo*n (Mar-ke) gewaschen.

gallo *el* [ˈgaʎo] *[gajo]* **Hahn, Gockelhahn**; Bild: Die *Gallier* kämpfen gegen einen Riesen**hahn**. Bild: Beschwerden mit der *Galle*, nachdem ein **Hahn** verspeist wurde.

gama *la* [ˈgama] *[gama]* **Tonleiter**; Bild: »Alfa, Beta, *Gamma* …« – So geht die neue **Tonleiter**!

gamba *la* [ˈgamba] *[gamba]* **Krabbe, Garnele**; Bild: Eine Riesen**krabbe** spielt auf einer *Gambe*. Bild: Mit einer *Gambe* schlage ich eine **Krabbe** tot.

gana *la* [ˈgana] *[gana]* **Lust**; Bild: *Ghana* ist das Land der **Lust**.

gancho *el* [ˈgantʃo] *[gantscho]* **Haken**; Bild: Wer *kann scho*n Finger**hake**l*n*?

ganso, -a *el* [ˈganso, -a] *[ganso, -a]* **Gans, Gänserich**; Bild: Die **Gans** heißt im Spanischen nicht *ganz so*.

gañir [gaˈɲir] *[ganir]* **heulen, jaulen**; Bild: Beim *Garnier*en der Plätzchen fängt der Hund immer an zu **jaulen**.

garbo *el* [ˈgarβo] *[garbo]* **Großzügigkeit, Anmut**; Bild: Greta *Garbo* (Schauspielerin) war bekannt für ihre **Großzügigkeit**.

garrote *el* [gaˈrrote] *[garote]* **Knüppel**; Bild: Der Polizist hat statt einem **Knüppel** eine *Karotte* am Gürtel.

gasa *la* [ˈgasa] *[gasa]* **Verbandsmull**; Bild: Will man in den *Gaza*streifen, sollte man viel **Verbandsmull** mitnehmen, da die Verletzungsgefahr sehr groß ist.

gastar [gasˈtara] *[gastar]* **abtragen, abnutzen, ablaufen**; Bild: Die *Gastar*beiter haben oft **abgetragene** Kleidung an.

gasto *el* [ˈgasto] *[gasto]* **Ausgabe**; Bild: Der *Gast* hat die größten **Ausgaben**.

gata *la* [ˈgata] *[gata]* **Katze**; Bild: Ein *Kater* ist auch eine **Katze**.

gato *el* [ˈgato] *[gato]* **Kater**; Bild: Der **Kater** springt übers *Gatter*.

gema *la* [ˈxema] *[chema]* **Edelstein**; Bild: Die *GEMA*-Gebühren werden ab September in Form von **Edelstein**en erhoben. Bild: *Chema*therapie – **Edelstein**e werden auf den Körper gelegt.

gemelos *los* [xeˈmelos] *[chemelos]* **Opernglas, Zwillinge**; Bild: »*Ge me los* (bayerisch: Geh'n wir los) und vergessen das **Opernglas** nicht« – sprach der eine **Zwilling** zum anderen.

gerente *el* [xeˈrente] *[cherente]* **Geschäftsführer, Betriebsleiter**; Bild: Der **Geschäftsführer** bekommt mal später fürs Rumlaufen eine *Geh-Rente*.

germen *el* [ˈxermen] *[chermen]* **Keim, Ursprung**; Bild: Die *German*en waren der **Ursprung** der Deutschen.

gira *la* [ˈxira] *[chira]* **Ausflug, Rundfahrt**; Bild: Mit einer *Gira*ffe mache ich einen *Ausflug*.

giro *el* [ˈxiro] *[chiro]* **Drehung, Wendung**; Bild: Immer wenn ich auf mein *Giro*-Konto gucke, mache ich sofort eine Kehrt*wendung*.

globo *el* [ˈgloβo] *[globo]* **Kugel**; Bild: Der *Globu*s stellt die Welt**kugel** dar.

glóbulo *el* [ˈgloβulo] *[globulo]* **Kügelchen**; Bild: Bei einer homöopathischen Behandlung gibt es auch immer kleine weiße *Globul*i-**Kügelchen**.

goce *el* [ˈgoθe] *[gose]* **Genuss**; Bild: Wer aus der *Gosse* kommt, freut sich über jede Art von **Genuss**.

golf *el* [golf] *[golf]* **Golf**; hört sich im Deutschen genauso an (siehe Seite 192 f.).

golfa *la* [ˈgolfa] *[golfa]* **Hure**; Bild: Die **Hure** besucht den *Golfer*.

goloso, -a[1] [goˈloso, -a] *[goloso, -a]* **naschhaft, lecker**; Bild: Der *Koloss* von Rhodos ist komplett aus Schokolade und ist sehr **lecker**.

goloso, -a[2] *la/el* [goˈloso, -a] *[goloso, -a]* **Naschkatze, Leckermaul**; Bild: Eine **Naschkatze** frisst den *Koloss* von Rhodos auf.

goma *la* [ˈgoma] *[goma]* **Gummi**; Bild: Er liegt im *Koma*, weil man ihm mit einem **Gummi**hammer auf den Kopf gehauen hat.

gorila *el* [goˈrila] *[gorila]* **Gorilla**; hört sich im Deutschen ähnlich an (siehe Seite 192 f.).

gota *la* [ˈgota] *[gota]* **Regentropfen, Tropfen**; Bild: In *Gotha* werden die **Regentropfen** produziert.

grabar [graˈβar] *[grabar]* **eingravieren, einmeißeln**; Bild: Auf einem *Grappa*glas wird etwas **eingraviert** oder **eingemeißelt**.

gracejo *el* [graˈθexo] *[grasecho]* **Witz**; Bild: Der **Witz** findet ein *krass*es *Echo*.

gracias [ˈgraθjas] *[grasjas]* **danke**; Bild: »Ich freue mich sehr über das Geschenk. Echt *krass, ihr* – **danke**.«

grada *la* [ˈgraða] *[grada]* **Stufe**; Bild: Es führen **Stufen** zum *Krater* hoch.

grafista *la/el* [graˈfista] *[grafista]* **Grafiker/in**; Bild: Hausdiener zum **Grafiker**: »Der *Graf* ist da und möchte sich malen lassen.«

grajo *el* [ˈgraxo] *[gracho]* **Schwätzer, Saatkrähe**; Bild: Die **Saatkrähe** macht seltsamen *Krach*. Der **Schwätzer** auch.

gramo *el* ['gramo] *[gramo]* **Gramm**; Bild: Im Schalltrichter des *Grammo*fons hat man ein paar **Gramm** Kokain gefunden.

granado, -a [graˈnaðo, -a] *[granado, -a]* **reif**; Bild: Der *Granata*pfel ist **reif**.

grande ['grande] *[grande]* **groß**; Bild: Er ist **groß** und *granti*g (missmutig).

granja *la* ['graŋxa] *[grancha]* **Bauernhof, Farm**; Bild: Ein **Bauernhof** auf *Gran Ca*naria. Bild: Ein *Kranker* allein auf einem **Bauernhof**.

grano *el* ['grano] *[grano]* **(Samen)korn**; Bild: Der Bauer hat die **Samenkörner** mit dem Kunststoff*granul*at verwechselt. Daher bleibt die Ernte in diesem Jahr aus.

grapa *la* ['grapa] *[grapa]* **Heftklammer**; Bild: Auf meinem Schreibtisch steht ein *Grappa*glas, in dem meine **Heftklammer**n aufbewahrt sind.

graso *el* ['graso] *[graso]* **Fett**; Bild: Das *Gras* ist voller **Fett**.

gratén [graˈten] *[graten]* **überbacken**; Bild: Die Fisch*gräten* werden mit Käse **überbacken**.

gratinador *el* [gratinaˈðor] *[gratinador]* **Grill**; Bild: Ich habe den **Grill** *g'rad in a Tor* (gerade in ein Garagentor) gestellt.

gratis ['gratis] *[gratis]* **kostenlos, gratis**; Bild: **Kostenlose** Temperaturansage: »Wie viel *Grad is'*?« Antwort: »30 Grad.«

gratitud *la* [gratiˈtuð] *[gratitud]* **Dankbarkeit**; Bild: Schau, wie die *grade tut* und **Dankbarkeit** vorheuchelt.

grava *la* ['graβa] *[graba]* **Kies, Schotter**; Bild: In einer **Kies**grube *grabe*n.

grave ['graβe] *[grabe]* **schwer, schlimm**; Bild: Es ist ein **schwer**er Verlust. Wir haben ihn heute zu *Grabe* getragen.

graznar [graθˈnar] *[grasnar]* **krächzen, schnattern**; Bild: Der *Gras-Narr* (Hofnarr mit Graskleidung) **schnattert** wie eine Ente.

grima *la* [grima] *[grima]* **Schauder**; Bild: Die *Grima*ldis (Fürstentum Monaco) haben mir das **Schauder**n beigebracht. Bild: *Grima* Schlangenzunge (Figur aus *Der Herr der Ringe*) brachte mir das **Schauder**n bei.

gris [gris] *[gris]* **grau, traurig, matt**; Bild: Der *Gries*brei ist **grau** und **matt**.

grisú *el* [gri'su] *[grisu]* **Grubengas**; Bild: *Grisu,* der kleine Drache (Comicfigur), pupst und erzeugt ein übel riechendes **Grubengas**.

grosor *el* [gro'sor] *[grosor]* **Dicke**; Bild: Die **Dicke** der *Groß-Ohr*läppchen ist sehr auffällig.

gualdo, -a ['gwalðo, -a] *[gwaldo, -a]* **goldgelb**; Bild: Tierschützer drohen: »Wenn die Eier keinen **goldgelb**en Dotter haben, wenden wir *G'walt a*n!«

guante *el* ['gwaṇte] *[gwante]* **Handschuh, Fingerhandschuh**; Bild: Ein *G'wand* (süddt. für Gewand) für die Hand: der **Handschuh**, die Hand im neuen *G'wande*.

guarda *la* ['gwarða] *[gwarda]* **Schutz, Wache**; Bild: Nach jedem *Quarta*l wird die **Wache** ausgewechselt.

guardilla *la* [gwar'ðʎa] *[gwardija]* **Dachzimmer**; Bild: Das Haupt*quartier* befindet sich in einem unauffälligen **Dachzimmer**.

guasa *la* ['gwasa] *[gwasa]* **Scherz**; Bild: Das *Wasa*-Knäckebrot (Marke) war ursprünglich als **Scherz** gedacht. Bild: Weil er einen **Scherz** erzählte, hat man ihn unter Polizei*gewahrsa*m genommen.

guay [gwai] *[gwai]* **klasse, spitze**; Bild: Dein *G'wai* (Geweih) zur Elchsverkleidung sieht ja **klasse** aus.

guerra *la* ['gerra] *[gerra]* **Krieg**; Bild: *Gera* (Stadt in Thüringen) befindet sich im **Krieg**.

guía *la* ['gia] *[gia]* **Reiseführer, Leitfaden**; Bild: Richard *Gere* (Schauspieler) blättert in einem **Reiseführer**. Bild: Im VW Karmann-*Ghia* (Marke) liegt der **Reiseführer**.

guija *la* ['gixa] *[gicha]* **Kieselstein**; Bild: Leider hatte sie die *Kicher*erbsen mit **Kieselstein**en verwechselt und wäre fast daran erstickt.

guinda *la* ['giṇda] *[ginda]* **Sauerkirsche**; Bild: Die *Kinder* essen gerne **Sauerkirsche**n.

guiri *la/el* ['giri] *[giri]* **Tourist, Ausländer**; Bild: Der **Tourist** ist sehr *gieri*g.

guisar [gi'sar] *[gisar]* **kochen, schmoren, aushecken**; Bild: In einem *Gießer* (Gießkanne) Suppe **kochen**.

guita *la* [ˈgita] *[gita]* **Bindfaden**; Bild: Am *Gitter* oder an einer *Gita*(rre) hängt ein **Bindfaden**.

gula *la* [ˈgulaʃ] *[gula]* **Gefräßigkeit**; Bild: Durch seine **Gefräßigkeit** konnte er nicht aufhören, bis der ganze *Gula*schtopf leer war.

gulasch *el* [guˈlaʃ] *[gulasch]* **Gulasch**; hört sich im Deutschen ähnlich an (siehe Seite 192 f.).

gurú *el* [guˈruʃ] *[guru]* **Guru**; hört sich im Deutschen ähnlich an (siehe Seite 192 f.).

H

haba *el* [ˈaβa] *[aba]* **Bohne**; Bild: *ABBA* (schwedische Popgruppe) essen **Bohne**n.

haber [aˈβer] *[aber]* **haben**; Bild: Guthaben **haben**, *aber* unglücklich sein.

hábil [ˈaβil] *[abil]* **geschickt, schlau, fähig**; Bild: Die *Abbil*dung zeigt einen **schlauen** Fuchs.

habitante *la/el* [aβiˈtaɳte] *[abitante]* **Einwohner/in**; Bild: Die **Einwohner** des Dorfes sind alles *Abi-Tante*n. Die haben alle mit über 40 noch das Abi nachgeholt.

habituar [aβituˈar] *[abituar]* **(sich) gewöhnen**; Bild: Daran, dass ich das *Abitur* habe, muss ich mich erst **gewöhnen**.

habla *la* [ˈaβla] *[abla]* **Sprache, Rede**; Bild: Ein (*a*) *Bla*bla nennt man **Rede**.

hacer [aˈθer] *[aser]* **machen, tun**; Bild: Die *Hasser* **machen** alles oder nichts.

hado *el* [ˈaðo] *[ado]* **Schicksal**; Bild: Er *had*ert mit sich und seinem **Schicksal**.

halcón *el* [alˈkon] *[alkon]* **Falke**; Bild: Der **Falke** fliegt vom B*alkon*.

hallar [aˈʎar] *[ajar]* **finden, erfinden**; Bild: Ich habe ein (*a*) *Jahr* Zeit, um etwas Neues zu **erfinden**.

hamaca *la* [aˈmaka] *[amaka]* **Hängematte**; Bild: Ein (*a*) *Macker* liegt in der **Hängematte**.

hartar [arˈtar] *[artar]* **belästigen, überhäufen**; Bild: Mit *hart*er *Ar*beit **überhäufen**.

¡hasta luego! [asta lwego] *[asta lwego]* **tschüs, bis gleich**; Bild: Kindertelefonat: »*Haste Lego*?« – »Also, **bis gleich.**«

hender [eɳˈder] *[ender]* **aufschlitzen, spalten**; Bild: Der Zwölf*ender*-Hirsch hat den Jäger **aufgeschlitzt**.

hermano, -a *el/la* [erˈmano, -a] *[ermano, -a]* **Bruder, Schwester**; Bild: Mein **Bruder** ist *Herrmann* Hesse (Schriftsteller). Ich bin seine **Schwester**.

herramental *el* [erramen̦ˈtal] *[eramental]* **Werkzeug, Werkzeugkasten**; Bild: Die *Herren* beschäftigen sich auch *mental* mit **Werkzeug**.

hielo *el* [ˈjelo] *[jelo]* **Eis**; Bild: Das **Eis** ist *yellow* (gelb).

hiena *la* [ˈjena] *[jena]* **Hyäne**; Bild: In der Innenstadt von *Jena* hat man eine frei laufende **Hyäne** gesichtet.

hijole [ˈixole] *[ichole]* **Donnerwetter!**; Bild: *Ich hole* mir regelmäßig das **Donnerwetter** meines Chefs ab.

hincar [iŋˈkar] *[inkar]* **einrammen, hineinschlagen**; Bild: Ein *Inka*-Indianer versucht, eine Tür **einzurammen**.

hinterland *el* [ˈinðerlanð] *[inderland]* **Hinterland**; hört sich im Deutschen ähnlich an (siehe Seite 192 f.).

hipo *el* [ˈipo] *[ipo]* **Schluckauf**; Bild: Der *Hip-Ho*pper singt so seltsam, weil er einen **Schluckauf** hat.

hola [ˈola] *[ola]* **hallo**; Bild: *Holla,* die Waldfee. Aber **hallo**! Bild: Zu meiner *Olle*n (Alten) sage ich **Hallo**.

honda *la* [ˈon̦da] *[onda]* **Steinschleuder**; Bild: Mit einer **Steinschleuder** auf ein *Honda*-Motorrad (-auto) (Marke) schießen.

horca *la* [ˈorka] *[orka]* **Galgen, Heugabel**; Bild: Ein *Orca* hängt an einem **Galgen** und bekommt eine **Heugabel** in seine Seite gestoßen.

horno *el* [ˈorno] *[orno]* **Backofen**; Bild: Der **Backofen** ist mit *Orna*menten verziert. Bild: Im **Backofen** wird ein *Horn* oder Hörnchen in *O*-Form gebacken.

hoz *la* [oθ] *[os]* **Sichel**; Bild. In dem Film » Der Zauberer von *Oz*« fuchtelt Judy Garland ständig mit einer **Sichel** um sich. Bild: »Ho*ss*« Cartwright (aus der Serie »Bonanza«) fuchtelt mit einer **Sichel** um sich.

huarmi *la* [ˈwarmi] *[warmi]* **fleißige Frau, Hausfrau**; Bild: Die **Hausfrau** schürt den Ofen an, damit es schön *warm* wird.

huaso, -a *(el/la)* [ˈwaso, -a] *[waso, -a]* **bäuerisch, Bauer, Bäuerin**; Bild: Eine **Bäuerin** isst ein *Wasa*-Knäckebrot (Marke). Bild: Die **Bäuerin** hat auf *Wahr*sagerin umgeschult.

huevería *la* [weˈβeria] *[weberia]* **Eierhandlung**; Bild: Die **Eierhandlung** war früher einmal eine *Weberei*. Die Eier werden heute noch in Webstoffe gepackt.

huesa *la* [ˈwesa] *[wesa]* **Grab**; Bild: Im **Grab** liegt ein Ver*weser*.

hueste *la* [ˈweste] *[weste]* **Heer, Anhängerschaft**; Bild: Das ganze Heer trug weiße *Weste*n.

hueva *la* [ˈweβa] *[weba]* **Fischei, Laich, Fischrogen**; Bild: Der *Weber* webt Stoffe mit einem **Fischei**-Muster.

hulla *la* [ˈuʎa] *[uja]* **Kohle, Steinkohle**; Bild: Mit einem *Hula*-Hoop-Reifen auf glühenden **Kohlen** tanzen.

I

iceberg *el* [iθeˈβer⁽ʸ⁾] *[iseberg]* **Eisberg**; hört sich im Deutschen ähnlich an (siehe Seite 192 f.).

iglesia *la* [iˈɣlesja] *[iglesia]* **Kirche**; Bild: Julio *Iglesia*s (Sänger) singt vor einer **Kirche**.

iglú *el* [iˈɣlu] *[iglu]* **Iglu**; hört sich im Deutschen ähnlich an (siehe Seite 192 f.).

ímpetu *el* [ˈimpetu] *[impetu]* **Schwung, Elan, Heftigkeit**; Bild: *Im Betttu*ch eingewickelt warf man ihn mit **Schwung** an die Wand.

imponente [impoˈnente] *[imponente]* **eindrucksvoll, beeindruckend, imposant**; Bild: *Im Po 'ne Ente* ist schon **eindrucksvoll**. Besser als **im Po Sand** zu haben.

inerme [iˈnerme] *[inerme]* **unbewaffnet**; Bild: Er behauptete, er sei **unbewaffnet**, aber *in* seinem *Ärme*l hatte er noch eine Kleinkaliber-Pistole versteckt.

inerte [iˈnerte] *[inerte]* **tot, leblos**; Bild: Wenn man *in* der *Erde* liegt, ist man wahrscheinlich schon **tot**.

infiel [imˈfjel] *[imfjel]* **untreu**; Bild: *Ihm fiel* nichts mehr ein – also wurde er **untreu**.

inglesa *la* [iŋˈglesa] *[inglesa]* **Engländerin**; Bild: Nur die **Engländerin** schaut *in Gläser*, um die Zukunft vorhersagen zu können.

innato, -a [inˈnato, -a] *[innato, -a]* **angeboren, eingeboren**; Bild: *In* die *NATO* hin**eingeboren**.

instante *el* [iⁿsˈtante] *[instante]* **Augenblick**; Bild: Er ist *imstande*, einen **Augenblick** (Augen blinzeln) zu warten.

instigar [iⁿstiˈɣar] *[instigar]* **anzetteln, anstiften, aufhetzen**; Bild: *Ins Tiger*gehege gehen und dem Tiger einen Zettel **anzetteln**.

intento *el* [inˈtento] *[intento]* **Versuch, Absicht**; Bild: Mit meinem N*intendo* mache ich einen **Versuch** (Versuchsaufbau im Labor).

interesadamente [interesaðaˈmente] *[interesadamente]* **interessiert**; Bild: *Inder is' satt am Ende*, dann **interessiert** er sich für alles.

interino, -a [inˈterino, -a] *[interino, -a]* **stellvertretend, befristet**; Bild: *In der Ina* Müller (Sängerin) ihrer Wohnung bin ich nur *stellvertretend*, bis ihr Freund wieder da ist.

intermitente *el* [iɳtermiˈteɳte] *[intermitente]* **Blinker, Blinklicht**; Bild: Ein *Inder mit Ente* (Citroën 2CV) repariert das *Blinklicht*.

ir [ir] *[ir]* **gehen**; Bild: Ich *gehe* mit *ihr* auf der Straße. Bild: Ich *gehe* mit einem *Irr*en/*Ir*en auf der Straße. Bild: Ich *gehe* in einen *Irr*garten.

ira *la* [ˈira] *[ira]* **Wut**; Bild: Im *Ira*n ist die *Wut* auf die Amerikaner groß.

jinete *el* [xiˈnete] *[chinete]* **Reiter**; Bild: Ich modelliere aus *Knete* einen **Reiter**. Bild: Ein *Chinese* als **Reiter**.

jiñar [xiˈɲar] *[chinjar]* **scheißen**; Bild: Alle in *China* **scheißen**.

jugo *el* [ˈxuɣo] *[chugo]* **Saft**; Bild: Die *Jugo*slawen haben den Orangen*saft* erfunden.

jura *la* [ˈxura] *[chura]* **Eid, Amtseid**; Bild: Der Jurist oder der *Jura*student kommt mit einer **Eid**echse in die Vorlesung.

J

jadeo *el* [xaˈðeo] *[chadeo]* **Keuchen, Hecheln**; Bild: Bitte kein (*ka*) *Deo* mehr benutzen, sonst bekomme ich das **Keuchen** nie weg.

jaque *le* [ˈxake] *[chake]* **Schach**; Bild: Auf einem **Schach**brett befindet sich ein Haufen *Kacke*.

jardin *le* [xarˈðin] *[chardin]* **Garten**; Bild: Der *Kardin*al geht im **Garten** spazieren.

jefe, -a *le/la* [ˈxefe, -a] *[chefe, -a]* **Chef(in)**; Bild: Der **Chef** platzt, wenn er einen *Hefe*stein isst. Bild: Die **Chefin** kreischt, weil sich ein *Käfer* in ihren Ausschnitt verirrt hat.

K

káiser *el* [ˈkaiser] *[kaiser]* **Kaiser**; hört sich im Deutschen ähnlich an (siehe Seite 192 f.).

kayak *el* [kajak] *[kajak]* **Kajak**; hört sich im Deutschen ähnlich an (siehe Seite 192 f.).

kéfir *el* [kefir] *[kefir]* **Kefir**; hört sich im Deutschen ähnlich an (s. Seite 192 f.).

kindergarten *el* [kiɳderˈɣarten] *[kindergarten]* **Kindergarten**; hört sich im Deutschen ähnlich an (s. Seite 192 f.).

kit *el* [ˈkit] *[kit]* **Baukasten**; Bild: Die Bausteine aus dem **Baukasten** werden mit einem *S*pzialkleber zusammenge*kit*tet.

kitsch *el* [ˈkitʃ] *[kitsch]* **Kitsch**; hört sich im Deutschen ähnlich an (siehe Seite 192 f.).

L

labor *la* [laˈβor] *[labor]* **Arbeit**; Bild: Die **Arbeit** im *Labor* ist sehr interessant.

labrador(a) *el/la* [laβraˈðor(a)] *[labrador(a)]* **Bauer, Bäuerin**; Bild: Ein *Labrador*-Hund ist auf einem Feld und pflügt den Acker um, wie einst der **Bauer**.

lactante *el* [lakˈtaṇte] *[laktante]* **Säugling**; Bild: Die Tante mit Lackfummel (*Lack-Tante*) stillt ihren **Säugling**.

lactosa *la* [lakˈtosa] *[laktosa]* **Milchzucker**; Bild: Eine Dose aus Lack (= *Lackdose*) benutzt man oft, um **Milch** oder **Zucker** aufzubewahren.

lagar *el* [laˈɣar] *[lagar]* **Ölpresse, Kelterei**; Bild: In einem *Lager* befinden sich mehrere **Ölpressen** in den Regalen.

laja *la* [ˈlaxa] *[lacha]* **Steinplatte**; Bild: Als ihm die **Steinplatte** auf den Fuß fiel, hatte er alle *Lacher* auf seiner Seite.

lama *la* [ˈlama] *[lama]* **Schlamm, Lama**; Bild: Das *Lama* wälzt sich im **Schlamm**. Bild: Der Dalai *Lama* wird mit **Schlamm** beworfen.

lamer [laˈmer] *[lamer]* **auflecken, auslecken, ablecken**; Bild: Ein *Lahmer*, der nur noch etwas **ablecken** kann.

lámina *la* [ˈlamina] *[lamina]* **dünnes Blech, Folie**; Bild: Statt des *Lamina*ts aus dem Baumarkt verlegt man ein **dünnes Blech** oder eine **Folie**.

lámpera *la* [ˈlampera] *[lampera]* **Lampe**; Bild: Auf einer **Lampe** sitzt ein *Lampen-Ara* (Papagei).

lampista *el/la* [lamˈpista] *[lampista]* **Lampenverkäufer(in)**; Bild: Der **Lampenverkäufer** schreit entsetzt auf: »Ein *Lamm pisst da* hin! – Meine schöne Stehlampe.«

lance *el* [ˈlaṇθe] *[lanse]* **Wurf, Auswerfen**; Bild: Der **Wurf** mit der langen *Lanze* gelingt nicht immer.

lancha *la* [ˈlantʃa] *[lantscha]* **Steinplatte**; Bild: Die komplette *Landschaft* wurde mit **Steinplatten** belegt.

landa *la* [ˈlaṇda] *[landa]* **Heide**; Bild: *Land a*uf und *Land a*b – man sieht nur noch **Heide**kraut.

lapidar [lapiˈðar] *[lapidar]* **steinigen**; Bild: Wegen *lapidar*en Delikten werden in manchen Ländern Menschen **gesteinigt**.

laso, -a [ˈlaso, -a] *[laso, -a]* **schwach, matt**; Bild: Nur die **schwach**en Tiere (Kühe) werden mit dem *Lasso* eingefangen.

lastimar [lasti'mar] *[lastimar]* **verletzen, beleidigen**; Bild: *Lass die mal* in Ruhe, die uns **beleidigt** und **verletzt** haben. Wir zahlen es denen später heim.

lata *la* ['lata] *[lata]* **Blech, Blechdose, Blechbüchse**; Bild: Ein *Lada* (Marke) ist eine echte **Blechbüchse** (muss man mit einem Dosenöffner aufmachen, um überhaupt einsteigen zu können).

laurel *el* [laŭ'rel] *[laurel]* **Lorbeer-(baum)**; Bild: Stan *Laurel* (der Doofe von »Dick und Doof«) hat auf seinem Kopf einen **Lorbeer**kranz.

lavabo *el* [la'βaβo] *[lababo]* **Waschbecken, Toilette**; Bild: *Lava* kommt aus dem *Po*. Da ist man froh, wenn ein **Waschbecken** in der Nähe ist.

lavar [la'βar] *[labar]* **waschen, spülen, auswaschen**; Bild: **Wasch**maschine *Lava*mat (Marke); Bild: In *Lava* Wäsche **waschen**.

leche *la* ['letʃe] *[letsche]* **Milch**; Bild: Die **Milch** schmeckt *lätsche*rt (süddt. für fad, langweilig).

lector *el* [lek'tor] *[lektor]* **Lesegerät**; Bild: Hannibal *Lecter* (Filmfigur aus *Das Schweigen der Lämmer*) benutzt ein **Lesegerät**. Bild: Jemand *leck*t am *Tor* die Inschrift weg. Damit er besser lesen kann, was er da weggleckt, benötigt er ein **Lesegerät**.

leer [le'er] *[leer]* **lesen**; Bild: In einem *leer*en Buch **lesen**. Bild: Der *Lehr*er hält ein großes Buch in der Hand und sagt: »Dieses Buch sollte man **lesen**.«

légamo *el* ['leɣamo] *[legamo]* **Schlick**; Bild: *Leck am O*rsch, im **Schlick** (Schlickwatt an der Nordsee) zu laufen, ist eine echte Herausforderung.

lego *el* ['leɣo] *[lego]* **Laie, Laienbruder**; Bild: Der *Laie* spielt mit *Lego*s.

legua *la* ['leɣwa] *[legwa]* **Meile**; Bild: Der *Legua*n läuft bei der Leichtathletikmeisterschaft die englische **Meile** (1609,344 Meter) mit.

lema *la* ['lema] *[lema]* **Grundgedanke, Motto**; Bild: Auf dem Zettel, den Jens *Lehma*nn bei der Fußballweltmeisterschaft 2006 zugesteckt bekommen hatte, stand das **Motto** des Augenblicks: »Zwei durchlassen, alles andere wäre arrogant.«

lena *la* ['leɲa] *[lenja]* **Kraft, Energie**; Bild: Die *Lena* (jeder kennt eine) lässt den Bizeps spielen und zeigt, welche **Kraft** sie hat.

lente *el* ['lente] *[lente]* **Brille**; Bild: Auf einer *Lende* (die eigene oder die vom Metzger) sitzt eine **Brille**.

leotardo *el* [leo'tarðo] *[leotardo]* **Strumpfhose**; Bild: **Strumpfhose** mit *Leoparden*muster.

lesera *la* [le'sera] *[lesera]* **Dummheit**; Bild: *Lesera*tten sind vor **Dummheit** gefeit.

leva *la* ['leβa] *[leba]* **Einberufung**; Bild: Mit dem **Einberufung**sbescheid habe ich meine *Leber*wurst eingewickelt.

leve ['leβe] *[lebe]* **harmlos, leicht, lässig**; Bild: Lebensmotto: »*Lebe* **harmlos, leicht** und **lässig**.« – Warum eigentlich nicht?

levedad *la* [leβe'ðað] *[lebedad]* **Leichtigkeit**; Bild: *Lebe dat* Leben mit **Leichtigkeit** (Feder).

libar [li'βar] *[libar]* **saugen, nippen**; Bild: *Lieber* nur ein bisschen **nippen**, als zu viel trinken. Bild: *Lieber* **saugen** als blasen.

libreta *la* [li'βreta] *[libreta]* **Notizbuch**; Bild: Das *Libret*to (Text eines Musicals oder einer Oper) steht in einem einzigen **Notizbuch**. Daher müssen die Sänger das **Notizbuch** immer an den weitergeben, der gerade etwas zu singen hat.

líder *la/el* [li'ðer] *[lider]* **Führer**; Bild: Der **Führer** singt nur Volks*lieder*.

liga *la* ['liɣa] *[liga]* **Strumpfband, Straps**; Bild: Um Damenfußball für Herren attraktiver zu machen, gibt es eine *Liga*, bei der alle Frauen in **Strap**sen den Fußball kicken.

ligue *la/el* ['liɣe] *[lige]* **Freund(in)**; Bild: Mit der/dem **Freund(in)** auf einer *Liege* liegen.

lima *la* ['lima] *[lima]* **Feile**; Bild: Die **Feile**n werden in *Lima* (Hauptstadt von Peru) hergestellt.

limo *el* ['limo] *[limo]* **Lehm**; Bild: Spielende Kinder formen aus **Lehm** eine *Limo*flasche.

limpio, -a [lim'pjo, -a] *[limpjo, -a]* **sauber**; Bild: Bei der O*lympia*de muss immer alles blitzblank **sauber** sein.

lince *el* ['linθe] *[linse]* **Luchs**; Bild: Auch der **Luchs** löffelt eine *Linse*nsuppe mit Würstchen.

linde *el* [lin'de] *[linde]* **Grundstücks-(grenze), Grenzweg**; Bild: An der **Grundstücksgrenze** steht eine wunderschöne, große *Linde*.

lineal *el* [line'al] *[lineal]* **Lineal, linear**; hört sich im Deutschen ähnlich an (siehe Seite 192 f.).

liquen *el* ['liken] *[liken]* **Flechte**; Bild: Auf dem *Lieken*-Urkorn-Brot (Marke) sind **Flechte**n gewachsen.

lis *la* [lis] *[lis]* **Lilie**; Bild: *Liz* Taylor (Schauspielerin) bekam bei der Oscar-Verleihung eine **Lilie**.

liso, -a [ˈliso, -a] *[liso, -a]* **glatt, eben**; Bild: *Lisa* Fitz (Schauspielerin) bügelt alles **glatt**.

listín *el* [lisˈtin] *[listin]* **Telefonbuch**; Bild: Er *liest in* einem **Telefonbuch**.

llaga *la* [ˈʎaɣa] *[jaga]* **Wunde, Blase, Geschwür**; Bild: Wenn du eine **Wunde** hast, dann tu *Jager*tee drauf. Das hilft bestimmt.

llenar [ʎeˈnar] *[jenar]* **auffüllen, vollfüllen**; Bild: Im *Jänner* (österr. für »Januar«) werden die Öltanks **aufgefüllt**.

loco, -a [ˈloko, -a] *[loko, -a]* **wahnsinnig, verrückt**; Bild: Ist doch *logo*: Der ist **verrückt**.

losa *la* [ˈlosa] *[losa]* **Steinplatte, Fliese**; Bild: Die **Fliese**n sind *lose* und wackeln.

lubina *la* [ˈluβina] *[lubina]* **Seebarsch**; Bild: Sehr kulinarisch ist die Kombination »**Seebarsch** an *Lupine*n«.

lucha *la* [ˈluʧa] *[lutscha]* **Ringkampf**; Bild: Nach dem **Ringkampf** bekommen die Sportler einen *Lutscher*.

luna *la* [ˈluna] *[luna]* **Mond**; Bild: Vor dem Voll**mond** steht jemand und trinkt aus einer Flasche B*luna*-Limonade (Marke).

luso, -a *la/el* [ˈluso, -a] *[luso, -a]* **Portugiese, -in**; Bild: Alle **Portugiese**n sind *Looser*.

lustrar [lusˈtrar] *[lustrar]* **polieren**; Bild: Wenn man das Auto **poliert**, ist die *Lust rar*.

lustre *el* [ˈlustre] *[lustre]* **Glanz**; Bild: Die il*lustre* Gesellschaft verlieh dem Fest einen besonderen **Glanz**.

M

maca *la* [ˈmaka] *[maka]* **Fehler, Makel**; Bild: Ein echter *Macker* hat weder **Fehler** noch **Makel**.

machacar [maʧaˈkar] *[matschakar]* **zerstampfen**; Bild: *Matsch a car* heißt, das Auto zu Matsch zu zerstampfen.

macho *el* [ˈmaʧo] *[matscho]* **Männchen, Kerl**; Bild: Den **Kerl** (mit Goldkettchen und Brustbehaarung) könnte ich mit *Matsch* beschmeißen.

machona *la* [ˈmaʧona] *[matschona]* **Mannweib**; Bild: Ein **Mannweib** ist ein *Macho* ohne Dingsbums.

madera *la* [maˈðera] *[madera]* **Holz**; Bild: In der italienischen Stadt *Madera* sind alle Häuser aus **Holz**.

madraza *la* [ˈmaðraθa] *[madrasa]* **liebevolle Mutter**; Bild: Eine **liebevolle Mutter** liebkost (streichelt) ihr Kind und sitzt dabei auf einer *Matratze*.

maduro, -a [ma'ðuro, -a] *[maduro, -a]* **reif**; Bild: Wer seine *Matura* (Abi in Österreich) macht, ist nicht immer auch zugleich **reif**.

mafia *la* ['mafja] *[mafja]* **Mafia**; hört sich im Deutschen ähnlich an (siehe Seite 192 f.).

magia *la* ['maxja] *[machja]* **Magie, Zauber, Zauberkraft**; Bild: Das Publikum wartet auf den berühmten **Zauber**trick. Der Zauberer ist ein bisschen überfordert und sagt etwas genervt: »Ich *mach ja* schon!«

magma *el* ['maɣma] *[magma]* **Magma**; hört sich im Deutschen ähnlich an (siehe Seite 192 f.).

mago, -a *el/la* ['maɣo, -a] *[mago, -a]* **Zauberer, Zauberin**; Bild: Der **Zauberer** zaubert aus *Marga*rine Butter.

magín *el* [ma'xin] *[machin]* **Fantasie**; Bild: Ich *mag ihn*, weil er so viel **Fantasie** hat. Bild: »*Mach hin!* (beeil dich!) – ein bisschen **Fantasie** könnte dabei aber auch nicht schaden.«

magro *el* ['maɣro] *[magro]* **(Schweine-) Filet**; Bild: Ich *mag ro*hes **Schweinefilet** am liebsten.

magullar [maɣu'ʎar] *[maguijar]* **quetschen**; Bild: Er *mag Gula*sch, aber nur **gequetscht** mit der Gabel.

mal *el* [mal] *[mal]* **Übel, Böse, Leiden**; Bild: Am Mutter*mal* kann man erkennen, ob jemand das **Böse** in sich trägt.

malestar *el* [males'tar] *[malestar]* **Unwohlsein, Unbehagen**; Bild: Der Auftrag: »*Male Stars!*« löste bei mir **Unwohlsein** aus, da ich keine Stars kenne.

maletín *el* [male'tin] *[maletin]* **Aktenkoffer, Kosmetikkoffer**; Bild: Im **Kosmetikkoffer** ist was zum *Male*n *drin*.

malgastar [malɣas'tar] *[malgastar]* **verschwenden, verpulvern, vergeuden**; Bild: »*Mal Gastar*beiter! – Damit **verpulverst** du dein Talent!«

malhumor *el* [malu'mor] *[malumor]* **schlechte Laune**; Bild: Er hat *mal Humor* und dann mal wieder **schlechte Laune**.

malla *la* ['maʎa] *[maja]* **Masche, Netz, Trikot**; Bild: Biene *Maja* trägt ein schwarz-gelbes **Trikot** (fährt bei der Tour de France mit) und wird mit einem **Netz** eingefangen.

malo, -a ['malo, -a] *[malo, -a]* **schlecht**; Bild: Dem *Male*r wird es **schlecht**. Bald muss er kotzen. Bild: Beim *Malo*chen wird es mir immer **schlecht**.

malquistar [malkis'tar] *[malkistar]* **entzweien**; Bild: Die *Malkiste* (Farbkasten) ist **entzwei**.

malta *la* [ˈmaɭta] *[malta]* **Malz**; Bild: Auf *Malta* ist das **Malz**bier erfunden worden.

mama *la* [ˈmama] *[mama]* **Brust**; Bild: *Mama* hat eine große **Brust**.

mamá *la* [maˈma] *[mama]* **Mama, Mutti**; hört sich im Deutschen ähnlich an (siehe Seite 192 f.).

mamut *le* [maˈmuᴧ] *[mamut]* **Mammut**; hört sich im Deutschen ähnlich an (siehe Seite 192 f.).

manco, -a *el* [ˈmanko, -a] *[manko, -a]* **einarmig, einhändig**; Bild: **Einarmig** zu sein heißt, keine *Mango*s mehr schälen zu können.

manda *la* [ˈmaɳda] *[manda]* **Vermächtnis**; Bild: Der Opel *Manta* (Marke) war sein **Vermächtnis**.

mandar [maɳˈdar] *[mandar]* **befehlen, bestimmen**; Bild: Der Oberfeldwebel darf **bestimmen**, wer *Mandar*inen essen darf und wer nicht.

mandil *el* [maɳˈdil] *[mandil]* **Schürze**; Bild: Der *Mann* in der *Diel*e trägt nur eine Schürze. Bild: Der *Mann* mit *Dill* in den Ohren trägt nur noch eine **Schürze**.

mando *el* [ˈmaɳdo] *[mando]* **Macht**; Bild: Als Zeichen der **Macht** hält der König eine *Mando*line anstatt eines Zepters.

manejo *el* [maˈnexo] *[manecho]* **Handhabung, Bedienung**; Bild: Ein *Mann* liest laut eine **Bedienung**sanleitung vor und erzeugt ein *Echo*.

manga *la* [ˈmaŋga] *[manga]* **Ärmel**; Bild: Auf dem **Ärmel** einer Jacke sind *Manga*-Comics zu sehen.

mangante *el* [maŋˈgaɳte] *[mangante]* **Gauner, Faulpelz**; Bild: *Man kannte* den **Gauner** schon von früher.

mango *el* [ˈmaŋgo] *[mango]* **Mango, Griff**; Bild: Die *Mango* hat einen **Griff** (wie bei einer Tasse oder einer Tasche).

maní *el* [maˈni] *[mani]* **Erdnuss**; Bild: »Wie kriegt man das Gehirn von *Manni* auf die Größe einer **Erdnuss**? – Aufblasen.«

manido, -a [maˈniðo, -a] *[manido, -a]* **leicht verdorben, überreif**; Bild: Der *Mann*, der *nie da* ist, hat mir **leicht verdorben**es Obst verkauft.

manita *la* [maˈnita] *[manita]* **Händchen**; Bild: Weil mein *Mann nie da* ist, können wir auch nicht **Händchen** halten.

mano *el* [ˈmano] *[mano]* **Hand, Handspiel**; Bild: *Manno*mann! – Das war aber **Hand**spiel.

manopla *la* [maˈnopla] *[manopla]* **Fäustling, Waschlappen**; Bild: Beim Abendmahl wird einem *Mann* eine (Karlsbader) *Obla*te in den Mund geschoben. Der Pfarrer wäscht diesen dann mit einem **Waschlappen** ab.

manta *la* [ˈmanta] *[manta]* **Decke**; Bild: Der Opel *Manta* (Marke) hatte serienmäßig eine **Decke** eingebaut.

mantel *el* [manˈtel] *[mantel]* **Tischdecke**; Bild: Der Schneider näht sich aus einer **Tischdecke** einen *Mantel*. Bild: Ein Penner benutzt seinen *Mantel* als **Tischdecke**.

manto *el* [ˈmanto] *[manto]* **Umhang, Talar**; Bild: Als der *Mann to*t war, bedeckte man die Leiche mit seinem **Umhang**.

manzana *la* [manˈθana] *[mansana]* **Apfel**; Bild: Der *Mann* will *Sahne* auf seinen **Apfel**.

mapa *el* [ˈmapa] *[mapa]* **(Land-)Karte**; Bild: In einer *Mappe* steckt eine **Landkarte**.

mapache *el* [maˈpatʃe] *[mapatsche]* **Waschbär**; Bild: Winnetou – Häuptling der *Apache*n – wäscht einen (**Wasch**-) **Bär**en.

máquina *la* [ˈmakina] *[makina]* **Maschine**; Bild: Die **Maschine** ist *Ma*de in *China*.

mar *el/la* [ˈmar] *[mar]* **Meer, See**; Bild: Jemand wirft ein *Mar*meladenglas ins **Meer**.

maratón *el* [maraˈton] *[maraton]* **Marathon**; hört sich im Deutschen ähnlich an (siehe Seite 192 f.).

marca *la* [ˈmarka] *[marka]* **Kennzeichen**; Bild: Mit einem *Marker* das Auto**kennzeichen** markieren.

marco *el* [ˈmarko] *[marko]* **Bilderrahmen, Fensterrahmen**; Bild: *Marco* Girnth (Schauspieler) schaut durch einen **Bilderrahmen**.

marica *el* [maˈrika] *[marika]* **Schwuler, Arschloch, Hosenscheißer**; Bild: *Marika* Rökk (Schauspielerin) hat immer Röcke getragen, weil sie sonst in die **Hosen gesch…** hätte.

marina *la* [ma'rina] *[marina]* **Marine**; Bild: Der **Marine**soldat (Matrose) wird in einer *Marina*de eingelegt.

marrón [ma'rron] *[maron]* **(kastanien-) braun**; Bild: *Maron*en sind **kastanienbraun**.

marta *la* ['marta] *[marta]* **Marder**; Bild: *Martha* Argerich (Pianistin) wird von einem **Marder** angefallen.

maruja *la* [ma'ruxa] *[marucha]* **Klatschtante**; Bild: *Marusha* (Musikproduzentin, DJane) sitzt mit ihren Tanten zusammen und macht eine auf **Klatschtante** (oder klatscht den Tanten alle eine).

más [mas] *[mas]* **mehr, lieber, besser**; Bild: **Mehr** im *Maß*krug wäre echt **besser**.

mascar [mas'kar] *[maskar]* **kauen, murmeln, vorhersehen**; Bild: Der Genießer **kaut** den *Mascar*pone-Frischkäse.

mata *la* ['mata] *[mata]* **Gestrüpp, Strauch, Staude**; Bild: *Mata* Hari (Spionin und Nackttänzerin) versteckt sich im **Gestrüpp**.

matar [ma'tar] *[matar]* **töten, umbringen**; Bild: Das *Matter*horn (Berg) kann einen auch **umbringen**.

mate ['mate] *[mate]* **matt, glanzlos**; Bild: Immer wenn ich *Mathe* mache, werden meine Brillengläser **matt**.

matiz *el* [ma'tiθ] *[matis]* **Schattierung, Farbton**; Bild: Der Maler Henri *Matisse* malt Bilder mit unterschiedlichen **Schattierung**en.

matraz *el* [ma'traθ] *[matras]* **Kolben**; Bild: Auf einer *Matratze* liegt ein Maiskolben.

matute *el* [ma'tute] *[matute]* **Schmuggelware**; Bild: *Ma tute* (man tut) nicht schmuggeln. Also: Gib die **Schmuggelware** wieder zurück.

maya *la* [maja] *[maja]* **Gänseblümchen**; Bild: Biene *Maja* (Zeichentrickfilmbiene) landet auf einem **Gänseblümchen**.

mayo *el* ['majo] *[majo]* **Mai**; Bild: Der *Mai*käfer wird mit *Majo*nnaise garniert.

mayoral *el* [majo'ral] *[majoral]* **Vorarbeiter**; Bild: Der **Vorarbeiter** bekommt als Dank einen Strauß *Major*an. Bild: Der **Vorarbeiter** macht an sein Frühstück immer *Majo ra*n. Bild: Der **Vorarbeiter** bekommt vom *Major Aal* geschenkt.

maza *la* ['maθa] *[masa]* **Keule, Schlägel, Stampfer**; Bild: Bei einer richtigen *Massa*ge kommen auch **Keule** und **Stampfer** zum Einsatz.

mecer ['meθer] *[meser]* **schütteln, schaukeln**; Bild: Wenn man das *Messer* **schüttelt**, dann wird es wieder richtig scharf.

media *la* ['meðja] *[medja]* **Strumpf, Socke**; Bild: Im *Media*-Markt (Marke) gibt's nun auch **Strümpfe** und **Socke**n.

medio, -a ['meðjo, -a] *[medjo, -a]* **halb**; Bild: Im *Media*-Markt (Marke) gibt es **halbe** TV-Geräte und **halbe** Waschmaschinen.

medusa *la* [me'ðusa] *[medusa]* **Qualle**; Bild: *Medusa* (griechische Mythologie) hatte Schlangen als Haare und sah somit ähnlich aus wie eine **Qualle**.

memo, -a ['memo, -a] *[memo, -a]* **dumm**; Bild: Ständig *Memo*ry (Marke) spielen macht **dumm**.

mendicante *el/lal* [meɲdiˈkaɳte] *[mendikante]* **Bettler(in)**; Bild: *Mandy* kannte die/den **Bettler(in)**.

menester *el* [menesˈter] *[menester]* **Notwendigkeit**; Bild: Der (Außen-)*Minister* sieht keine **Notwendigkeit**.

mensaje *el* [menˈsaxe] *[mensache]* **Botschaft**; Bild: Das Überbringen der **Botschaft** ist *Männer*sache.

mentir [menˈtir] *[mentir]* **lügen, schwindeln**; Bild: Ein *Mentir* ist ein Wesen – halb *Men*sch, halb *Tier* – und du musst sehr aufpassen, denn es **lügt** immer.

mercader *el* [merkaˈðer] *[merkader]* **Händler**; Bild: Wenn ich den Schnaps vom **Händler** trinke, habe ich am nächsten Tag *mehr Kater*.

merced *la* [merˈθeð] *[mersed]* **Gnade**; Bild: Nachdem der Terrorist be**gnad**igt worden war, bekam er obendrein noch einen *Merced*es Benz (Marke).

merecer [mereˈθer] *[mereser]* **verdienen**; Bild: Wer mehr **verdient**, wird auch zum *Mehr-Esser*.

merengue *el* [meˈreŋge] *[merenge]* **Baiser**; Bild: Fährt man mit einem Passagierschiff durch eine *Meerenge* (Straße von Gibraltar), bekommt man ein **Baiser** (weißes Schaumgebäck) zum Kaffee serviert.

merma *la* ['merma] *[merma]* **Abnahme, Schmälerung, Ausfall**; Bild: *Mehrmal*s hatte er versucht, den Haar**ausfall** zu stoppen, aber es hatte alles nichts genutzt.

mesa *la* ['mesa] *[mesa]* **Tisch**; Bild: In der *Men*sa steckt ein *Messer* im **Tisch**.

mesilla *la* [meˈsiʎa] *[mesija]* **Tischchen**; Bild: Der *Messia*s steht auf einem kleinen **Tischchen** und spricht zu seinen Jüngern.

mesura *la* ['mesura] *[mesura]* **Höflichkeit**; Bild: Mit einer speziellen *Messuhr* kann man den Grad der **Höflichkeit** messen. (Tief genug geknickst? Neigungswinkel beim Verbeugen okay? Etc.)

meta[1] *la* [meˈta] *[meta]* **Ziel**; Bild: Ein Läufer rennt als Erster durchs **Ziel** und wird mit La*metta* beworfen.

meta² *el/la* [me'ta] *[meta]* **Torhüter(in)**; Bild: Das La*metta* hängt vom Tor herab und stört den **Torhüter** sehr.

meter [me'ter] *[meter]* **stecken, hineinlegen, stopfen**; Bild: Das *Meter*maß in die Hosentasche **hineinstecken (-stopfen)**.

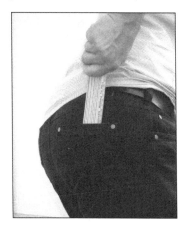

metl *el* ['me$^\delta$l] *[medl]* **Agave**; Bild: Das *Mädl* bekommt eine **Agave** geschenkt.

metro *el* ['metro] *[metro]* **Meter**; Bild: Vom 1-**Meter**-Sprungbrett auf die Gleise der Pariser U-Bahn (*Metro*) springen.

mezclar [meθ'klar] *[mesklar]* **vermischen, unterrühren**; Bild: Die Laboranten haben etwas **untergerührt** und dann wurde es im *Mess*becher wieder *klar*.

mí [mi] *[mi]* **mir, mich**; Bild: Aus **mir** machst du keinen A*mi*.

microtenis *el* [mikro'tenis] *[mikrotenis]* **Tischtennis**; Bild: Auf der **Tischtennis**platte steht ein *Mikro*skop, unter dem man *Tennis* spielt.

miel *la* [mjel] *[mjel]* **Honig**; Bild: Den **Honig** mit *Mehl* verrühren.

mies *la* ['mjes] *[mjes]* **Korn, Erntezeit**; Bild: In einer *Mies*muschel ist keine Perle, aber dafür ein (Weizen-)**Korn**.

mili *el* ['mili] *[mili]* **Wehrdienst**; Bild: *Milli* Vanilli (Popduo) mussten deshalb ihre Karriere beenden, weil sie zum **Wehrdienst** mussten.

milpa *la* ['milpa] *[milpa]* **Mais**; Bild: Der erste *Mil*u*pa* (Marke) Babybrei war ein **Mais**brei.

mimo *el* ['mimo] *[mimo]* **Mime**; Bild: Der **Mime** versucht, eine *Mimo*se (zartes Mimöschen) zu mimen.

mina *la* ['mina] *[mina]* **Bergwerk, Mine**; Bild: Das Lustspiel »*Minna* von Barnhelm« spielt in einem **Bergwerk (Mine)**.

minigolf *el* [mini'ɣolf] *[minigolf]* **Minigolf**; hört sich im Deutschen ähnlich an (siehe Seite 192 f.).

mira *la* ['mira] *[mira]* **Visier, Wachturm**; Bild: Brigitte *Mira* (Schauspielerin) steht auf einem **Wachturm**.

mitin *el* [ˈmitin] *[mitin]* **Treffen**; Bild: Zu dem **Treffen** will ich *mit hin*. Bild: Wir **treffen** uns im *Meeting*.

moco, -a [ˈmoko, -a] *[moko, -a]* **sternhagelvoll, high**; Bild: Wenn man **sternhagelvoll** ist, braucht man einen starken *Mokka*.

modorro, -a [moˈðorro, -a] *[modorro, -a]* **schläfrig, schwerfällig**; Bild: Jemand steigt **schläfrig** und **schwerfällig** auf sein *Motorra*d.

mofa *la* [ˈmofa] *[mofa]* **Spott, Hohn**; Bild: Alter Rockerspruch: »Wer ein *Mofa* hat, braucht für den **Spott** nicht zu sorgen.«

mohín *el* [moˈin] *[moin]* **Gebärde, Grimasse**; Bild: Er grüßte »*Moin*!« und verzog dabei sein Gesicht zu einer **Grimasse**.

moler [moˈler] *[moler]* **mahlen**; Bild: *Molière* (Dramatiker und Schauspieler) steht auf der Bühne und **mahlt** mit einer Kaffeemühle seinen Kaffee.

mona *la* [ˈmona] *[mona]* **Äffin**; Bild: Die *Mona* Lisa von Leonardo da Vinci ist kein Mensch, sondern eine **Äffin**.

monda *la* [ˈmonda] *[monda]* **Abschälen**; Bild: Das **Abschälen** der Maiskolben ist bei der Herstellung von *Monda*min (Marke) Maisstärke eine der ersten Verfahrensschritte.

mondo, -a [ˈmondo, -a] *[mondo, -a]* **haarlos**; Bild: Mit *Monda*min-Speisestärke (Marke) wird man **haarlos**, wenn man seinen Kopf damit einpudert.

moni *el* [ˈmoni] *[moni]* **Geld**; Bild: Die *Moni* hat **Geld** in der Hand.

monje *el* [ˈmoɴxe] *[monche]* **Mönch**; Bild: *Monche*r **Mönch** möchte mal ...

mono[1] *el* [ˈmono] *[mono]* **Affe**; Bild: Ein **Affe** hört mit einem Kopfhörer *Mono* (eine Ohrmuschel am Ohr, die andere auf dem Auge).

mono, -a[2] [ˈmono, -a] *[mono, -a]* **hübsch, süß, entzückend**; Bild: Angeblich hat die *Mona* Lisa von Leonardo da Vinci das **süß**este Lächeln (sie isst Zuckerstückchen).

monta *la* [ˈmonta] *[monta]* **Montage**; Bild: Am *Monta*g fahren wir auf **Montage**.

montante *el* [ˈmontante] *[montante]* **Summe, Betrag**; Bild: Der **Betrag** war so hoch, dass ich meine Tante zum Mond schoss. Jetzt ist sie nur noch meine *Mondtante*.

montura *la* [monˈtura] *[montura]* **Geschirr, Sattel**; Bild: Eine Uhr in Mondform (*Mond-Uhr*) liegt auf einem **Sattel**.

morder [mor'ðer] *[morder]* **beißen, zu-beißen, anbeißen**; Bild: Der *Mörder* ist bekannt, weil er den Opfern immer erst die Nase ab*beißt*.

morsa la ['morsa] *[morsa]* **Walross**; Bild: Ein *Walross* lernt das *Morse*n. Bild: Ein *Walross* wird in einem *Mörser* zerquetscht.

mortal [mor'tal] *[mortal]* **tödlicher, Todes...;** Merkhilfe: Ein Salto *Mortal*e in der Zirkusmanege ist ein **tödlicher** Sprung.

mosca la ['moska] *[moska]* **Fliege**; Bild: Eine riesige **Fliege** landet auf dem Kreml/Roten Platz in *Moska*u.

mote el ['mote] *[mote]* **Spitzname**; Bild: Ihr **Spitzname** war »*Mode*«, weil sie immer den neuesten Fummel an sich trug.

muda el ['muða] *[muda]* **Unterwäsche, Bettwäsche, Mauser, Haarwechsel**; Bild: Kann man eine Ber*muda*-Hose als **Unterwäsche** benutzen? Bild: Man muss sich erst *Mut a*ntrinken, um mit **Unterwäsche** in der Öffentlichkeit herumzulaufen.

muerte el ['mwerte] *[mwerte]* **Tod, Mord, Vernichtung**; Bild: Die Kuh macht auf der *Muh-Erde* mehrmals »Muh«, bevor sie der **Tod** ereilt.

mujer la [mu'xer] *[mucher]* **Ehefrau, Frau, Weibsbild**; Bild: Eine **Ehefrau** ist wie eine fauchende *Mutter* »*ch…*«

multitud la [multi'tuᵒ] *[multitud]* **Menge, Volks(masse)**; Bild: Es gibt eine **Menge** Leute, die nur auf *multi*(kulti) *tut*.

mundanal [muṇda'nal] *[mundanal]* **weltlich**; Bild: Was durch den *Mund* und was *anal* entweicht, kann nur **weltlich**er Natur sein.

mundo el ['muṇdo] *[mundo]* **Welt, Erde, Globus**; Bild: Die **Welt** im *Mund*.

mus el [mus] *[mus]* **Kartenspiel**; Bild: Das Apfel*mus* tropft auf das **Kartenspiel**.

mutis el ['mutis] *[mutis]* **Abgang**; Bild: Alle *Muttis* machen einen **Abgang**.

N

nabo el ['naβo] *[nabo]* **Rübe, Schwanz (Penis)**; Bild: Die **Rübe** nah am Po.

naciente[1] el [na'θjeṇte] *[nasjente]* **Quelle**; Bild: Die Nazi-Ente (Ente mit Hakenkreuz) schwimmt auf einer **Quelle**.

naciente[2] el [na'θjeṇte] *[nasjente]* **Osten, Orient**; Bild: Im **Osten** legen die Nazi-Enten (Enten mit Hakenkreuz) **Ost**ereier.

nada ['naða] *[nada]* **nichts**; Bild: Na, da ist ja gar **nichts** mehr los.

nana la [ˈnana] *[nada]* **Wiegenlied, Oma**; Bild: Nana Mouskouri (Sängerin) ist mittlerweile **Oma** und singt **Wiegenlieder** (an der Wiege).

naranja la [naˈraŋxa] *[narancha]* **Orange**; Bild: Der Narr bewirft Anja Kruse (Schauspielerin) mit **Orange**n.

narco el [ˈnarko] *[narko]* **Dealer**; Bild: Der **Dealer** versetzt alle Kunden in Narkose.

nariz la [naˈriθ] *[naris]* **Nase**; Bild: Ein Narr ist der, der sich eine rote **Nase** aufsetzt.

nata la [ˈnata] *[nata]* **Sahne**; Bild: Lecker: Ringelnatter mit **Sahne**soße. Na dann: Guten Appetit!

nato, -a [nato, -a] *[nato]* **geboren**; Bild: Während einer NATO-Übung wird ein Soldat **geboren**. Na dann kann's gleich losgehen.

naval [naˈβal] *[nabal]* **See-**; Bild: Selbst bei den **See**schlachten wurde Napalm eingesetzt.

nave la [ˈnaβe] *[nabe]* **Schiff**; Bild: Auf einem **Schiff** putzt jemand von seinem Fahrrad die Nabe.

navegante el/la [naβeˈɣante] *[nabegante]* **Seefahrer(in)**; Bild: Eine nahe Bekannte von mir ist **Seefahrerin**.

Navidad la [naβiˈðað] *[nabidad]* **Weihnachten**; Bild: Zu Weihnachten bekomme ich ein Navi von Dad.

néctar el [ˈnektar] *[nektar]* **Nektar**; hört sich im Deutschen ähnlich an (siehe Seite 192 f.).

negar [neˈɣar] *[negar]* **verneinen**; Bild: Der Neger **verneint** immer und schüttelt den Kopf.

nena la [neˈna] *[nena]* **kleines Mädchen, Kleine**; Bild: Nena (Sängerin) tritt mit einem **kleinen Mädchen** auf und singt »99 Luftballons«.

nevada la [neˈβaða] *[nebada]* **Schneefall**; Bild: Es gab noch nie in der Wüste von Nevada **Schneefall**, aber dafür jetzt umso heftiger.

nidada la [niˈðaða] *[nidada]* **Gelege, Brut**; Bild: Wenn keiner nie dada ist, kann die **Brut** natürlich nicht überleben.

nido el [ˈniðo] *[nido]* **Nest**; Bild: In seinem **Nest** ist der Vogel nie do.

niña la [ˈniɲa] *[ninja]* **Mädchen**; Bild: Ein Ninja-Kämpfer entführt ein **Mädchen**.

niño el [ˈniɲo] *[ninjo]* **Junge, verwöhntes Kind**; Bild: Nino de Angelo (Sänger) hält einen **Jungen** in seinen Armen.

niqui el [ˈniki] *[niki]* **T-Shirt**; Bild: Niki Lauda (Rennfahrer) zieht sein **T-Shirt** aus.

nivel *el* [ni'βel] *[nibel]* **Wasserwaage**; Bild: Im »Ring des Nibelungen« von Richard Wagner (Komponist) hält Wotan eine **Wasserwaage** in der Hand, um damit das Gleichgewicht der Welt herzustellen.

niveo, -a ['niβeo, -a] *[nibeo, -a]* **schneeweiß**; Bild: In eine Nivea-Dose (Marke) schneit es **schneeweiß**en Schnee.

noble [no'βle] *[noble]* **adelig, edel**; Bild: Die noble Gesellschaft von einst war meist **adelig**.

noche *la* ['noʧe] *[notsche]* **Nacht**; Bild: Der Not-Chef kommt auch in der **Nacht** mal vorbei.

norma *la* ['norma] *[norma]* **Regel, Norm**; Bild: Norma Jeane Baker (= Marilyn Monroe) passt nicht in die **Norm**algröße. Bild: Bei Norma (Marke) sind die Preise nicht **norm**al.

notar [no'tar] *[notar]* **bemerken, spüren, notieren**; Bild: Der Notarzt **spürt**, dass er zwei Buchstaben (zt) zu viel hat. Bild: Der Notar **notiert** die Willenserklärungen der Mandanten.

novel *el/la* [no'βel] *[nobel]* **Anfänger, unerfahren**; Bild: Der **unerfahrene** (Fahr-)**Anfänger** bekommt den Nobelpreis überreicht.

nuca *la* ['nuka] *[nuka]* **Nacken, Genick**; Bild: Im **Nacken** Nougat (weißen Nougat) transportieren.

O

obispo *el* [o'bispo] *[obispo]* **Bischof**; Bild: Der **Bischof** haut auf *Opis Po*.

oboe *el* [o'βoe] *[oboe]* **Oboe**; hört sich im Deutschen ähnlich an (siehe Seite 192 f.).

obstante [oβs'taṇte] *[obstante]* **hinderlich**; Bild: Die *Obst-Tante* rennt mit Obst in der Hand einen Hindernislauf. Das ist ganz schön **hinderlich**.

obús *el* [o'βus] *[obus]* **Granate**; Bild: *Oh, im Bus* ist eine **Granate**. Bild: Peter Tschaikowsky (Komponist) hat ein Orchesterwerk komponiert mit echten Kanonenschlägen (Ouvertüre 1812). Für sein *Opus* 49 würde er heute wohl **Grana**ten einsetzen.

ocho *el* ['oʧo] *[otscho]* **Acht**; Bild: Er *hot scho*n (bayer. hat schon) **acht** Bier.

ofensa *la* [o'fensa] *[ofensa]* **Beleidigung**; Bild: Seine **Beleidigung**en geh'n mir *auf'n Sa*ck.

ofidios *los* [oˈfiðjos] *[ofidjos]* **Schlangen**; Bild: Alle meine **Schlangen** hab ich auch *auf Videos*.

ojo *el* [ˈoxo] *[ocho]* **Auge**; Bild: Die Buchstaben »*ojo*« sehen aus wie zwei **Auge**n mit einer Nase dazwischen.

olla *la* [ˈoʎa] *[oja]* **Kochtopf**; Bild: Mal gucken, was die Olle gekocht hat. *Oh, ja*! Schaut ja lecker aus, was da im **Kochtopf** ist.

omitir [omiˈtir] *[omitir]* **weglassen**; Bild: Er: »*Oh, mit dir* würde ich gerne ...« Sie: »Kannst du das Geschwafel auch **weglassen** und gleich zur Sache kommen?«

oral [oˈral] *[oral]* **oral, mündlich**; hört sich im Deutschen ähnlich an (siehe Seite 192 f.).

orate *el/la* [oˈrate] *[orate]* **Narr, Närrin**; Bild: Der **Narr** zum König: »*Oh, rate* mal, wer der größere **Narr** von uns beiden ist?«

orca *la* [ˈorka] *[orka]* **Orca, Schwertwal**; hört sich im Deutschen ähnlich an (siehe Seite 192 f.).

orden *el* [ˈorðen] *[orden]* **Befehl**; Bild: Weil der Soldat den **Befehl** befolgte, bekam er einen *Orden*.

oreo *el* [oˈreo] *[oreo]* **Lüften**; Bild: Im Raumschiff *Orion* sollte man auch mal die Fenster aufmachen und **lüften**.

origen *el* [oˈrixen] *[orichen]* **Ursprung, Ursache**; Bild: Du musst am *Ohr riechen*, dann kommst du der **Ursache** auf den Grund.

orilla *la* [oˈriʎa] *[orija]* **Küste, Ufer**; Bild: Am **Ufer** hält sich ein G*orilla* auf und sucht sein »G« im Wasser.

oro *el* [ˈoro] *[oro]* **Gold**; Bild: Ich bezahle *Ohro*pax (Marke) mit einem **Gold**barren.

osa *la* [ˈosa] *[osa]* **Bärin**; Bild: Die **Bärin** (mit r*osa* Röckchen) trinkt *O-Sa*ft.

ostra *la* [ˈostra] *[ostra]* **Auster**; Bild: Der Bericht im *Ostra*dio meldete, dass die **Auster**n ausgegangen sind.

P

paca *la* [ˈpaka] *[paka]* **Ballen, Packen, Bündel**; Bild: Der (Möbel-)*Packer* trägt (Heu-)**Ballen** ins Haus.

paciente [paˈθjente] *[pasjente]* **geduldig**; Bild: Der *Patient* muss **geduldig** sein (spielt ein Geduldsspiel), bis er wieder gesund ist.

paga *la* [ˈpaɣa] *[paga]* **Lohn, Zahlung**; Bild: *Paga*nini, der Teufelsgeiger, hat nie einen **Lohn** bekommen. (Daher: Paga nie nicht)

paipai *el* [paiˈpai] *[paipai]* **Fächer**; Bild: Mit einem **Fächer** winkt mir jemand zu und ruft: »*Bye-bye*!«

paisaje *el* [paiˈsaxe] *[paisache]* **Landschaft**; Bild: Du bist nicht *bei* (der) *Sache*: Du schaust dir ja nur die **Landschaft** an.

pajero *el* [paˈxero] *[pachero]* **Wichser**; Bild: Unglaublich, aber das Auto Mitsubishi *Pajero* (Marke) gibt's wirklich. Ich hoffe, nicht jeder, der einen *Pajero* fährt, ist ein **Wichser**.

pala *la* [ˈpala] *[pala]* **Schaufel**; Bild: Kriegst du eine mit der **Schaufel** drübergebraten, dann bist du absolut *balla*balla.

palabra *la* [paˈlaβra] *[palabra]* **Wort**; Bild: Beim *Palaver*n hat man die **Wort**wahl noch nicht so richtig überlegt.

palmo *el* [ˈpalmo] *[palmo]* **Handbreit**; Merkhilfe: Die *Palmo*liv-Flasche (Marke) ist genau eine *Hand breit.*

paloma *la* [paˈloma] *[paloma]* **Taube**; Bild: Hans Albers oder Freddy Quinn singen den Schlager »La *Paloma*« und eine **Taube** fliegt über die Bühne.

pamela *la* [paˈmela] *[pamela]* **Strohhut, Damenhut**; Bild: *Pamela* Anderson hat einen **Strohhut** auf.

pan *el* [pan] *[pan]* **Brot**; Bild: Peter *Pan* oder/und *Pan* Tau schlagen mit einem Laib **Brot** um sich.

pancho, -a [ˈpantʃo, -a] *[pantscho, -a]* **ruhig**; Bild: Der Wein*pantscher* bleibt **ruhig**, auch wenn die Polizei herumschnüffelt.

panda *la* [ˈpanda] *[panda]* **Panda**; hört sich im Deutschen ähnlich an (siehe Seite 192 f.).

panza *la* [ˈpanθa] *[panza]* **Bauch**; Bild: *Wetten dass ...?*-Wette: Über den **Bauch** fährt ein *Panzer*.

papa *el* [ˈpapa] *[papa]* **Kartoffel, Papst**; Bild: *Papa* isst **Kartoffel**n. Bild: *Papa* gibt dem **Papst** die Hand.

papachos [paˈpatʃos] *[papatschos]* **Streicheleinheiten**; Bild: Er sitzt auf *Papas Schoß* und bekommt **Streicheleinheiten**.

papada *la* [paˈpaða] *[papada]* **Doppelkinn**; Bild: *Papa, da* hast du aber ein **Doppelkinn**!

papal [paˈpal] *[papal]* **päpstlich**; Bild: Dieses **päpstliche** Gerede ist nur *Papa*-*l*apap.

paparrucha *la* [papaˈrrutʃa] *[paparutscha]* **Fehlmeldung, (Zeitungs-)Ente**; Bild: »*Papa rutscht ab*«, steht in der *Bild*-Zeitung. Gott sei Dank war das eine **Fehlmeldung**.

papel *el* [paˈpel] *[papel]* **Zettel, Notizzettel, Papier**; Bild: Auf einem Notiz*zettel* versuche ich, eine *Pappel* zu zeichnen.

papel cuché *el* [pa'pel ku'ʧe] *[papel kutsche]* **Glanzpapier, Kunstdruckpapier**; Bild: Aus **Glanzpapier** eine *Babbel Kutsche* basteln. Das ist eine Kutsche, in der viel gebabbelt (geredet) wird.

papelera *la* [pape'lera] *[papelera]* **Papierkorb, Aktenschrank**; Bild: Der *Babbel-Lehrer* sitzt auf dem **Papierkorb** (oder **Aktenschrank**) und babbelt leeres Zeugs.

papelón *el* [pape'lon] *[papelon]* **Wisch, Altpapier**; Bild: Auf dem Turm von *Babylon* verbrennt man **Altpapier**.

papilla *la* [pa'piʎa] *[papija]* **Brei**; Bild: Das *Papier* fällt in den **Brei** hinein.

paquebote *el* [pake'βote] *[pakebote]* **Passagierschiff**; Bild: Ich *packe* (Rettungs-)*Boote* ein, weil es auf dem **Passagierschiff** keine gibt.

paquete *el* [pa'kete, -a] *[pakete, -a]* **schick**; Bild: Der Bote bringt täglich **schick**e *Pakete*.

par [par] *[par]* **gleich**; Bild: Ein *paar* un**gleich**e Schuhe stehen nebeneinander.

parabién *el* [para'βjen] *[parabjen]* **Glückwunsch**; Bild: Ein *Paar* (Frau und Mann) aus *Arabien* (Araber) übermittelt mir einen **Glückwunsch** (Glückwunschkarte).

parada *la* [pa'raða] *[parada]* **Haltestelle**; Bild: Dieter Thomas Heck (Moderator) steht an der **Haltestelle** und macht einen auf Hit*parade*.

paraje *el* [pa'raxe] *[parache]* **Gegend, Ort**; Bild: In dieser **Gegend** gibt es nur eine heruntergekommene *Baracke* zum Übernachten.

parche *el* [pa'rʧe] *[partsche]* **Flicken, Pflaster**; Bild: Ein *paar Tsche*chen verkaufen **Flicken**teppiche/**Pflaster** auf dem Markt.

parco, -a ['parko, -a] *[parko, -a]* **bescheiden, spärlich**; Bild: Auf meinem *Parka* stand das Motto »Ich bin **bescheiden**«.

pardo, -a ['parðo, -a] *[pardo, -a]* **(grau)braun, erdfarben**; Bild: Brigitte *Bardot* (Schauspielerin) hat ihre blonden Haare jetzt **braun** färben lassen.

parecer [pare'θer] *[pareser]* **aussehen, scheinen**; Bild: Die *Pariser* **sehen** so **aus** wie der Eiffelturm.

pared *la* [pa'reð] *[pared]* **Wand, Mauer**; Bild: »Gehet hin und *paaret* euch an der **Wand**.« Vielleicht haben die beiden noch ein *Barett* auf dem Kopf.

parir [pa'rir] *[parir]* **gebären, verursachen, hervorbringen**; Bild: Wer *pariert*, **verursacht** keine Fehler.

parque *el* ['parke] *[parke]* **Park**; Bild: *Parke* im **Park**! Das kostet keine Parkgebühren.

parra *la* ['parra] *[para]* **Weinstock**; Bild: Der *Para*glider landet auf einem **Weinstock**.

parte *la* ['parte] *[parte]* **Teil, Bestandteil, Ersatzteil**; Bild: Napoleon Bona-*parte* hatte ein **Ersatzteil** (Hand).

parterre *el* [par'terre] *[parterre]* **Blumenbeet, Gartenanlage**; Bild: Das **Blumenbeet** ist im *Parterre* (Erdgeschoss) angelegt.

partida *la* [par'tiða] *[partida]* **Abreise, Abfahrt**; Bild: Die **Abreise** war notwendig. Die *Party da* war langweilig.

partir [par'tir] *[partir]* **teilen, dividieren**; Bild: Die *paar Tiere* werden **geteilt** in männlich und weiblich.

pasado *el* [pa'saðo] *[pasado]* **Vergangenheit**; Bild: Mit dem VW *Passat* (Marke) kann man in die **Vergangenheit** reisen.

pasaje *el* [pa'saxe] *[pasache]* **Überquerung, Passage**; Bild: Mit den *paar Sachen* muss ich die Fluss**überquerung** bewerkstelligen..

pasante [pa'sante] *[pasante]* **auf der Durchreise**; Bild: Der *Passant* ist auf der **Durchreise**.

pasar *el* [pa'sar] *[pasar]* **vorbeigehen, vorbeifahren**; Bild· Am *Basar* **vorbeigehen** und nichts kaufen, obwohl man gerne möchte.

pase *el* [pa'sar] *[pasar]* **Ausweis, Pass**; Bild: Meine *Base* (Nichte) hat an der Grenze ihren **Ausweis** vergessen.

pasma ['pasma] *[pasma]* **Bullen**; Bild: *Pass ma'* auf, wenn die **Bullen** kommen.

pasta *la* ['pasta] *[pasta]* **Nudeln**; Bild: *Passt das*? Haben die **Nudeln** Biss?

pastel *el* [pas'tel] *[pastel]* **Kuchen**; Bild: Einen **Kuchen** mit *Pastel*lfarben malen. Bild: Einen **Kuchen** *bastel*n.

pastón *el* [pas'ton] *[paston]* **unfruchtbares Weideland**; Bild: Durch einen *Bass-Ton* verursacht, wurde das **Weideland unfruchtbar**.

pata *la* ['pata] *[pata]* **Bein, Pfote, Tatze**; Bild: Der Orthopäde: »Von diesem **Bein** haben wir ein *Paar da*.«

pata *la* ['pata] *[pata]* **Ente**; Bild: Nach ein *paar Tagen* war die **Ente** tot.

paté *el* [pa'te] *[pate]* **Leberpastete**; Bild: Mein *Pate* schenkt mir zur Konfirmation eine Dose **Leberpastete**.

patente [pa'teɲte] *[patente]* **sichtbar, eindeutig**; Bild: Alle ehemals unsichtbaren *Patente* sind jetzt **sichtbar**.

paternidad *la* [paterni'ðaᵟ] *[paternidad]* **Vaterschaft**; Bild: Obwohl der *Pater nie da* war, hat er dennoch die **Vaterschaft** anerkannt.

patín *el* [pa'tin] *[patin]* **Schlittschuh, Kufe**; Bild: Die *Patin* schenkt mir einen **Schlittschuh**.

patinar [pati'nar] *[patinar]* **eislaufen, Rollschuh laufen**; Bild: Der *Party-Narr* kommt zu jeder Party mit **Rollschuhen gelaufen**.

pato *el* ['pato] *[pato]* **Erpel**; Bild: Der *Patho*loge wollte die Todesursache des **Erpel**s feststellen.

patrón *el* [pa'ðron] *[padron]* **Einwohnerliste**; Bild: Im Einwohnermeldeamt schießt ein Kunde auf die **Einwohnerliste** mit einer Pistole. Die *Patron*e bleibt in der Liste stecken.

patrón, -ona *el/la* [pa'tron, -ona] *[patron, -a]* **Beschützer(in)**; Bild: Mein *Beschützer* hat einen *Patron*engurt um.

pavo, -a *el/la* [pa'βo, -a] *[pabo, -a]* **Truthahn, Pute**; Bild: Wenn du abnehmen willst, musst du ein *paar Wo*chen mageres **Puten**fleisch essen.

paz *la* [paθ] *[pas]* **Friede, Friedensvertrag**; Bild: Nachdem der **Friede** geschlossen wurde, durfte jeder Bürger seinen *Pass* wieder benutzen.

peca *la* [pe'ka] *[peka]* **Sommersprosse**; Bild: Ich habe auf meinem *PKW* **Sommersprossen** drauf. (Oder sind es doch Rostflecken?)

pedal *el* [pe'ðal] *[pedal]* **Pedal**; hört sich im Deutschen ähnlich an (s. Seite 192 f.).

pedigrí *el* [peði'ɣri] *[pedigri]* **Stammbaum**; Bild: *Pedigree*-Pal-Dosen (Marke) hängen an den Ästen eines **Stammbaum**es.

pedir [pe'ðir] *[pedir]* **bitten, erbitten, anfordern**; Bild: *Bei dir* kann ich den Katalog **anfordern**.

pedregal *el* [peðre'ɣal] *[pedregal]* **Schotterplatz, Steinwüste**; Bild: In einer **Steinwüste** steht ein *Bett* und ein *Regal* einsam und verlassen.

pega *la* ['peʎa] *[pega]* **Pech, Schwierigkeit**; Bild: *Pega*sus (Pferd mit Flügeln) hat **Schwierigkeit**en beim Fliegen.

pegatina *la* [peɣa'tina] *[pegatina]* **Aufkleber**; Bild: Es gibt einen **Aufkleber**, auf dem die Aufforderung steht: »*Begatt*(e) *Tina*!« – Unglaublich.

peine *el* ['paɪne] *[paine]* **Kamm**; Bild: Mit einem **Kamm** kann man sich auch die Haare der *Beine* kämmen.

pelón, -ona [pe'lon, -ona] *[pelon, -ona]* **glatzköpfig, kurz geschoren**; Bild: Zur *Belohn*ung hat man ihr die Haare *kurz geschoren*.

peluche *el* [pe'luʧe] *[pelutsche]* **Plüschtier**; Bild: James *Belushi* (Schauspieler – *The Blues Brothers*) spielt mit einem **Plüschtier**.

pelvis *la* ['pelβis] *[pelbis]* **Becken**; Bild: Elvis (Sänger) wurde zu Lebzeiten als »Elvis the *pelvis*« betitelt, weil er immer kreisende Bewegungen mit seinem **Becken** machte.

penado -a [pe'naðo -a] *[penado, -a]* **betrübt, mühsam**; Bild: Wenn du **betrübt** bist, dann schmier dir *Penaten*-Creme (Marke) ins Gesicht.

pender [pe'ṇder] *[pender]* **hängen, schweben**; Bild: Ein *Pendel* **hängt** auch herunter. Bild: Schau: »*Pennt der*, der da **hängt**, oder ist der tot?«

pepino *el* [pe'pino] *[pepino]* **Gurke**; Bild: Don Camillo und *Pepino* (Peppone). Peppone isst eine **Gurke**. Bild: Es gibt eine Frucht, die *Pepino* (Birnenmelone) heißt, aber gar nicht an eine *Gurke* erinnert.

perca *la* ['perka] *[perka]* **Barsch**; Bild: Der **Barsch** wird in *Perga*ment eingewickelt.

peregrino, -a [pere'ɣrino, -a] *[peregrino, -a]* **seltsam, fremd, außerordentlich**; Bild: Das *Pellegrino*-Mineralwasser (Marke) schmeckt etwas **seltsam**.

periodista *el/la* [perjo'ðista] *[perjodista]* **Journalist(in)**; Bild: Die **Journalistin** schreibt für ein Mädchenmagazin den Artikel »Die *Period*e *ist da*!«

permuta *la* [per'mṇta] *[permuta]* **Tauschhandel, Austausch**; Bild: Im *Bermuda*dreieck verschwinden auf misteriöse Weise hin und wieder Flugzeuge und Schiffe. Wahrscheinlich gibt es an diesem Ort einen regen **Tauschhandel** mit Seelen zwischen den Göttern.

pésame *el* ['pesame] *[pesame]* **Beileid, Beileidsbezeugung**; Bild: Wie passt *besame*n und **Beileidsbezeugung** zusammen?

pese ['pese] *[pese]* **trotz**; Bild: Die Hexe ist **trotz** *Bese*n abgestürzt.

peste *la* ['peste] *[peste]* **Pest**; Bild: Das *Beste* an der **Pest** ist, dass es sie nicht mehr gibt.

piano *el* [pi'ano] *[piano]* **Piano, Klavier**; hört sich im Deutschen ähnlich an (siehe Seite 192 f.).

pica *la* ['pika] *[pica]* **Spieß, Pik**; Bild: Der **Spieß** ist ein *Pieker* mit Fleisch und Gemüse drauf. Bild: Auf einem Schaschlik*spieß* werden *Pik-Ka*rten aufgereiht.

picar [piˈkar] *[pikar]* **brennen, jucken**; Bild: Captain *Picard* (»Raumschiff Enterprise«) **brennt** und **juckt** es unter den Nägeln.

picazón *la* [pikaˈθon] *[pikason]* **Hautjucken**; Bild: Pablo *Picasso* (Maler) kratzt sich am ganzen Körper. Das *Jucken* bringt ihn fast um.

pico *el* [ˈpico] *[piko]* **Specht, Schnabel, Mund**; Bild: Der **Specht** hat im **Schnabel** einen *Picco*lo-Sekt. Bild: Jemand steckt unsachgemäß eine *Picco*lo-Flöte in seinen **Mund**.

piedra *la* [ˈpjeðra] *[pijedra]* **Stein**; Bild: *Petra* Roth oder Kelly (Politikerinnen) schmeißt einen **Stein**.

piedra pómez *la* [ˈpjeðra poˈmeθ] *[pijedra pomes]* **Bimsstein**; Bild: *Petra*s *Pommes* liegen auf einem **Bimsstein** (den man zum Hausbau manchmal verwendet).

pila *la* [ˈpila] *[pila]* **Becken, Spülbecken**; Bild: Eine Hausfrau hält sich am **Spülbecken** fest und macht *Pila*tesübungen. Bild: Eine *Pille* im **Spülbecken** auflösen. Bild: Bei *Billa* (Supermarktkette in Österreich) kann man jetzt auch **Spülbecken** kaufen.

pilote *el* [piˈlote] *[pilote]* **Pfahl**; Bild: Zwei *Pilote*n möchten sich auf einen **Pfahl** setzen.

pimpante [pimˈpante] *[pimpante]* **elegant, stramm, kess**; Bild: Der *Pink Panther* ist sehr **kess** (Käse) gekleidet.

pin *el* [pin] *[pin]* **Stift**; Bild: Mit einem **Stift** die *PIN*-Nummer beim Bankomaten eingeben.

pincel *el* [pinˈθel] *[pinsel]* **Pinsel**; hört sich im Deutschen ähnlich an (siehe Seite 192 f.).

pinche *el* [ˈpintʃe] *[pintsche]* **Küchenhilfe**; Bild: Ein *Pinsche*r (Hund) als **Küchenhilfe** (steht an der Spüle und wäscht Geschirr).

pingo *el* [ˈpiŋgo] *[pingo]* **Fetzen, Schlampe, Pferd**; Bild: Beim *Bingo*spiel fliegen die **Fetzen**.

pio, -a [pio, -a] *[pio, -a]* **fromm, gutherzig**; Bild: *Pia* (jeder kennt eine) hat ein **gutes Herz**. Bild: Papst *Piu*s war nicht **fromm**.

piolet *el* [pjoˈleˈ] *[pjolet]* **Eispickel**; Bild: Der **Eispickel** hat die Farbe *Vio*le*t*.

pipe *el* [ˈpipe] *[pipe]* **Kumpel**; Bild: Mein **Kumpel** ist mir mittlerweile *piep*egal.

pique *el* [ˈpike] *[pike]* **Groll**; Bild: Ich habe von der *Pike* auf gelernt, mit meinem **Groll** umzugehen.

pira *la* [ˈpira] *[pira]* **Lagerfeuer**; Bild: Ein *Pira*t sitzt am **Lagerfeuer** und verbrennt einen »T«-förmigen Ast.

pisa *la* [piˈsa] *[pisa]* **Tracht Prügel**; Bild: Auf dem schiefen Turm von *Pisa* bekommt jemand eine **Tracht Prügel**.

pisar [ˈpisar] *[pisar]* **treten, austreten, betreten**; Bild: Ein Mann steht am *Pissoir* und **tritt** seine Zigarette **aus,** bevor er pinkelt. Sehr *bizarr*?

piscolabis *el* [piskoˈlaβis] *[piskolabis]* **Appetithäppchen**; Bild: Zu den **Appetithäppchen** gibt es Cola, bis man pissen muss. Das geht immer so zu. Piss-Cola bis *Piss-Cola* bis Piss...

pispar [pisˈpar] *[pispar]* **belauern, beobachten**; Bild: Ob ich beim Pissen bin oder an der *Bar* steh – ich werde ständig **beobachtet**.

pista *la* [ˈpista] *[pista]* **Spur**; Bild: Nur bis *da*hin konnte man die **Spur** verfolgen. Bild: Anhand der weggeworfenen *Pista*zienschalen konnte man die **Spur** verfolgen.

pisto *el* [ˈpisto] *[pisto]* **Hühnerbrühe, Gemüsetopf**; Bild: Du *bist to*t, wenn du den **Gemüsetopf** isst. Bild: Statt dem **Gemüsetopf** kannst du auch gleich die *Pisto*le nehmen.

pizca *la* [ˈpiθka] *[piska]* **kleines Stück, ein bisschen**; Bild: »Ein **kleines Stück** *Pizza* bitte.«

pizza *la* [ˈpitsa] *[pitsa]* **Pizza**; hört sich im Deutschen ähnlich an (siehe Seite 192 f.).

placer *el* [plaˈθer] *[plaser]* **Freude**; Bild: Der *Blaser* hat **Freude**. Bild: Der neue *Blazer* macht **Freude**.

plácido, -a [plaˈθiðo, -a] *[plasido, -a]* **ruhig**; Bild: *Plácido* Domingo (Sänger) ist vor jedem Auftritt extrem **ruhig**.

plaga *la* [ˈplaɣa] *[plaga]* **Leid, Plage**; Bild: Auf dem *Plaka*t sieht man das ganze **Leid** der Menschheit.

plan *el* [ˈplan] *[plan]* **Plan**; hört sich im Deutschen ähnlich an (siehe Seite 192 f.).

plancha *la* [ˈplantʃa] *[plantscha]* **Bügeleisen**; Bild: Mit einem **Bügeleisen** im *Plansch*becken spielen.

plancton *el* [planˈkton] *[plankton]* **Plankton**; hört sich im Deutschen ähnlich an (siehe Seite 192 f.).

planeta *el* [plaˈneta] *[planeta]* **Planet**; Bild: *Planet A* ist der **Planet**, der den Menschen ideale Überlebensbedingungen bieten kann.

plano, -a [ˈplano, -a] *[plano, -a]* **flach**; Bild: *Plan A*: Wir halten den Ball **flach**.

planta *la* [ˈplan̪ta] *[planta]* **Pflanze**; Bild: **Pflanze**n wachsen auf einer *Planta*ge.

plante *el* [ˈplan̩te] *[plante]* **Streik**; Bild: Wir *plante*n einen **Streik**.

plantón *el* [planˈton] *[planton]* **Setzling**; Bild: Statt Kartoffel*setzlinge* versucht es der Bauer diesmal mit *Plankton*.

plañir [plaˈn̩ir] *[planir]* **jammern**; Bild: Der Fahrer der *Planier*raupe **jammert** immerzu. Er hat einen Jammerlappen in der Hand. Bild: Kommt man unter eine *Planier*raupe, ist **Jammern** angesagt.

plaqué *el* [plaˈke] *[plake]* **Gold- oder Silberüberzug**; Bild: Es ist eine *Plage*: Jeder hat sich schon die Zähne mit einem **Überzug** versehen lassen.

plasta *el* [ˈplasta] *[plasta]* **Nervensäge**; Bild: Der Typ mit dem Getto*blaster* ist eine totale **Nervensäge**.

plata *la* [ˈplata] *[plata]* **Silber**; Bild: Als Teil des Silberbestecks gab es auch immer die **Silber**platte für Kuchen etc.

platal *el* [plaˈtal] *[platal]* **Geld, Vermögen**; Bild: Mit dem *platt*gemachten *Aal* hat er ein **Vermögen** (einen Haufen Geld) verdient.

plátano *el* [ˈplatano] *[platano]* **Banane**; Bild: Die **Banane** wächst an einer *Platane*.

plato *el* [ˈplato] *[plato]* **Abwasch, Teller**; Bild: In einer *plato*nischen Beziehung macht immer einer den **Abwasch** und wäscht die Platten (Teller).

platón *el* [plaˈton] *[platon]* **Schüssel**; Bild: Der griechische Philosoph *Platon* (Büste) hat eine **Schüssel** auf dem Kopf.

playa *la* [ˈplaʝa] *[plaja]* **Strand, Badestrand, Ufer**; Bild: Am Bade**strand** machen alle *Blei*gießen.

plegar [pleˈɣar] *[plegar]* **zusammenfalten**; Bild: Ein Kranken*pfleger* **faltet** ein Bettlaken **zusammen**.

pleito *el* [ˈpleito] *[pleito]* **Rechtsstreit**; Bild: Mit leeren Hosentaschen (*pleite*) stehe ich vor dem Richter und lasse mich auf den **Rechtsstreit** ein.

pluma *la* [ˈpluma] *[pluma]* **Feder**; Bild: Aus einer **Blume**nblüte reißt sie **Feder**n heraus: »Er liebt mich, er liebt mich nicht ...«

plumero *el* [pluˈmero] *[plumero]* **Staubwedel**; Bild: Als sie mit dem **Staubwedel** die Blume sauber machen wollte, fiel die *Blume* ro (runter).

pobre [ˈpoβre] *[pobre]* **arm, armselig**; Bild: Wenn einem der *Po* bre*nnt, dann ist man **arm** dran (ein Arm ist auch noch am Po dran), weil man wahrscheinlich Hämoriden hat.

pocho,- a [ˈpotʃo, -a] *[potscho, -a]* **verdorben, matt, kraftlos**; Bild: Absolut **kraftlos** *Boccia* (Spiel mit Kugeln) spielen. Die Spieler können kaum die Bälle hochheben.

poder [po'ðer] *[poder]* **können**; Bild: Jeder **kann** sich *Puder* aufs Gesicht tun. Bild: Harry *Potter* **kann** alles. Bild: Wer aufs Sieger*pode*st kommt, **kann** fast alles.

poderoso, -a [pode'roso, -a] *[poderoso, -a]* **mächtig, machtvoll;** Bild: Auf Winnetouchs *Puder-Rosa*-Ranch ist immer **mächtig** was los.

poema de amor *el* [po'ema de a'mor] *[poema de amor]* **Liebesgedicht**: Bild: Es gibt ein **Liebesgedicht,** das heißt: »*Pomade am Ohr*«.

póker *el* ['poker] *[poker]* **Poker**; hört sich im Deutschen ähnlich an (siehe Seite 192 f.).

polca *la* ['polka] *[polka]* **Polka**; hört sich im Deutschen ähnlich an (s. Seite 192 f.).

polen *el* ['polen] *[polen]* **Pollen**; Bild: Wer eine **Pollen**allergie hat, sollte nicht nach *Polen*.

polilla *la* [po'liʎa] *[polija]* **Motte**; Bild: *Pollier* eine **Motte** – dann glänzt sie wieder.

pollera *la* [po'ʎera] *[poijera]* **Hühnerstall**; Bild: Die *Bäuera* (fränk. für: Bäuerin) versucht, im **Hühnerstall** die Hühner zu melken.

pollo *el* ['poʎo] *[poijo]* **Hähnchen**; Bild: A*pollo* 13 hat auch **Hähnchen** mit an Bord gehabt.

polo *el* ['polo] *[polo]* **Pol**; Bild: Der VW *Polo* (Marke) wird am Nord*pol* von Eisbären gezogen.

pomada *la* [po'maða] *[pomada]* **Salbe**; Bild: Hast du am *Po Made*n – dann schmier einfach **Salbe** drauf.

pomelo *el* [po'melo] *[pomelo]* **Grapefruit**; Bild: *Pomelo*s gibt es im Supermarkt, sie sind größer und *pummel*iger als **Grapefruit**s.

ponente *la/el* [po'neṇte] *[ponente]* **Referent(in)**; Bild: Der **Referent** erklärt, dass das Wort »*ponente*« aus unterschiedlichen Kom*ponente*n zusammengesetzt ist. Aus »*Po*« u*nd* »*Ente*«.

poner [po'ner] *[poner]* **hinsetzen, hinstellen, hinlegen**; Bild: Hinweisschild: »Bitte nichts auf den frisch ge*bohner*ten Boden **hinstellen** oder **hinlegen**.

póney *el* ['poni] *[poni]* **Pony**; hört sich im Deutschen ähnlich an (siehe Seite 192 f.).

popa *la* [po'pa] *[popa]* **Heck**; Bild: Die *Poba*cken sind hinten am **Heck**.

por [por] *[por]* **in, durch**; Bild: *Bohr* bitte nicht ganz **durch** die Wand.

porche *el* [ˈpor͡ʃe] *[portsche]* **Vorhalle, Veranda**; Bild: Ein *Porsche* (Marke) parkt auf der **Veranda**.

porqué *el* [porˈke] *[porke]* **Grund, Ursache**; Bild: Die eigentliche **Ursache** für das teuere Holz ist der *Borke*nkäfer.

pos *el* [pos] *[pos]* **Nachtisch**; Bild: Der *Boss* bekommt immer einen **Nachtisch**. Die Mitarbeiter nie.

posada *la* [poˈsaða] *[posada]* **Gaststätte, Gasthaus**; Bild: Ich gehe in die **Gaststätte** und sehe: Mein *Boss is* a da (der Boss ist auch da).

pose *la* [poˈse] *[pose]* **Pose**; hört sich im Deutschen ähnlich an (siehe Seite 192 f.).

poseer [poˈser] *[poser]* **besitzen**; Bild: Wenn man den *Po sehr* versohlt bekommen hat, kann man ihn nicht mehr **besitzen** (drauf sitzen).

poseído, -a [poseíðo, -a] *[poseido, -a]* **besessen**; Bild: *Poseido*n (alias Neptun) ist **besessen** von einer Nixe.

poste *el* [ˈposte] *[poste]* **Pfosten**; Bild: Der *Post*kasten ist an einem **Pfosten** befestigt.

postura *la* [postˈura] *[postura]* **Haltung, Körperhaltung, Einstellung**; Bild: Unter der Uhr bei der Post (*Postuhr*) üben alle Postbeamte eine korrekte **Körperhaltung** (**Einstellung** zum Kunden).

pote *el* [ˈpote] *[pote]* **Blumentopf**; Bild: Der *Post*b*ote* bringt einen **Blumentopf**.

potente [poˈtente] *[potente]* **leistungsfähig, potent;** Bild: Franka *Potent*e (Schauspielerin – *Lola rennt*) ist sehr **leistungsfähig**. Bild: Auf dem **leistungsfähigen** iPod (Marke) befindet sich eine *Ente* auf dem Display.

prado *el* [ˈpraðo] *[prado]* **Wiese, Weide**; Bild: Der Wiener *Prater* (Vergnügungspark) befindet sich auf einer großen **Wiese**.

prenda *la* [ˈpreɲða] *[prenda]* **Pfand**; Bild: *Brenda* Lee (Sängerin) bringt **Pfand**flaschen zurück. Bild: Was *brennt da*? – Meine **Pfand**flaschen.

prender [ˈpreɲðer] *[prender]* **anmachen (Licht), anstecken**; Bild: *Brennt der* Kronleuchter? – Hab ich ihn **angemacht**?

preñez *la* [preˈŋeθ] *[prenjes]* **Schwangerschaft**; Bild: Während der **Schwangerschaft** soll man sich in die *Brennnes*seln legen.

presa *la* [ˈpresa] *[presa]* **Beute, Jagdbeute, Schleuse**; Bild: Der Jäger macht aus seiner **Jagdbeute** sofort einen *Pressa*ck. Bild: In der **Schleuse** fand man ein Präservativ (einen *Präser*).

presente *el* [preˈsen̪te] *[presente]* **Gegenwart**; Bild: Unter einer Uhr (Symbol für **Gegenwart**) kommt eine Ente in die Saftpresse. Es gibt *Press-Ente*.

presilla *la* [preˈsiʎa] *[presija]* **Schlaufe**; Bild: *Priscilla* Presley (Schauspielerin) macht mit einem Faden eine **Schlaufe**.

preso, -a *el/la* [ˈpreso, -a] *[preso, -a]* **Häftling**; Bild: Ein weiblicher **Häftling** bekommt zum Essen einen *Press*sack. Bild: … oder einen *Präser*(vativ). Wozu?

prez *el/la* [preθ] *[pres]* **Ehre, Ruhm**; Bild: Ich *press* schon die ganze Zeit. Aber **Ruhm** und **Ehre** habe ich noch nicht erlangen können.

prima *la* [ˈprima] *[prima]* **Base, Cousine**; Bild: Meine **Cousine** ist eine *Prima*ballerina.

pringar [priŋˈgar] *[pringar]* **einfetten, beschmieren**; Bild: Sich **einfetten** ist voll der *Bringer*.

prisa *la* [ˈprisa] *[prisa]* **Eile**; Bild: Die *Prise* Salz auf dem Frühstücksei habe ich trotz der **Eile** nicht bleiben lassen.

prólogo *el* [ˈproloɣo] *[prologo]* **Vorwort**; Bild: *Pro Logo* (für jedes Logo) gibt es ein **Vorwort** im Buch.

prometer [promeˈter] *[prometer]* **versprechen**; Bild: *Promethe*us (Schöpfer der Menschen und Tiere) **verspricht** den Menschen das Feuer, was er auch halten kann. Bild: Ich **verspreche**, pro *Meter* einen Baum zu pflanzen.

pronto [ˈpron̪to] *[pronto]* **bald, gleich, prompt**; Bild: **Gleich** kommt ein *Bronto*saurus durch die Tür.

protuberante [protuβeˈran̪te] *[protuberante]* **hervortretend**; Bild: Beim militärischen Morgenappell mussten alle gemeinsam auf Befehl Zähne putzen. Da alle Soldaten ihre Zahnpastatube vergessen hatten, musste einer **hervortreten** und jedem Kameraden seine Tube extra bringen: *Pro Tube rannte* er einmal.

prudente [pruˈðen̪te] *[prudente]* **vorsichtig, bedacht, behutsam**; Bild: Die *Brut-Ente* (Ente beim Brüten) ist sehr **bedacht** (Dach auf dem Kopf) und **behütet** ihre Eier (Hüte auf den Eiern).

Prusia *la* [ˈprusja] *[prusja]* **Preußen**; Bild: Der Verein *Borussia* Mönchengladbach besteht schon lange nicht mehr nur aus **Preußen**.

pubis *el* [ˈpuβis] *[pubis]* **Scham(gegend)**; Bild: Der *Bub biss* in die **Schamgegend**.

pudin *el* [ˈpuðin̪] *[pudin]* **Pudding**; Bild: Wladimir *Putin* (Politiker) isst Vanille**pudding** mit Schokosoße.

pulga *la* [ˈpulɣa] *[pulga]* **Floh**; Bild: Der **Floh** kommt aus *Bulga*rien.

punto *el* [ˈpuɳto] *[punto]* **Punkt**; Bild: Der Fiat *Punto* (Marke) ist ein Fiat mit einem großen schwarzen **Punkt** auf der Kühlerhaube.

pus *el* [pus] *[pus]* **Eiter**; Bild: Ein *Bus* voller **Eiter**.

puta *la* [ˈputa] *[puta]* **Nutte, Strichmädchen**; Bild: Die **Nutte** hält sich privat eine *Pute* (Truthahn).

Q

querer *el* [keˈrer] *[kerer]* **Wille**; Bild: Der bloße **Wille** reicht nicht aus, um die Wohnung sauber zu bekommen. Da musst du den *Kehrer* schon selbst in die Hand nehmen.

quinta *la* [kiɳta] *[kinta]* **Einberufung**; Bild: Zur **Einberufung** zum Militär müssen alle *Kinder*.

quitar [kiˈtar] *[kitar]* **abnehmen, abmachen, abziehen**; Bild: Die Saiten von der *Gitarr*e **abmachen**. Bild: Die Klebebilder auf der *Gitarr*e **abziehen**.

R

raíz *la* [rraˈiθ] *[rais]* **Wurzel**; Bild: Wenn man *Reis* auf eine **Wurzel** streut, soll angeblich der Baum schneller wachsen.

rama *la* [ˈrrama] *[rama]* **Ast, Zweig**; Bild: Aus der *Rama* (Marke) wächst ein **Zweig**.

ramo *el* [ˈrramo] *[ramo]* **Strauß, Zweig**; Bild: *Ramo*na bekommt einen **Strauß** Rosen. – Ist das nicht *ramo*ntisch?

rapaz(a) *el/la* [ˈrrapaθ, -a] *[rapas, -a]* **(kleiner) Junge, (kleines) Mädchen**; Bild: Ein **kleiner Junge** macht *Rabatz*.

rape *el* [ˈrrape] *[rappe]* **Seeteufel, Blitzrasur**; Bild: Ein *Rappe* (schwarzes Pferd) unterzieht sich einer **Blitzrasur** und bekommt einen **Seeteufel** (ganz hässlicher Fisch) als Belohnung.

raramente [rraraˈmeṇte] *[raramente]* **selten, rar**; Bild: **Selten** ist es, wenn es *rar am Ende* ist.

rasar [rraˈsar] *[rasar]* **abstreichen, streifen**; Bild: Der *Raser* **streift** viele Autos, die am Straßenrand stehen. Bild: Bei einer *Rasur* werden die Barthaare **abgestrichen**.

rasera *la* [rraˈsera] *[rasera]* **Schaumlöffel**; Bild: Die Köchin veranstaltet eine *Raserei* mit dem **Schaumlöffel** in der Küche.

raspar [rrasˈpar] *[raspar]* **kratzen, abkratzen, abschaben**; Bild: Ge*raspel*te Schokolade ist **abgeschabte** Schokolade.

rebaba *la* [rreˈβaβa] *[rebaba]* **Grat**; Bild: Der Papa vom Reh (*Reh-Papa*) hat sich an einem Guss**grat** (entstanden durch fehlerhaftes Gießen) geschnitten.

rebaño *el* [rreˈβaɲo] *[rebanjo]* **Horde, Herde**; Bild: Ein *Reh* mit *Banjo* steht in der **Herde** und spielt.

rebasar [rreβaˈsar] *[rebasar]* **überholen, überschreiten**; Bild: Ein *Reh* auf einem *Basar* **überholt** mich.

rebeca *la* [rreˈβeka] *[rebeka]* **Strickjacke**; Bild: Ein *Reh* beim *Bäcker* mit einer **Strickjacke**. Bild: *Rebecca* (wer eine kennt) trägt eine **Strickjacke**.

rebeldía *la* [rreβelˈdia] *[rebeldia]* **Aufsässigkeit, Widerspenstigkeit**; Bild: Das *Reh* bellt ja! – Eindeutig ein Zeichen von **Aufsässigkeit**.

rebote *el* [rreˈβote] *[rebote]* **Abprall, Rückprall, Querschläger**; Bild: Das *Reh* als Poste*bote* verkleidet bekommt einen **Querschläger** bei einem Schusswechsel ab.

rebujo *el* [rreˈβuxo] *[rebucho]* **Knäuel, Bündel**; Bild: Das *Reh* wickelt um ein *Buch* ein **Knäuel** Wolle auf.

recámara *la* [rreˈkamara] *[rekamara]* **Kleiderkammer, Patronenlager**; Bild: Das *Reh* mit einer *Kamera* steht in der **Kleiderkammer** bzw. im **Patronenlager**.

recatar [rrekaˈtar] *[rekatar]* **verheimlichen**; Bild: Er hatte ihr **verheimlicht**, dass er an einer Segel*regatta* teilnimmt.

recitar [rreθiˈtar] *[resitar]* **vortragen**; Bild: Das *Reh* **trägt** ein Stück auf einer *Sitar* (Musikinstrument aus Indien) **vor**.

recoger [rreˈkoxer] *[rekocher]* **abholen, aufheben**; Bild: Ein *Reh* mit einem (Wasser-)*Kocher* steht am Bahnhof und will jemanden **abholen**.

recriminar [rrekrimiˈnar] *[rekriminar]* **Vorwürfe machen, beschuldigen**; Bild: Das *Reh* sitzt vor dem Fernsehgerät und schaut *Tatort*, weil das *Reh* ein *Krimi-Narr* ist. Kann man dem *Reh* deshalb **Vorwürfe machen**? (Erhobener Zeigefinger)

recto, -a *la* [ˈrekto, -a] *[rekto, -a]* **gerade**; Bild: Wer *reckt da* sich, um **gerade** dazustehen?

red *la* [rreᵈ] *[red]* **Fischernetz, Netz**; Bild: Auf einem *Reet*dach liegt ein **Fischernetz**.

redecilla *la* [rreðeˈθiʎa] *[redesija]* **Haarnetz, Gepäcknetz**; Bild: Ich *rede sie a*n, weil sie ein wunderschönes **Haarnetz** trägt.

redil *el* [rreˈðil] *[redil]* **Pferch**; Bild: Das *Reh* frisst einen Bund *Dill* und ist in einem **Pferch** (bestehend aus versetzbaren Zaunelementen) eingepfercht.

reformista *el/la* [rreforˈmista] *[reformista]* **Rerormer(in), reformfreudig**; Bild: Der/Die **Reformer(in)** freut sich und ruft: »Die neue *Reform ist da*!«

refrendar [rrefrenˈdar] *[refrendar]* **unterzeichnen, abzeichnen, bestätigen**; Bild: Ein *Referendar* (Anwärter für den höheren Dienst) **unterzeichnet** einen Vertrag.

refundir [rrefunˈdir] *[refundir]* **überarbeiten, einschmelzen**; Bild: Zwei Jäger unterhalten sich: »Das *Reh von dir* müssen wir **einschmelzen**!«

refutar [rrefuˈtar] *[refutar]* **widerlegen**; Bild: Dass das *Reh Futter* versteckt, musste erst wissenschaftlich **widerlegt** werden.

regalo *el* [rreˈɣalo] *[regalo]* **Geschenk, Mitbringsel**; Bild: Nur das **Geschenk** (mit Schleife) liegt im *Regal*.

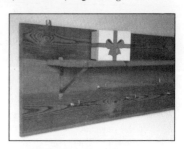

regar [rreˈɣar] *[regar]* **gießen**; Bild: Bis das *Reh gar* ist (im Ofen), muss man es noch oft mit der Soße be**gießen** (Gießkanne).

regente *el/la* [rreˈxente] *[rechente]* **Herrscher/in**; Bild: Der **Herrscher** (mit Krone) trinkt im *Regen Tee*.

regir [rreˈxir] *[rechir]* **regieren, leiten, lenken**; Bild: Das *Reh gier*t danach (Speichel läuft aus dem Mund), die anderen Waldbewohner zu **lenken/regieren**.

regla *la* [ˈrreɣla] *[regla]* **Lineal, Regel**; Bild: Am **Lineal** ist ein *Regler* angebracht. In der **Regel** braucht man den aber gar nicht.

rehacer [rreaˈθer] *[reaser]* **noch einmal machen, wiederherstellen, reparieren**; Bild: Der *Reh-Hasser* (durchgestrichenes Reh auf seinem T-Shirt) muss alle kaputt gemachten Rehe **reparieren**.

reja *la* [ˈrrexa] *[recha]* **Gitter**; Bild: Auch der *Rächer* landet hinter **Gitter**.

relax *el* [rreˈlaˀs] *[relags]* **Entspannung**; Bild: Ein *Reh* liegt auf einem Liegestuhl, frisst einen noch zappelnden *Lachs* und macht einen auf **Entspannung**.

relente *el* [rreˈlent̞e] *[relente]* **(Nacht-) Tau**; Bild: Nicht die Schweinelende, sondern die *Rehlende* ist am Morgen nach der Party mit **Tau** belegt.

reloj *el* [rreˈlox] *[reloch]* **Uhr**; Bild: Ein *Reh* liegt in einem *Loch* und schaut auf die **Uhr**, wann es wieder raus kann.

remache *el* [rreˈmaʧe] *[rematsche]* **Niete**; Bild: Das *Reh* sucht im *Matsche* nach den verloren gegangenen **Niete**n der Lederjacke.

remanente *el* [rremaˈnent̞e] *[remanente]* **Rest, übrig**; Bild: Der **Rest**, der nach dem Waldbrand **übrig** geblieben ist, bestand aus einem *Reh*, einem *Mann*, und einer *Ente*.

remecer [rremeˈθer] *[remeser]* **rütteln, schütteln**; Bild: Das *Reh* hat ein *Messer* im Huf stecken. Das Reh versucht, es wegzu**schütteln**.

remite *el* [rreˈmite] *[remite]* **Absender**; Bild: Das *Reh* konnte die *Miete* nicht mehr bezahlen. Jetzt wohnt es woanders und muss einen anderen **Absender** angeben.

remo *el* [ˈrremo] *[remo]* **Ruder**; Bild: Der Mann im Boot löffelt mit seinem **Ruder** die *Remo*ulade aus dem Glas.

remolque *el* [rreˈmolke] *[remolke]* **Anhänger, Abschleppen**; Bild: Nachdem das *Reh* ge*molke*n wurde, kam es auf einen **Anhänger**, weil es nicht mehr laufen konnte.

remorder [rremorˈðer] *[remorder]* **quälen**; Bild: Er **quälte** das Reh so lange, bis er zum *Rehmörder* wurde.

rendir [rrenˈdir] *[rendir]* **einbringen**; Bild: Ein lebendiges *Rentier* **bringt** etwa 1000 Euro **ein**.

reno *el* [ˈrreno] *[reno]* **Ren; Rentier**; Bild: Im *Reno*-Schuhgeschäft (Marke) verkauft ein **Rentier**. Bild: Jean *Reno* (Schauspieler) sitzt auf einem Schlitten, der von einem **Rentier** gezogen wird.

renquear [rreŋkeˈar] *[renkear]* **hinken, lahmen**; Bild: Ich *renke* deinen *Ar*m ein, aber dann fängst du an zu **hinken**.

renta *la* [ˈrrent̞a] *[renta]* **Miete**; Bild: Die ganze *Rente* geht für die **Miete** drauf.

renuente [rreˈnwent̞e] *[renwente]* **widerspenstig**; Bild: *Renn* gegen die *Wände* und du wirst sehn', wie **widerspenstig** (Gespenst) diese sind.

reo, -a *el/la* [ˈrreo, -a] *[reo, -a]* **Angeklagte(r)**; Bild: Chris *Rea* (Sänger) belastet die **Angeklagte**.

repelente [rrepeˈlente] *[repelente] abweisend, abstoßend*; Bild: Meine kleine, gelbe Badewannenente ist zur *Rebell-Ente* mutiert und findet Wasser plötzlich *abstoßend*.

repente *el* [rreˈpente] *[repente] plötzliche Bewegung*; Bild: Die *Rap-Ente* macht beim Tanzen *plötzliche Bewegung*en.

resina *la* [rreˈsina] *[resina] Harz*; Bild: Der griechische *Retsina* (Wein) schmeckt nach *Harz*.

resorte *el* [rreˈsorte] *[resorte] Feder (tech.), Spiralfeder*; Bild: Ein *Reh* sortiert große *Spiralfedern* in verschiedene Schachteln.

restar [rresˈtar] *[restar] übrig bleiben*; Bild: Das einzige Reh, das bei der »Reise nach Jerusalem« *übrig bleibt,* ist der *Reh-Star*.

retén *el* [rreˈten] *[reten] Rücklage, Reserve*; Bild: Alles *Reden* nützt nichts. Wir müssen *Rücklage*n (Geldsack hinterm Rücken) bilden.

retoque *el* [rreˈtoke] *[retoke] Ausbesserung, Nachbesserung*; Bild: Ein *Reh* und eine *Dogge* müssen *Ausbesserung*sarbeiten machen.

revender [rreβenˈder] *[rebender] wieder verkaufen*; Bild: Wenn man Rehe *wieder verkaufen* will, müssen um den Hals der Rehe sogenannte *Rehbänder* angebracht werden.

ricamente [rrikaˈmente] *[rikamente] genüsslich*; Bild: Als *Rick* (aus *Casablanca*) *am Ende* war, rauchte er *genüsslich* eine Zigarette.

rija *la* [ˈrrixa] *[richa] Streit*; Bild: Ich hab' einen *Riecher* (Nase) dafür, wann es *Streit* gibt. Komm, lass uns abhaun.

robo *el* [ˈrroβo] *[robo] Raub*; Bild: Ein *Robo*ter macht einen Bank*raub*.

roca *la* [ˈrroka] *[roka] Gestein, Klippe*; Bild: Es gibt *Rocker*, die sich mit der Zeit eine beachtliche *Gestein*ssammlung zugelegt haben. Bild: Ein *Rocker* springt über die *Klippe*.

roce *el* [rroˈθe] *[rose] Reibung*; Bild: Wenn man die Blätter einer *Rose* in der Hand zer*reibt*, duftet man danach.

rodeo *el* [rroˈðeo] *[rodeo] Abweg, Umweg*; Bild: Auf einem Stier reitend (*Rodeo*) macht der Cowboy unfreiwillig einen *Umweg*.

rojo *el* [ˈrroxo] *[rocho] Rot*; Bild: Der *Rochen* hat die Farbe *Rot*.

rollo *el* [ˈrroʎo] *[roijo] Rolle, Rollfilm*; Bild: Ein zusammengerollter *Rollfilm* als *Rollo*.

roña *la* [ˈrroɲa] *[ronja] Schmutz, Schäbigkeit, Knauserigkeit*; Bild: *Ronja* Räubertochter (Kinderroman) fällt durch ihre *Schäbigkeit* auf.

rosa [ˈrrosa] *[rosa]* **Rosa**; hört sich im Deutschen ähnlich an (siehe Seite 192 f.).

rufián el [rruˈfjan] *[rufjan]* **Gauner, Zuhälter**; Bild: Den **Zuhälter** »*ruf i an*« (bayer. für: ruf ich an).

rumor el [rruˈmor] *[rumor]* **Gerücht**; Bild: Es *rumor*t in der **Gerücht**eküche. Bild: Es existiert das **Gerücht**, dass es *Rum* im *Moor* gibt.

S

saber [saˈβer] *[saber]* **wissen**; Bild: Alle **wissen**, dass der *Sabber* eklig ist.

sacar [saˈkar] *[sakar]* **ausheben, ausgraben, schöpfen**; Bild: Mit einer *Sack**kar*re werden die **ausgegrabenen** Fundstücke fortgeschafft.

saciar [saˈθjar] *[sasjar]* **befriedigen, sättigen, stillen**; Bild: **Befriedigendes** *Sack*-*Jahr*. Bild: *Sag* »Ja« und du wirst deine Neugierde **stillen**.

saco el [ˈsako] *[sako]* **Sack**; Bild: Dein *Sakko* ist aus **Sack**leinen.

sacro, -a el/la [ˈsakro, -a] *[sakro, -a]* **heilig**; Bild: Die Heiligen sind so **heilig**, dass man glauben könnte, ihre Seelen seien mit *Sagro*tan (Marke) rein gewaschen worden.

saetilla la [saeˈtiʎa] *[saetija]* **Uhrzeiger**; Bild: Da *seid ihr ja*, ihr **Uhrzeiger**. Ich hab euch gar nicht gesehen.

sagaz [saˈɣaθ] *[sagas]* **scharfsinnig**; Bild: Am Ende der *Sack*gasse steht Columbo = Peter Falk (Schauspieler) und guckt sehr **scharfsinnig**.

sal la [sal] *[sal]* **Salz**; Bild: Im Tanzsaal wird **Salz** gestreut, damit die Tänzer nicht ausrutschen.

salado, -a [saˈlaðo, -a] *[salado, -a]* **salzig**; Bild: Der *Salat* ist total **salzig**.

saladura la [saˈlaðura] *[saladura]* **Pökeln**; Bild: Das Fleisch wird mit **Pökel**salz haltbarer gemacht. Dabei bekommt das Fleisch eine rote Farbe. Neben dem roten Fleisch stehen ein *Salat* und eine *Uhr* (Küchenuhr).

salmón el [salˈmon] *[salmon]* **Lachs**; Bild: Auf einem Stück **Lachs** tanzen die *Salmon*ellen.

salsa la [ˈsalsa] *[salsa]* **Soße, Tunke**; Bild: Zu viel *Salz* *a*n der **Soße** schmeckt total eklig.

salto el [ˈsalto] *[salto]* **Sprung, Absprung**; Bild: *Salto* mortale (Todes**sprung**).

salvador(a) el [salβaˈðor(a)] *[salbador(a)]* **Retter, Lebensretter, Erlöser**; Bild: *Salvador* Dalí (Maler) war mein

Lebensretter (am Strand und machte Wiederbelebungsversuche).

salvaje *el/la* [sal'βaxe] *[salbache]* **wild, Wilder, Wilde**; Bild: Ein **Wilder** jagt im *Saal* 'ne *Bache* (Wildsau).

sangria *la* [saŋ'gria] *[sangria]* **Aderlass**; Bild: Nach einem **Aderlass** wird das Blut in *Sangria*-Flaschen (Marke) abgefüllt.

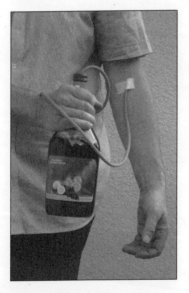

sano, -a ['sano, -a] *[sano, -a]* **gesund**; Bild: *Sana*-Schonkaffee (Marke) von Tchibo ist **gesund**.

santo, -a ['santo, -a] *[santo, -a]* **heilig**; Bild: Die *Sanda*len sind **heilig** (aus: »Das Leben des Brian«).

saque *el* [sake] *[sake]* **Anstoß, Aufschlag**; Bild: Boris Becker (Tennisspieler) trinkt kurz vor einem **Aufschlag** immer *Sake* (japanischen Reiswein). Bild: Mit *Sake* **anstoßen**.

sarcoma *el* [sar'koma] *[sarkoma]* **Sarkom**; Bild: Wenn man ein **Sarkom** hat, liegt man im *Sarg-Koma*.

satén *el* [sa'ten] *[saten]* **Satin**; Bild: Nur die *satten* Bonzen haben **Satin**bettwäsche.

sauce *el* ['saŭθe] *[sause]* **Weide (Baum)**; Bild: An die *Soße* kommen ein paar Blätter einer **Weide**.

sauna *la* ['saŭna] *[sauna]* **Sauna**; hört sich im Deutschen ähnlich an (siehe Seite 192 f.). Bild: In der **Sauna** kommt man sich *sau-nah*.

sebear [se'βear] *[sebear]* **miteinander schlafen**; Bild: Zwei *Seebär*en (Robbenart) **schlafen miteinander**.

secante *el* [se'kante] *[sekante]* **Trockenmittel**; Bild: Da die Luftfeuchtigkeit an der *Seekante* so hoch ist, braucht man ein **Trockenmittel**.

secar [se'kar] *[sekar]* **trocknen**; Bild: Manchmal wird auf hoher See die *Seekar*te nass, dann muss man sie zum **Trocknen** an Deck aufhängen.

secretear [sekrete'ar] *[sekretear] tuscheln*; Bild: Die *Sekretär*in sollte lieber *ar*beiten statt **tuscheln**.

sedante *el* [se'ðante] *[sedante] Schmerzmittel*; Bild: Die *See-Tante* will ins Wasser gehen (Selbstmordversuch), nimmt aber vorher noch vorsichtshalber **Schmerzmittel**.

segar [se'ɣar] *[segar] abschneiden, abmähen*; Bild: Die *Zigar*re/das *Seegar*n wird mit dem Rasenmäher **abgeschnitten**.

seglar [se'ɣlar] *[seglar] weltlich*; Bild: Der *Segler* umsegelt die Welt. Quasi ein **weltlich**er Segler.

selva *la* ['selβa] *[selba] Wald*; Bild: Ein Männlein steht im **Wald**e. – Ich glaub, das bin ich *selber*.

senda *la* ['senda] *[senda] Pfad*; Bild: *Senta* Berger (Schauspielerin) steht auf einem **Pfad**.

seno *el* ['seno] *[seno] Brust, Busen*; Bild: Als der Kapitän den **Busen** der Loreley erblickte, geriet er in *See*not.

sensor *el* [sen'sor] *[sensor] Sensor*; hört sich im Deutschen ähnlich an (siehe Seite 192 f.).

sentir [sen'tir] *[sentir] fühlen, empfinden*; Bild: Ich *send dir*, was ich **empfinde**.

señalar [sena'lar] *[senijalar] hinweisen, signalisieren, deuten*; Bild: Mars-Mission: Alle Spuren **deuten** darauf hin: Wir »*sen nie allah*!« (fränk. für: »sind nie allein«)

sepia *la* ['sepja] *[sepia] Tintenfisch*; Bild: Der *Seepirat* kämpft gegen einen Riesen**tintenfisch**.

sepultura *la* [sepul'tura] *[sepultura] Grab*; Bild: Die Metal-Band *Sepultura* steht um ein **Grab** und wirft dort ihre Instrumente rein. Bild: Ein *Stehpult* mit *Uhr* als **Grab**stein.

serba *la* ['serβa] *[serba] Vogelbeere*; Bild: *Sehr ba*ld wird der Vogel die **Vogelbeere** vernaschen. (Variante zu: Der frühe Vogel fängt den Wurm.)

serena, -o *el* [se'rena, -o] *[serena, -o] Nachttau*; Bild: *Serena* Williams (Tennisspielerin) geht im **Nachttau** spazieren.

sermón *el* [ser'mon] *[sermon] Strafpredigt*; Bild: In manchen Dialekten hat »Sermon« die Bedeutung: »seinen Senf dazu geben«. Bild: Jetzt muss ich mir den ganzen *Sermon* noch mal anhören. – In manchen Gegenden Deutschlands ist das Wort auch mit der Bedeutung **Strafpredigt** bekannt.

servil [ser'βil] *[serbil] sklavisch*; Bild: Der Sklave musste *sehr viel* (**sklavisch**) schuften.

servir [serˈβir] *[serbir]* **nützen**; Bild: Es **nützt** uns was, wenn er *servier*t.

seso *el* [ˈseso] *[seso]* **Gehirn**; Bild: Die Walnuss sagt: »Ich *seh so* aus wie ein **Gehirn**.«

seta *la* [ˈseta] *[seta]* **Pilz**; Bild: Catherine *Zeta*-Jones (Schauspielerin) sitzt auf einem **Pilz**. Bild: Ein **Pilz** ist mit *Seeta*ng umwickelt.

sextante *el* [sesˈtante] *[sestante]* **Sextant**; Bild: Die *Sex-Tante* spielt mit dem **Sextant** herum.

shock *el* [ʃoᵏ/ʧoᵏ] *[tschok]* **Schock**; Bild: Bei dieser *Schok*olade bekomme ich immer einen Kalorien*schock*.

sí [si] *[si]* **ja**; Bild: *Sie* sagt: »*Ja*!«

siga *la* [ˈsiɣa] *[siga]* **Verfolgung**; Bild: Dem *Sieger* ist die **Verfolgung** der Neider sicher.

silaba *la* [silaβa] *[silaba]* **Silbe**; Bild: Sie *laber*t jede einzelne **Silbe**.

silbar [silˈβar] *[silbar]* **pfeifen**; Bild: Jemand hat fürs **Pfeifen** eine *Silber*medaille bekommen.

sillin *el* [siˈʎin] *[sijin]* **Sattel**; Bild: Celine Dion (Sängerin) wirft gerade einen **Sattel** über einen Pferderücken.

sin [sin] *[sin]* **ohne**; Bild: Alles **ohne** *Sinn*. Bild: *Sin*alco (Marke) = **ohne** Alkohol.

sinfin *el* [simˈfin] *[simfin]* **Unzahl, Unmenge**; Bild: Die **Unzahl** von Religionen trägt nicht unbedingt zur *Sinnfin*dung bei.

sisa *la* [ˈsisa] *[sisa]* **Armloch, Ärmelloch**; Bild: *Sie sah* durch das **Armloch**, als sie das T-Shirt anzog.

sobra *la* [ˈsoβra] *[sobra]* **Überfluss**; Bild: Obwohl er im **Überfluss** lebte, blieb er doch *so brav*.

sobrante [soˈβrante] *[sobrante]* **übrig, überschüssig**; Bild: *So brannte* es und nichts blieb am Ende **übrig**.

sobrino, -a *el/la* [soˈβrino, -a] *[sobrino, -a]* **Neffe, Nichte**; Bild: Meine **Nichte** heißt *Sobrina*.

soga *la* [ˈsoɣa] *[soga]* **Seil, Strick**; Bild: *Sogar* das **Seil** ist gerissen.

sol *el* [sol] *[sol]* **Sonne**; Bild: Die **Sonne** *sol*l endlich wieder scheinen.

solana *la* [soˈlana] *[solana]* **Südhang, Wintergarten**; Bild: Javier *Solana* (Politiker) sitzt nach seiner politischen Karriere im **Wintergarten**.

solamente [solaˈmente] *[solamente]* **nur, einzig und allein**; Bild: Warum habe ich immer **nur** noch *Soll am Ende* des Monats und kein bisschen mehr Haben?

soldador *el* [soldaˈðor] *[soldador]* **Lötkolben**; Bild: Ein *Soldat* lötet sich mit einem **Lötkolben** ein Ohr an.

soler [so´ler] *[soler]* **gewöhnlich**; Bild: *So leer* ist der Kühlschrank **gewöhnlich** nicht.

son el [son] *[son]* **Klang, Schall, Laut**; Bild: Der *Sohn* versucht, einen schönen **Klang** hervorzubringen.

sonante [son´ante] *[sonante]* **klingend, klangreich**; Bild: ... *so nannte* man ihn: »**Klingende** Münze«, weil er den Klang der Goldmünzen so sehr liebte.

sondear [sonde´ar] *[sondear]* **untersuchen, ausfragen**; Bild: Wir wollen etwas **untersuchen**, aber du verhältst dich so *sonder*bar.

soñar [so´ɲar] *[sonjar]* **träumen**; Bild: *So 'n Jahr* ist zum **Träumen** viel zu kurz. Bild: Von *Sonja* Zietlow (Fernsehmoderatorin) **träume** ich oft.

sopa la [´sopa] *[sopa]* **Suppe**; Bild: An meiner Tankstelle schmeckt die **Suppe** immer (nach) *Super*. Bild: Lass *Opa* die **Suppe**. Was anderes kann er sowieso nicht essen.

sopetón el [sopet´on] *[sopeton]* **Schlag**; Bild: Mit einem Hammer**schlag** war der *so*genannte *Beton* zerbröselt.

soplete el [so´plete] *[soplete]* **Schweißbrenner**; Bild: Er ist *so blöde*, dass er den **Schweißbrenner** nicht bedienen kann.

sosegar [sose´ɣar] *[sosegar]* **beruhigen, ruhen**; Bild: Nachdem sich alle **beruhigten**, war auch die *Soße gar*.

soso, -a [´soso, -a] *[soso, -a]* **fade, schal, geschmacklos, ungesalzen**; Bild: Der Sternekoch wundert sich: »*Soso*, mein Menü soll also **fade** schmecken?«

suampo el [´swampo] *[swampo]* **Sumpf**; Bild: Nachdem er aus dem **Sumpf** kam, musste er sich mit einem *Schwamm* den *Po* abwaschen.

suave [su´aβe] *[suabe]* **mollig, geschmeidig, glatt**; Bild: Der *Soave* (Weißwein) ist **mollig** und **geschmeidig**.

subastar [suβas´tar] *[subastar]* **versteigern, ausschreiben**; Bild: Der *Superstar* kommt unter den Hammer und wird **versteigert**. Zum ersten, zum zweiten und zum letzten Mal.

subdelegar [suβ´ðeleɣar] *[subdelegar]* **delegieren**; Bild: Ich **delegiere** an meine Küchenhilfe, dass sie die *Suppent*eller *gar*nieren soll.

subir [su´βir] *[subir]* **aufsteigen**; Bild: In die *Sup*pe kommt *Bier*, dann **steigt** Rauch **auf** (der Alkohol verdampft).

suche [´sutʃe] *[sutsche]* 1) **säuerlich**; Bild: Auf der *Suche* nach den **säuerlichen** Gurken; 2) el **Gauner**; Bild: Auf der *Suche* nach dem **Gauner**. (Vielleicht hat ja der die säuerlichen Gurken geklaut.)

suculento, -a [suku´lento, -a] *[sukulento, -a]* **saftig**; Bild: *Sukkulent*en wie z. B. Aloe vera sind sehr **saftig**.

sueldo *el* ['sweldo] *[sweldo]* **Lohn, Gehalt**; Bild: Das **Gehalt** *schwellt o* (bayer. für »schwillt« an).

suerte *la* ['swerte] *[swerte]* **Glück**; Bild: Mit meinen zwei *Schwerte*rn piekste ich die **Glück**skekse auf.

sufrido, -a [su'friðo, -a] *[sufrido, -a]* **ergeben**; Bild: Ich bin erst *zufriede*n, wenn er sich **ergeben** hat.

sugerente [suxe're ṇte] *[sucherente]* **anregend**; Bild: Ich *suche* den *Rente*nbescheid, dabei trinke ich **anregend**en Kaffee.

sujetador *el* [suxeta'ðor] *[suchetador]* **BH, Bikinioberteil**; Bild: Bei der *Suche* am *Tato*rt fand man nur den **BH** der Täterin.

sumir [su'mir] *[sumir]* **eintauchen, untertauchen, versenken**; Bild: *Versenkte* Schätze *summie*ren den Verlust.

sumo, -a ['sumo, -a] *[sumo, -a]* **höchst, äußerst**; Bild: Der *Sumo*ringer ist **höchst** herzinfarktgefährdet, weil er äußerst fettleibig ist.

superar [supe'rar] *[superar]* **übertreffen**; Bild: Den *Superar*sch zu **übertreffen**, ist gar nicht so einfach.

sur *el* [sur] *[sur]* **Süden**; Bild: Im **Süden** *sur*ren die Libellen.

T

taburete *el* [taβu'rete] *[taburete]* **Hocker, Stuhl**; Bild: Der Bundespräsident sitzt auf einem **Hocker** und hält seine berühmte *Tabu-Rede*.

tacho *el* ['taʧo] *[tatscho]* **Kessel**; Bild: Der **Kessel** heißt so, weil man immer mit den Händen rein*tatscht*.

taco *el* ['tako] *[tako]* **Dübel**; Bild: Damit mein *Taco* (gerollte und gefüllte Maistortilla) auch zusammenbleibt, mach ich einen **Dübel** rein.

tajo *el* ['taxo] *[tacho]* **Arbeitsplatz, Arbeit, Job**: Bild: Am **Arbeitsplatz** ist ein *Tacho* angebracht, der mir immer mein Arbeitstempo vor Augen hält.

tal [tal] *[tal]* **so, solch, solcher, solches**; Bild: **Solch** ein *Tal* gibt's nur einmal.

talar [ta'lar] *[talar]* **fällen, abholzen, abhauen**; Bild: Ein Jurist (oder Akademiker) mit einem *Talar* **fällt** einen Baum.

tanque *el* ['taŋke] *[tanke]* **Panzer**; Bild: Zu Weihnachten bekomme ich einen **Panzer** geschenkt. Ich sage dafür nur: »*Danke*!«

tanteo *el* [taŋ'teo] *[tanteo]* **Prüfung**; Bild: Eine gewisse *Tante O.* erschien zur **Prüfung** als Prüfungsaufsicht.

tapa *la* ['tapa] *[tapa]* **Deckel, Buchdeckel, Appetithäppchen**; Bild: Die *Tapa*s (gibt's beim Spanier) werden auf einem **Buchdeckel** serviert.

tapete *el* [ta'pete] *[tapete]* **Tischdecke**; Bild: Der Tisch wird anstatt mit einer **Tischdecke** mit einer *Tapete* gedeckt (oder tapeziert).

tara *la* ['tara] *[tara]* **Leergewicht, Tara**; Bild: Die *Tara*ntel (Spinne) saugt einen aus. Was übrig bleibt, ist das **Leergewicht** des Körpers.

tarro *el* ['tarro] *[tarro]* **Glas, Einmachglas**; Bild: Die *Taro*tkarten werden in einem **Einmachglas** aufbewahrt.

taxi *el* ['ta^rsi] *[tagsi]* **Taxi**; hört sich im Deutschen ähnlich an (s. Seite 192 f.).

té *el* [te] *[te]* **Tee**; hört sich im Deutschen ähnlich an (s. Seite 192 f.).

tecla *la* ['tekla] *[tekla]* **Taste**; Bild: Die Spinne *Thekla* aus »Biene Maja« (Zeichentrickserie) sitzt auf einer Computer- oder Klavier**taste**.

teja *la* ['texa] *[techa]* **Dachziegel, Ziegel**; Bild: Die *Dächer* sind voll mit **Ziegel**n.

tejer [te'xer] *[techer]* **weben**; Bild: Auf den *Dächer*n sitzen Menschen und **weben**.

telar *el* [te'lar] *[telar]* **Webstuhl**; Bild: Ein *Teller* liegt auf dem **Webstuhl**.

tema *el* ['tema] *[tema]* **Thema**; hört sich im Deutschen ähnlich an (siehe Seite 192 f.).

temer [te'mer] *[temer]* **fürchten**; Bild: Der leidenschaftliche Kaffeetrinker **fürchtet**, dass er im *Tee-Meer* ertrinken muss.

temor *el* [te'mor] *[temor]* **Furcht**; Bild: Der Mann hat keinerlei **Furcht**. Seinen *Tee* trinkt er im *Moor* bei Nacht.

tempestad *la* [tempes'ta^ð] *[tempestad]* **Gewitter, Sturm**; Bild: Eine *Tempelstadt* wird von einem **Sturm** völlig zerstört.

temple *el* ['temple] *[temple]* **Stimmung, Gemüt**; Bild: Im griechischen *Tempel* bekomme ich immer eine merkwürdige **Stimmung** (an den Stimmwirbeln einer Gitarre drehen).

tenaz [ten'aθ] *[tenas]* **beharrlich, stur**; Bild: **Beharrlich** (Haare) machten sie sich mit *Tee* nass.

tendajo *el* [teṇˈdaxo] *[tendacho]* **Kramladen**; Bild: *Den Tacho*(-meter) krieg ich auch noch im **Kramladen** los.

tender [teṇˈder] *[tender]* **einspannen, ausbreiten, verlegen, tendieren**; Bild: Elvis (Sänger) singt »Love me *tender*« und **verlegt** dabei einen Parkettboden. Bild: Elvis (Sänger) singt »Love me *tender*« und meint damit »Ich **tendiere** dazu, dich zu lieben«.

tener algo [teˈner ˈalɣo] *[tener algo]* **etwas haben**; Bild: Der *Dehner* (Garten-Center) **hat** *Alko*hol.

tenis *el* [ˈtenis] *[tenis]* **Tennis**; hört sich im Deutschen ähnlich an (siehe Seite 192 f.).

tenista *el/la* [teˈnista] *[tenista]* **Tennisspieler(in)**; Bild: Jeder **Tennisspieler** ist ein *Tennissta*r und lässt sich feiern.

tenor *el* [teˈnor] *[tenor]* **Tenor**; hört sich im Deutschen ähnlich an (siehe Seite 192 f.).

termas *la* [ˈtermas] *[termas]* **Thermalbad**; Bild: Das Wasser im **Thermalbad** ist *dermaß*en heiß, dass man nicht baden kann.

ternero *el* [terˈnero] *[ternero]* **Kalb**; Bild: *Der Nero* mit Lorbeerkranz (römischer Kaiser) sitzt auf einem **Kalb**.

test *el* [tesᵗ] *[test]* **Test**; hört sich im Deutschen ähnlich an (siehe Seite 192 f.).

testera *la* [tesˈtera] *[testera]* **Stirn, Vorderseite, Fassade**; Bild: Die *Tester*in (fränk. = *Testera*) testet eine **Stirn**, indem sie darauf klopft (hohl oder nicht hohl?).

teta *la* [ˈteta] *[teta]* **Brust, Busen**; Bild: Nachdem ich den heißen Tee auf meinen **Busen** schüttete, fragte ich: »Is'ᵗ noch *Tee da*?«

tetina *la* [teˈtina] *[tetina]* **Sauger**; Bild: An den *Tee*tassen von der *Tina* sind **Sauger** angebracht.

tilde *la* [ˈtilde] *[tilde]* **Akzent, Makel**; Bild: Ma*thilde* hat einen **Akzent**.

tilo *el* [ˈtilo] *[tilo]* **Linde**; Bild: *Thilo* Sarrazin (Schriftsteller) hat sich an einer **Linde** erhängt.

timo *el* [ˈtimo] *[timo]* **Betrug**; Bild: *Timo* sitzt wegen **Betrug** im Knast.

tina *la* [ˈtina] *[tina]* **Badewanne**; Bild: *Tina* Turner (Sängerin) liegt in der **Badewanne**.

tinte *el* [ˈtiṇte] *[tinte]* **Reinigung**; Bild: Ein Stoff kommt in die **Reinigung**, weil ein *Tinte*nfleck darauf ist.

tinto, -a [ˈtiṇto, -a] *[tinto, -a]* **weinrot**; Bild: In Spanien ist die *Tinte* **weinrot**.

tiro *el* [ˈtiro] *[tiro]* **Wurf, Schuss**; Bild: Es ist schwierig, den *Tiro*lerhut mit einem **Schuss** vom Kopf zu schießen.

toba *el* [ˈtoβa] *[toba]* **Zahnstein, Belag, Zahn**; Bild: Wenn man den starken *Toba*ck raucht, bekommt man einen braunen **Belag** auf den Zähnen.

tole *el* [ˈtole] *[tole]* **Tumult**; Bild: Alle, die an dem **Tumult** beteiligt waren, hatten Haar*tollen* (wie Elvis).

tolete *el* [ˈtolete] *[tolete]* **Schlagstock**; Bild: Ein Polizist zerschlägt mit seinem **Schlagstock** eine *Toilette*.

toma *la* [toma] *[toma]* **Filmaufnahme, Fernsehaufnahme**; Bild: Von Ludwig *Thoma* (Schriftsteller, *Lausbubengeschichten*) gibt es **Filmaufnahmen**.

tomo *el* [ˈtomo] *[tomo]* **Band (Buchband)**; Bild: Ich habe den ersten **Band** über *Tomo*grafie bei mir im Regal stehen.

tonal [toˈnal] *[tonal]* **tonal**; hört sich im Deutschen ähnlich an (s. Seite 192 f.).

tomate *el* [toˈmate] *[tomate]* **Tomate**; hört sich im Deutschen ähnlich an (siehe Seite 192 f.).

toque *el* [ˈtoke] *[toke]* **Berührung, Hauch, Klopfen**; Bild: Bei der kleinsten **Berührung** wird die *Dogge* zum Monster. Bild: Beim **Klopfen** macht's »*tock, tock*«.

tornar [torˈnar] *[tornar]* **zurückkehren**; Bild: Obwohl du ein *Thor* und ein *Narr* bist, darfst du zu mir **zurückkehren**.

torpe [ˈtorpe] *[torpe]* **schwerfällig, ungeschickt;** Bild: *Torpe*n (falls man einen kennt, der so heißt) ist sehr **ungeschickt** und **schwerfällig**. Bild: Der *Torpe*do ist Unterwasser sehr **schwerfällig**.

torrente *el* [toˈrren̯te] *[torente]* **Sturzbach, Wildwasser**; Bild: Eine *Ente* am *Tor* (*Tor-Ente*) passt auf, dass das **Wildwasser** nicht durchkommt.

torrero, -a *el/la* [toˈrreo, -a] *[torero, -a]* **Leuchtturmwärter(in)**; Bild: Ein *Torero* (Stierkämpfer) als **Leuchtturmwärter** auf einem Leuchtturm. Achtung: Den Leuchtturmwärter schreibt man mit zwei T.

tortilla *la* [torˈtiʎa] *[tortija]* **Omelett**; Bild: *Dort, hier* und überall in Spanien gibts's **Omelett**.

tos *la* [tos] *[tos]* **Husten**; Bild: Ein *tos*ender **Husten**.

tosco, -a [tosko, -a] *[tosko, -a]* **grob**; Bild: *Tosca*-Parfüm-Fläschchen (Marke) für die Frau ab 50 wird in **grob**e Stücke zerschlagen. Bild: In der Oper *Tosca* von Puccini geht es sehr **grob** zu.

toser [toˈser] *[toser]* **husten**; Bild: Ein *tose*n**der Husten**. Bild: In eine *Dose* hinein**husten**.

tostar [tos'tar] *[tostar]* **toasten**; Bild: Mit dem *Toaster* Toast **toasten**.

total *el* [to'tal] *[total]* **Endsumme, Gesamtbetrag**; Bild: Der **Gesamtbetrag** für den *tot*en *Aal* beträgt 15 Euro.

totalmente [total'mente] *[totalmente]* **völlig, total, ganz und gar**; Bild: Ich bin *total* a*m Ende* und **völlig** erschöpft.

tote *el* ['tote] *[tote]* **Popcorn**; Bild: Der *Tote* kriegt zum Schluss noch ein **Popcorn** (Einzahl).

traba *la* [tra'βa] *[traba]* **Fußfessel, Hindernis, Schikane**; Bild: Bei einem *Trab*rennen bekommen die Pferde **Fußfesseln**.

trabar [tra'βar] *[trabar]* **verbinden, fesseln, behindern, hemmen**; Bild: Ein *Trapper* (Fellmütze) **fesselt/behindert** sich selbst.

tractor *el* [tra'ktor] *[traktor]* **Traktor**; hört sich im Deutschen ähnlich an (siehe Seite 192 f.).

traficante *el/la* [trafi'kante] *[trafikante]* **Händler(in)**; Bild: Den *Drafi* Deutscher (Sänger) *kannte* ich schon, als er Fisch**händler** war.

traje *el* ['traxe] *[trache]* **Anzug, Kostüm, Kleid**; Bild: Ein *Drache* hat einen Nadelstreifen**anzug** an. Bild: Die *Tracht* ist auch so was Ähnliches wie ein **Kleid**. (Die Tracht kennt man ja.)

trajin *el* [tra'xin] *[trachin]* **Transport**; Bild: Slogan eines **Transport**unternehmens: »*Trag hin* oder nimm uns!« Bild: Die *Drachin* übernimmt den **Transport**.

trama *la* ['trama] *[trama]* **Handlung, Intrige**; Bild:. Eine **Intrige** wird meist zu einem *Drama*.

trampa *la* ['trampa] *[trampa]* **Falle**; Bild: Die *Tramba*hn fährt in eine **Falle** (Fallgrube).

trampolín *el* [trampo'lin] *[trampolin]* **Trampolin**; hört sich im Deutschen ähnlich an (siehe Seite 192 f.).

trance *el* ['tranθe] *[transe]* **Trance**; Bild: Der Rhythmus der *Transsi*birischen Eisenbahn versetzt mich in **Trance**.

trapa *la* ['trapa] *[trapa]* **Geschrei, Getrampel**; Bild: Ein *Trapper* fällt durch sein **Geschrei** und sein **Getrampel** unangenehm auf. Bild: Das **Geschrei** von Giovanni *Trapa*ttoni hat jeder noch im Ohr (Flasche-leer-Pressekonferenz 1998).

trato *el* ['trato] *[trato]* **Behandlung, Umgang, Geschäft**; Bild: Der **Umgang** mit dem Stachel*draht* sollte sehr behutsam sein.

trauma *el* ['trauma] *[trauma]* **Trauma**; hört sich im Deutschen ähnlich an (siehe Seite 192 f.).

trebejo *el* [treˈβexo] *[trebecho]* **Gerät, Gerätschaft, Handwerkszeug, Spielzeug**; Bild: *Drei Becher* waren das einzige **Spielzeug/Handwerkszeug** zum Becherstapeln.

tren *el* [tren] *[tren]* **Zug**; Bild: Am Bahnsteig *tren*nten sich ihre Wege für immer, als der **Zug** wegfuhr.

trena *la* [ˈtrena] *[trena]* **Knast**; Bild: Während er im **Knast** saß und über seine Schandtaten nachdachte, musste er sich eine *Träne* abwischen. Bild: Um den **Knast** hat man eine *Draina*ge gelegt.

trenca *la* [ˈtreŋka] *[trenka]* **Anorak**; Bild: Luis *Trenker* (Schauspieler und Alpinist) hat einen dicken **Anorak** an.

trepa *la* [ˈtrepa] *[trepa]* **Trick**; Bild: Der Zauberer macht auf einer *Treppe* einen Zauber**trick**.

tres [ˈtres] *[tres]* **drei**; Bild: **Drei** Bier auf dem *Tres*en.

tría *la* [ˈtria] *[tria]* **Auswahl**; Bild: Die **Auswahl** der Fahrräder für die *Tria*thleten ist riesig. (Ein Wal hilft bei der Auswahl.)

tridente *el* [triˈðente] *[tridente]* **Dreizack**; Bild: Neptun verfolgt die Ente mit seinem **Dreizack**, jedoch *tritt* er die *Ente* nur in ihren Hintern, um Schlimmeres zu vermeiden.

trigo *el* [ˈtriɣo] *[trigo]* **Weizen**; Bild: Das *Trikot* (Tour de France) wird mit **Weizen**bier bespritzt.

tripa *la* [ˈtripa] *[tripa]* **Darm**; Bild: *Tripper* (Geschlechtskrankheit) kann man auch am **Darm** bekommen (Durchfall).

triple [ˈtriple] *[triple]* **dreilagig**; Bild: Ich *dribble* mit dem **dreilagig**en Klopapier über den Fußballplatz.

trote *el* [ˈtrote] *[trote]* **Trab, Hin und Her**; Bild: Im **Trab** dahin*trotte*n. Bild: Ein *Trotte*l läuft **hin und her.**

tuba *la* [ˈtuba] *[tuba]* **Tuba**; hört sich im Deutschen ähnlich an (siehe Seite 192 f.).

tucán *el* [tuˈkan] *[tukan]* **Tukan**; hört sich im Deutschen ähnlich an (siehe Seite 192 f.).

tufo *el* [ˈtufo] *[tufo]* **Dampf, Gestank**; Bild: *Tuff*, tuff, tuff die Eisenbahn … erzeugt **Dampf** und **Gestank**.

tumor *el* [tuˈmor] *[tumor]* **Tumor**; hört sich im Deutschen ähnlich an (siehe Seite 192 f.).

tunda *la* [ˈtuṇda] *[tunda]* **Tracht, Prügel**; Bild: »Was *tun* die *da*?« – »Die verteilen an alle **Prügel**!«

tundir [tuṇˈdir] *[tundir]* **schlagen, verprügeln**; Bild: Von wegen: »Die *tun dir* nichts!« – **verprügelt** haben sie mich!

tundra *la* [ˈtuṇdra] *[tundra]* **Tundra**; hört sich im Deutschen ähnlich an (siehe Seite 192 f.).

tupé *el* [tuˈpe] *[tupe]* **Toupet, Frechheit**; Bild: So eine **Frechheit**: Sie hat mir das *Toupet* vom Kopf gerissen.

tupir [tuˈpir] *[tupir]* **zusammendrücken**; Bild: Zuerst werden die Haare hoch*toupier*t, um dann gleich wieder **zusammengedrückt** zu werden.

turba *la* [ˈturba] *[turba]* **Torf**; Bild: Beim **Torf**stechen verlor der Inder seinen *Turba*n.

turgente [turˈxente] *[turchente]* **knackig, geschwollen, üppig**; Bild: Wenn die Ente beim Braten »durch« ist (*Durch-Ente*), dann bedeutet das, dass sie auch **knackig** und **üppig** ist.

tutelaje *el* [tuteˈlaxe] *[tutelache]* **Vormundschaft**; Bild: Wenn den Eltern (mit Migrationshintergrund) die **Vormundschaft** für die Kinder entzogen wird, dann *tute lache*n keiner mehr.

twist *el* [twist] *[twist]* **Twist**; hört sich im Deutschen ähnlich an (s. Seite 192 f.).

U

únicamente [unikaˈmeṇte] *[unikamente]* **nur**; Bild: Aus der *Uni* kam **nur** eine *Ente* (Badeente). Bild: Nach der *Uni* be-

saß ich **nur** noch einen *Kamm* und meine Bade*ente*.

unificar [unifiˈkar] *[unifikar]* **vereinigen, vereinen**; Bild: Der *Uni-Vikar* (Geistlicher an einer Uni) predigt, dass sich alle Studenten **vereinen** sollen. Bild: Der *Uni-Ficker* will sich mit allen Studentinnen **vereinigen**.

uno [ˈuno] *[uno]* **eins**; Bild: Ich habe eine **Eins** im Zeugnis, deshalb bekomme ich ein *Uno*-Kartenspiel (Marke) geschenkt.

uso *el* [ˈuso] *[uso]* **Nutzung, Gebrauch, Verwendungszweck**; Bild: Das griechische Getränk *Ouzo* hat einen vielfältigen **Verwendungszweck** – vielleicht kann man es auch zum Putzen **benutzen**.

uva *la* [ˈuβa] *[uba]* **Traube**; Bild: In der *U-Ba*hn auf eine Wein*traube* treten.

V

vaca *la* [ˈbaka] *[baka]* **Kuh**; Bild: *Bacca*ra (span. Gesangsduo) sind schon mal mit einer **Kuh** aufgetreten und sangen: »Sorry, I'm a Lady.«

vacante *la* [baˈkaṇte] *[bakante]* **freie Stelle**; Bild: Meine *Bekannte* wusste, dass es dort noch eine **freie Stelle** gab.

vade *el* [ˈbaðe] *[bade]* **Schulmappe**; Bild: Mit der **Schulmappe** *bade*n gehen.

vaina *la* [baina] *[baina]* **Scheide**; Bild: Die **Scheide** ist nah am Bein (*beinnah*).

valer [baˈler] *[baler]* **kosten**; Bild: Das Ge*baller* zu Silvester **kostet** ein kleines Vermögen.

valeroso, -a [baleˈroso, -a] *[baleroso, -a]* **mutig**; Bild: Es ist **mutig**, wenn die Jungs mit *rosa Bälle*n spielen.

valiente [baˈljeṇte] *[baljente]* **mutig**; Bild: Caterina *Valente* (Schauspielerin und Sängerin) ist sehr **mutig** und steckt ihren Kopf in ein Löwenmaul.

valle *el* [ˈbaʎe] *[baije]* **Tal**; Bild: Ein *Baye*(r) fühlt sich in einem **Tal** nicht besonders wohl.

vals *el* [bals] *[bals]* **Walzer**; Bild: Früher gehörte das **Walzer**tanzen zum typischen *Balz*verhalten junger Menschen.

vano, -a [bano, -a] *[bano, -a]* **vergeblich**; Bild: Am *Bahnho*f **vergeblich** auf den Zug warten.

varga *la* [ˈbarɣa] *[barga]* **Seeaal**; Bild: Auf meinem *Parka* war ein **Seeaal** aufgenäht.

varón *el* [ˈbaron] *[baron]* **Mann, Junge**; Bild: Ein **Junge** und ein **Mann** begrüßen den *Baron* und verbeugen sich.

vaso *el* [ˈbaso] *[baso]* **Glas, Trinkglas, Becher**; Bild: Ein Spanier trinkt aus einer *Vase* statt aus einem **Glas**.

vatér *el* [ˈbater] *[bater]* **WC**; Bild: Der *Pater* hat sich ins **WC** eingeschlossen.

vega *la* [ˈbeɣa] *[bega]* **Aue, Flussebene**; Bild: Suzanne *Vega* (Sängerin) singt in einer **Flussebene**. Bild: Der Stern »*Wega*« liegt auf einer **Aue**.

vejar [beˈxar] *[bechar]* **schikanieren, misshandeln**; Bild: Sie haben mich **misshandelt**. Ich musste mit*becher*n, obwohl ich Antialkoholiker bin.

vela *la* [ˈbela] *[bela]* **Kerze**; Bild: Der Komponist *Béla* Bartók (Musiker) oder *Bela* B. (Sänger von »Die Ärzte«) halten eine **Kerze** in der Hand.

velada *la* [beˈlaða] *[belada]* **Abend**; Bild: Am **Abend** wird der Lkw oder der *Lada* belade*n.

veneno *el* [beˈneno] *[beneno]* **Gift**; Bild: Das **Gift** nicht in die Vene spritzen (*Vene-No*!).

ventura *la* [benˈtura] *[bentura]* **Glück**; Bild: Lino *Ventura* (Schauspieler) im **Glück** (lacht und springt vor **Glück** in die Luft).

ver [ber] *[ber]* **sehen**; Bild: Der *Bär* kann nach langer Blindheit wieder **sehen**.

veras *la* ['beras] *[beras]* **Wahrheit**; Bild: Der *Bär* hält ein *Ass* in der Hand. – In **Wahrheit** stimmt das aber nicht.

verbal ['berβal] *[berbal]* **verbal, mündlich**; Bild: Bei einer **mündlich**en Abfrage in der Schule zieht sich der *Bär* einen *Aal* aus seinem Mund.

verde ['berðe] *[berde]* **grün**; Bild: Gott sprach: »Es **werde grün** – und es ward grün.« Bild: Alle haben **grün**e *Bärte*.

verdor *el* [ber'βor] *[berdor]* **Jugend, (Pflanzen-)Grün**; Bild: Ein *Bär* bewacht das *Tor* zur **Jugend**.

verga *la* [ber'γa] *[berga]* **Stange, Glied**; Bild: Jemand geht *berga*b und hat eine lange **Stange** in der Hand. Bild: Eine **Stange** ist mit *Perga*mentpapier umwickelt.

vergel *el* [ber'xel] *[berchel]* **Garten**; Bild: Im **Garten** läuft ein *Ferkel* herum.

verme *el* ['berme] *[berme]* **Wurm**; Bild: Ein **Wurm** bewegt sich so schnell vorwärts, dass er dabei eine enorme *Wärme* entwickelt.

versal *el* [ber'sal] *[bersal]* **Großbuchstabe**; Bild: Über dem *Bär-Saal* steht in **Großbuchstabe**n »SAAL NUR FÜR BÄREN«.

verso *el* ['berso] *[berso]* **Vers**; Bild: Eine *Perso*n dichtet einen **Vers**. Bild: *Wer so* schön **Vers**e vortragen kann, hat Lob verdient.

verter [ber'ter] *[berter]* **gießen, schütten, ausleeren**; Bild: Der Gefängniswärter **leert** die Mülleimer **aus**.

vibrante [bi'βrante] *[bibrante]* **kraftvoll, schwungvoll**; Bild: *Wie brannte* die Sonne **kraftvoll** auf meinen Körper.

vidente *el/la* [bi'ðente] *[bidente]* **Hellseher(in)**; Bild: Die **Hellseherin** schaut in ihre Glaskugel und sieht eine *Beat-Ente*. Das ist eine Ente, die auf Beatmusik tanzt.

viejo *el/la* ['bjexo, -a] *[bjecho, -a]* **Greis(in)**; Bild: So *wie Echo* klingt es, wenn ein **Greis** ...

viga *la* ['biγa] *[biga]* **Balken, Dachbalken**; Bild: Einen Dach**balken** in einer *Wiege* wiegen. Bild: Den **Balken** *biege*n.

vigente [bi'xente] *[bichente]* **gültig**; Bild: Die *biegs*ame *Ente* ist noch **gültig** bis Ende Mai.

vil [bil] *[bil]* **gemein, niederträchtig**; Bild: *Bill* Gates (Unternehmer) ist **gemein** zu seinen Mitarbeitern.

virgen [bir'xen] *[birchen]* **jungfräulich, rein**; Bild: Es gibt in Deutschland den Brauch des *Birken*steckens. In der Pfingstnacht machen sich Jungesellen auf, um ihrer (**jungfreulichen**) Liebsten eine Birke an die Hauswand zu stellen.

visaje *el* [biˈsaxe] *[bisache]* **Grimasse**; Bild: Eine *Visage* machen heißt, eine **Grimasse** zu ziehen.

visón *el* [biˈson] *[bison]* **Nerz**; Bild: Der *Bison* hat einen **Nerz**mantel an.

vista *la* [ˈbista] *[bista]* **Blick, Augenlicht, Durchblick, Sehen**; Bild: Windows *Vista* verleiht dem Nutzer **Durchblick**. Merkhilfe: »Hasta la vista, Baby« (»Auf Wiedersehen, Baby« – bekanntester Satz von Arnold Schwarzenegger)

vivir [biˈβir] *[bibir]* **leben**; Bild: Die Spanier **leben** *wie wir.*

vivo [ˈbiβo] *[bibo]* **lebendig, munter**; Bild: *Wie wo*hl es mir geht. Ich bin total **munter.**

vocal *la* [boˈkal] *[bokal]* **Vokal, Selbstlaut**; Bild: Es gibt einen *Pokal* für das deutliche Aussprechen von **Vokalen.**

volante *el* [boˈlaṇte] *[bolante]* **Lenkrad, Steuer**; Bild*: Wo lande*t man, wenn man das **Lenkrad** nicht festhält? Bild: Caterina *Valente* (Entertainerin) sitzt am **Lenkrad** und hat sich den Kopf daran aufgeschlagen bei einem Auffahrunfall.

volar [boˈlar] *[bolar]* **fliegen**; Bild: Heutzutage **fliegt** man zu den *Polar*gebieten. Bild: Kinder sitzen im *Boller*wagen und tun so, als ob sie **fliegen** würden.

votante *el/la* [boˈtaṇte] *[botante]* **Stimmberechtigte(r), Wähler(in)**; Bild: Die *Po-Tante* sitzt als **Wählerin** in einer Wahlkabine.

vos [bos] *[bos]* **ihr**; Bild: Der Boss sagt zu seinen Mitarbeitern: »**Ihr** seid der *Boss*!«

vulgar [bulˈɣar] *[bulgar]* **gemein, gewöhnlich**; Bild: Der **gewöhnliche** *Bulgar*e ist …

W

wampa *la* [ˈwampa] *[wampa]* **Sumpf**; Bild: Weil seine *Wampe* so groß ist, versinkt er im **Sumpf.**

watt *el* [ˈbaⁱ] *[bat]* **Watt**; Bild: Im *Bad* habe ich eine 1000-**Watt**-Glühbirne.

whisky *el* [ˈwiski] *[wiski]* **Whisky**; hört sich im Deutschen ähnlich an (siehe Seite 192 f.).

Y

ya [ja] *[ja]* **schon, bereits**; Bild: Hast du **schon**? *Ja*, ich **schon**!

yapa *la* [ˈjapa] *[japa]* **Trinkgeld, Zugabe**; Bild: In *Japa*n ist das **Trinkgeld** sehr hoch.

yema *la* ['jema] *[jema]* **Eigelb, Dotter**; Bild: Ob ich es *jema*ls schaffe, das *Eigelb* vom Eiweiß zu trennen?

yeta *la* ['jeta] *[jeta]* **Pech, Unglück**; Bild: Ich habe *jede*n *Ta*g **Pech**.

yunque *el* ['juŋke] *[junke]* **Amboss**; Bild: Harald *Juhnke* (Schauspieler) schlägt mit dem Hammer auf einen **Amboss**.

Z

zafra *la* ['θafra] *[safra]* **Zuckerherstellung**; Bild: Ein Nebenprodukt bei der **Zuckerherstellung** ist *Safra*n.

zaga *la* ['θaɣa] *[saga]* **Hintermann**; Bild: Der Arzt fordert den **Hintermann** auf und sagt: »*Sag A*!«

zagal(a) *el/la* [θa'ɣal(a)] *[sagal(a)]* **Junge, Mädchen**; Bild: Der **Junge** hat einen *Sack* mit einem *Aal*.

zalema *la* [θa'lema] *[salema]* **Vorbeugung, Schmeichelei**; Bild: Ich *zahle mal* zur **Vorbeugung**.

zambo, -a ['θambo(a)] *[sambo(a)]* **x-beinig**; Bild: Bei dem Ramba*zamba* sind alle **x-beinig** geworden.

zanca *la* [θaŋka] *[sanka]* **Stelzen, langes Bein**; Bild: Der *Sanka* (Sanitäts-/Krankenwagen) transportiert ein paar **Stelzen** mit.

zapa *la* ['θapa] *[sapa]* **Spaten**; Bild: Frank *Zappa* (Musiker) spielt auf einem **Spaten** Gitarre.

zapatilla *la* [θapa'tiʎa] *[sapatija]* **Hausschuh**; Bild: *Sapp* (fränk. für: zertrete) ein (*a*) *Tier* mit den **Hausschuh**en.

zaque *el* ['θake] *[sake]* **Säufer**; Bild: Der **Säufer** säuft zu viel vom *Sake* (japanischer Reiswein).

zarpar [θar'par] *[sarpar]* **auslaufen, Anker lichten**; Bild: Das *Zar*en*paar* zieht den Anker hoch, dabei *laufen* sie *aus*.

zeta *la* ['θeta] *[seta]* **Z**; Bild: Catherine *Zeta*-Jones (Schauspielerin) hat ein **Z** auf der Stirn.

zoco *el* ['θoko] *[soko]* **Marktplatz**; Bild: Die Handlung von *SOKO-Leipzig* (TV-Serie) spielt auf einem **Marktplatz**.

zorro *el* ['θorro] *[sorro]* **Fuchs**; Bild: *Zorro* schlägt mit einem Degen den Schwanz eines *Fuchs*es ab. (Übrigens: Die Romanfigur ist die Vorlage für Batman.)

zote *el* ['θote] *[sote]* **Dummkopf**; Bild: Đer **Dummkopf** versteht die *Zote* (anzüglicher Witz) nicht.

zumo *el* ['θumo] *[sumo]* **Saft**; Bild: Der *Sumo*ringer quetscht seinen Gegner mit der **Saft**presse aus.

Deutsch

Spanisch

Aal	anguila *la* [aŋˈgila] *[angila]*
(ab)dämpfen, puffern, auffangen	amortiguar [amortiˈɣwar] *[amortigwar]*
Abend	velada *la* [beˈlaða] *[belada]*
Abendessen	cena *la* [ˈθena] *[sena]*
Abgabe	gabela *la* [gaˈβela] *[gabela]*
Abgang	mutis *el* [ˈmutis] *[mutis]*
abgrundtief	abisal [aβiˈsal] *[ubisal]*
abholen, aufheben	recoger [rreˈkoxer] *[rekocher]*
abknicken, biegen, beugen	doblar [doβlar] *[doblar]*
Abnahme, Schmälerung, Ausfall	merma *la* [ˈmerma] *[merma]*
abnehmen, abmachen, abziehen	quitar [kiˈtar] *[kitar]*
Abprall, Rückprall, Querschläger	rebote *el* [rreˈβote] *[rebote]*
Abreise, Abfahrt	partida *la* [parˈtiða] *[partida]*
Abschälen	monda *la* [ˈmoṇda] *[monda]*
abschneiden, abmähen	segar [seˈɣar] *[segar]*
Abschrägung, schräge Kante	bisel *el* [biˈsel] *[bisel]*
Absender	remite *el* [rreˈmite] *[remite]*
abstoßen, abgeben	desprender [despreṇˈder] *[desprender]*
abstreichen, streifen	rasar [rraˈsar] *[rasar]*
Absturz, Abfall, Fall	caída *la* [kaˈiða] *[kaida]*
abtragen, abnutzen, ablaufen	gastar [gasˈtara] *[gastar]*
Abtragen, Abschürfen	abrasión la [aβraˈsjon] *[abrasjon]*
Abwasch, Teller	plato *el* [ˈplato] *[plato]*
Abwechslung, Austausch, Änderung	cambio *el* [ˈkambjo] *[kambjo]*
Abweg, Umweg	rodeo *el* [rroˈðeo] *[rodeo]*
abwegig, unsinnig	aberrante [aβeˈrraṇte] *[aberante]*
abweisend, abstoßend	repelente [rrepeˈleṇte] *[repelente]*
abwesend	ausente [au̯ˈseṇte] *[ausente]*
Acht	ocho *el* [ˈoʧo] *[otscho]*
Acker	agro *el* [ˈaɣro] *[agro]*

adelig, edel	noble [noˈβle] *[noble]*
Aderlass	sangria *la* [sanˈgria] *[sangria]*
Affe	mono[i] *el* [ˈmono] *[mono]*
Äffin	mona *la* [ˈmona] *[mona]*
Agave	metl *el* [ˈmeᵈl] *[medl]*
Aktenkoffer, Kosmetikkoffer	maletín *el* [maleˈtin] *[maletin]*
Akzent, Makel	tilde *la* [ˈtilde] *[tilde]*
Alarm	alarma *la* [aˈlarma] *[alarma]*
Alpen	alpino [alˈpino] *[alpino]*
Altar	ara *la* [ˈara] *[ara]*
alter Plunder	antigualla *la* [antiˈɣwaʎa] *[antigwaja]*
Amboss	yunque *el* [ˈjuŋke] *[juhnke]*
an Bord gehen	embarcar [embarˈkar] *[embarkar]*
anal	anal [aˈnal] *[anal]*
Ananas	ananás *el* [anaˈnas] *[ananas]*
anderer Meinung sein	disentir [disenˈtir] *[disentir]*
Anfänger, unerfahren	novel *el/la* [noˈβel] *[nobel]*
angeboren, eingeboren	innato, -a [inˈnato, -a] *[innato, -a]*
Angeklagte(r)	reo, -a *el/la* [ˈrreo, -a] *[reo, -a]*
angesehen, sehr geehrte(r)…	distinguido, -a [distiŋˈɡiðo, -a] *[distingido, -a]*
Angst	ansia *el* [ˈansja] *[ansja]*
Anhänger(in), Mitglied	adepto, -a *el/la* [aˈðepto, -a] *[adepto, -a]*
Anhänger, Abschleppen	remolque *el* [rreˈmolke] *[remolke]*
Anis	anís *el* [ˈanis] *[anis]*
Anker	ancla *el* [ˈaŋkla] *[ankla]*
ankern	anclar [ˈaŋklar] *[anklar]*
anmachen (Licht), anstecken	prender [ˈprenðer] *[prender]*
Anorak	anorak *el* [anoˈraᵏ] *[anorak]*
Anorak	trenca *la* [ˈtreŋka] *[trenka]*
anregend	sugerente [suxeˈrente] *[sucherente]*
Anstoß, Aufschlag	saque *el* [sake] *[sake]*

Antilope	antílope *el* [an'tilope] *[antilope]*
anzetteln, anstiften, aufhetzen	instigar [iⁿsti'ɣar] *[instigar]*
Anzug, Kostüm, Kleid	traje *el* ['traxe] *[trache]*
Apfel	manzana *la* [maṇ'θana] *[mansana]*
Appetithäppchen	piscolabis *el* [pisko'laβis] *[piskolabis]*
Aquarium	aquárium *el* [a'kwariun] *[akwariun]*
Arbeit	labor *la* [la'βor] *[labor]*
Arbeiter(in)	currante *el/la* [ku'rraṇte] *[kurante]*
Arbeitsplatz, Arbeit, Job	tajo *el* ['taxo] *[tacho]*
arm, armselig	pobre ['poβre] *[pobre]*
Ärmel	manga *la* ['maŋga] *[manga]*
Armloch, Ärmelloch	sisa *la* ['sisa] *[sisa]*
Aroma, Duft	aroma *el* [a'roma] *[aroma]*
Ass	as *el* [as] *[as]*
Ast, Zweig	rama *la* ['rrama] *[rama]*
Aue, Flussebene	vega *la* ['beɣa] *[bega]*
auf der Durchreise	pasante [pa'saṇte] *[pasante]*
auffressen, verschlingen	devorar [deβo'rar] *[deborar]*
auffüllen, vollfüllen	llenar [ʎe'nar] *[jenar]*
aufgeben, einlenken, verzichten	ceder [θe'ðer] *[seder]*
aufgehängt, erhängt	colgado, -a ['kol'ɣaðo] *[kolgado]*
aufhellen	aclarar [akla'rar] *[aklarar]*
aufkeimen, ausschlagen	brotar ['brotar] *[brotar]*
Aufkleber	pegatina *la* [peɣa'tina] *[pegatina]*
auflecken, auslecken, ablecken	lamer [la'mer] *[lamer]*
aufnehmen, empfangen	acoger [ako'xer] *[akocher]*
Aufprall, Sprung	bote *el* ['bote] *[bote]*
aufrecht, steif	erecto, -a [e'rekto, -a] *[erekto]*
aufrichtig, frei, freimütig	franco ['fraŋko] *[franko]*
Aufsässigkeit, Widerspenstigkeit	rebeldía *la* [rreβel'dia] *[rebeldia]*
aufschlitzen, spalten	hender [eṇ'der] *[ender]*
Aufschwung, Boom	auge *el* ['au̯xə] *[auche]*

aufsteigen	subir [su'βir] *[subir]*
Aufzug	elevador el [eleβa'ðor] *[elebador]*
Auge	ojo el ['oxo] *[ocho]*
Augenblick	instante el [iⁿs'taṇte] *[instante]*
Au-pair-Mädchen, Au-pair-Junge	au pair la/el [o'per] *[oper]*
Ausbesserung, Nachbesserung	retoque el [rre'toke] *[retoke]*
Ausflug, Rundfahrt	gira la ['xira] *[chira]*
Ausgabe	gasto el ['gasto] *[gasto]*
ausheben, ausgraben, schöpfen	sacar [sa'kar] *[sakar]*
auslaufen, Anker lichten	zarpar [θar'par] *[sarpar]*
Ausschnitt, Dekolleté	escote el [es'kote] *[eskote]*
Ausschreitung	desmán el [des'man] *[desman]*
aussehen, scheinen	parecer [pare'θer] *[pareser]*
äußerst	altamente [alta'meṇte] *[altamente]*
Auster	ostra la ['ostra] *[ostra]*
Auswahl	tría la ['tria] *[tria]*
Ausweis, Pass	pase el [pa'sar] *[pasar]*
Auto	coche el ['koʧe] *[kotsche]*

Baby	bebe, -a la/el ['beβe, -a] *[bebe, -a]*
Backbord	babor el [ba'βor] *[babor]*
Backofen	horno el ['orno] *[orno]*
Bad	baño el ['baɲo] *[banjo]*
Bademantel	albornoz el [alβor'noθ] *[albornos]*
Badewanne	tina la ['tina] *[tina]*
Bahnsteig, Gehweg, Kai	ánden el [aṇ'den] *[anden]*
Baiser	merengue el [me'reŋge] *[merenge]*
bald, gleich, prompt	pronto ['proṇto] *[pronto]*
Balken, Dachbalken	viga la ['biɣa] *[biga]*
Ball	ball el [bal] *[ball]*
Ballen, Packen, Bündel	paca la ['paka] *[paka]*

Balz, Brunft	celo *el* [ˈθelo] *[selo]*
Banane	plátano *el* [ˈplatano] *[platano]*
Band (Buchband)	tomo *el* [ˈtomo] *[tomo]*
Band, Streifen, Ufer	banda *la* [ˈbaṇda] *[banda]*
Bandeisen	fleje *el* [ˈflexe] *[fleche]*
Bärin	osa *la* [ˈosa] *[osa]*
Barsch	perca *la* [ˈperka] *[perka]*
Base, Cousine	prima *la* [ˈprima] *[prima]*
Bass, Bassist	bajo *el* [ˈbaxo] *[bacho]*
Bauch	panza *la* [ˈpaṇθa] *[panza]*
bauchiger Krug	barrila *la* [baˈrrila] *[barila]*
Bauer, Bäuerin	labrador *el/la* [laβraˈðor(a)] *[labrador(a)]*
bäuerisch, Bauer, Bäuerin	huaso, -a *(el/la)* [ˈwaso, -a] *[waso, -a]*
Bauernhof, Farm	granja *la* [ˈgraŋxa] *[grancha]*
Bauernhof, Grundstück, Besitz	finca *la* [ˈfiŋka] *[finka]*
Baukasten	kit *el* [ˈkit] *[kit]*
baumstark, robust, belastbar	fuerte [ˈfwerte] *[fwerte]*
Becken	pelvis *la* [ˈpelβis] *[pelbis]*
Becken, Spülbecken	pila *la* [ˈpila] *[pila]*
bedeutender Politiker, bedeutende Politikerin	estadista *el/la* [estaˈðista] *[estadista]*
Befehl	orden *el* [ˈorðen] *[orden]*
befehlen, bestimmen	mandar [maṇˈdar] *[mandar]*
befestigen, anbinden, anheften	fijar [fiˈxar] *[fichar]*
befingern	dedear [deðeˈar] *[dedear]*
Befreiung	dispensa *la* [disˈpensa] *[dispensa]*
befriedigen, sättigen, stillen	saciar [saˈθjar] *[sasjar]*
begraben	enterrar [eṇteˈrrar] *[enterar]*
Behandlung, Umgang, Geschäft	trato *el* [ˈtrato] *[trato]*
beharrlich, stur	tenaz [tenˈaθ] *[tenas]*
Beharrlichkeit, Charakterfestigkeit	entereza *la* [eṇteˈreθa] *[enteresa]*

beherbergen, unterbringen	alojar [aloˈxar] *[alochar]*
Beherrschung	dominio el [doˈminjo] *[dominjo]*
beide	ambos, -as [ˈambos, -as] *[ambos, -as]*
Beileid, Beileidsbezeugung	pésame el [ˈpesame] *[pesame]*
Bein, Pfote, Tatze	pata la [ˈpata] *[pata]*
beiseite	aparte [aˈparte] *[aparte]*
beißen, zubeißen, anbeißen	morder [morˈðer] *[morder]*
Beitrag, Spende	aporte el [aˈporte] *[aporte]*
bekümmern	apenar [apeˈnar] *[apenar]*
belästigen, überhäufen	hartar [arˈtar] *[artar]*
belauern, beobachten	pispar [pisˈpar] *[pispar]*
belegte Brotscheibe	canapé el [kanaˈpe] *[kanapee]*
Beleidigung	ofensa la [oˈfensa] *[ofensa]*
bemerken, spüren, notieren	notar [noˈtar] *[notar]*
Berggipfel, Spitze	cima la [ˈθima] *[sima]*
Bergsteiger(in)	andinista la/el [aṇdiˈnista] *[andinista]*
Bergwerk, Mine	mina la [ˈmina] *[mina]*
Bernstein, bernsteinfarben	ámbar (el) [ˈambar] *[ambar]*
beruhigen, ruhen	sosegar [soseˈɣar] *[sosegar]*
Berührung, Hauch, Klopfen	toque el [ˈtoke] *[toke]*
bescheiden, spärlich	parco, -a [ˈparko, -a] *[parko, -a]*
Beschluss, Auto	auto el [ˈaṇto] *[auto]*
Beschützer(in)	patrón, -ona el/la [paˈtro, -ona] *[patron, -a]*
besessen	poseído, -a [poseíðo, -a] *[poseído, -a]*
besitzen	poseer [poˈser] *[poser]*
betrübt, mühsam	penado -a [peˈnaðo -a] *[penado, -a]*
Betrug	fraude el [ˈfrauðe] *[fraude]*
Betrug	timo el [ˈtimo] *[timo]*
betrügerisch	falaz el [faˈlaθ] *[falas]*
Bett	cama la [ˈkama] *[kama]*

Bettler(in)	mendicante *el/la* [men̪ðiˈkan̪te] *[mendikantte]*
Beute	botín *el* [boˈtin] *[botin]*
Beute, Jagdbeute, Schleuse	presa *la* [ˈpresa] *[presa]*
BH, Bikinioberteil	sujetador *el* [suxetaˈðor] *[suchetador]*
Biber	castor *el* [kasˈtor] *[kastor]*
Biene	abeja *la* [aβeˈxa] *[abecha]*
Bier	cerveza *la* [θerˈβeθa] *[serwessa]*
Bikini	biquini *el* [biˈkini] *[bikini]*
Bilderrahmen, Fensterrahmen	marco *el* [ˈmarko] *[marko]*
Bimsstein	piedra pómez *la* [ˈpjeðra poˈmeθ] *[pijedra pomes]*
Bindfaden	guita *la* [ˈgita] *[gita]*
bis zum Rand füllen, überfüllen	colmar [kolˈmar] *[kolmar]*
Bischof	obispo *el* [oˈbispo] *[obispo]*
bitten, erbitten, anfordern	pedir [peˈðir] *[pedir]*
Blech, Blechdose, Blechbüchse	lata *la* [ˈlata] *[lata]*
Blick, Augenlicht, Durchblick, Sehen	vista *la* [ˈbista] *[bista]*
Blinker, Blinklicht	intermitente *el* [in̪termiˈten̪te] *[intermitente]*
Blues	blues *el* [blus] *[blus]*
Blume, Blüte	flor *la* [flor] *[flor]*
Blumenbeet, Gartenanlage	parterre *el* [parˈterre] *[parterre]*
Blumentopf	pote *el* [ˈpote] *[pote]*
Boa	boa *la* [ˈboa] *[boa]*
Bohne	haba *el* [ˈaβa] *[aba]*
Bonus, Gutschein	bono *el* [ˈbono] *[bono]*
Bootshaken	cloque el [kloˈke] *[kloke]*
Bor (chemisches Element)	boro *el* [ˈboro] *[boro]*
Bord	bordo *el* [ˈborðo] *[bordo]*
Botschaft	mensaje *el* [menˈsaxe] *[mensache]*
Braten	asado *el* [aˈsaðo] *[asado]*

braten, frittieren	freir [freˈir] *[freir]*
Brei	papilla *la* [paˈpiʎa] *[papija]*
brennen, jucken	picar [piˈkar] *[pikar]*
Brief	carta *la* [ˈkarta] *[karta]*
Brille	lente *el* [ˈleɲte] *[lente]*
Brille, Augenglas	gafas *las* [ˈgafas] *[gafas]*
Brot	pan *el* [pan] *[pan]*
Bruder, Schwester	hermano, -a *el/la* [erˈmano, -a] *[ermano, -a]*
Brühe, Bouillon	caldo *el* [ˈkaldo] *[kaldo]*
Brust	mama *la* [ˈmama] *[mama]*
Brust, Busen	seno *el* [ˈseno] *[seno]*
Brust, Busen	teta *la* [ˈteta] *[teta]*
brutal	brutal [bruˈtal] *[brutal]*
Bücherbrett, Regal	estante *el* [esˈtaɲte] *[estante]*
Bucht, Lichtung	abra *el* [ˈaβra] *[abra]*
Bügeleisen	plancha *la* [ˈplaɲʧa] *[plantscha]*
Bullen	pasma [ˈpasma] *[pasma]*
bumsen	follar [foˈʎar] *[fojar]*
Bundes-, bundesstaatlich	federal [feðeˈral] *[federal]*
Bunker	búnker *el* [ˈbunker] *[bunker]*
bunt, farbig	colorado, -a [koloˈrado] *[kolorado]*
Bürste, Handfeger	escobilla *la* [eskoˈβiʎa] *[eskobija]*
Bus	bus *el* [bus] *[bus]*

Cello	chelo *el* [ˈʧelo] *[tschelo]*
Chaos	caos *el* [ˈkaos] *[kaos]*
Chef(in)	jefe, -a *le/la* [ˈxefe, -a] *[chefe, -a]*
Chip	chip *el* [ʧip] *[tschip]*
Clan	clan *el* [klan] *[klan]*
Cockerspaniel	cocker *el* [ˈkoker] *[koker]*
Code, Passwort, Schlüssel	clave *el* [ˈklaβe] *[klabe]*

Dachboden	desván *el* [des'βan] *[desban]*
Dachziegel, Ziegel	teja *la* ['texa] *[techa]*
Dachzimmer	guardilla *la* [gwar'ðʎa] *[gwardija*
Dame	dama *la* ['darma] *[dama]*
Dankbarkeit	gratitud *la* [grati'tuᵈ] *[gratitud]*
danke	gracias ['graθjas] *[grasjas]*
Darm	tripa *la* ['tripa] *[tripa]*
das Beste herauspicken	escoger [esko'xer] *[eskocher]*
dauerhaft, beständig	estable [es'taβle] *[estable]*
dauern, andauern, währen	durar [du'rar] *[durar]*
Dealer	narco *el* ['narko] *[narko]*
Decke	manta *la* ['maṇta] *[manta]*
Deckel, Buchdeckel, Appetithäppchen	tapa *la* ['tapa] *[tapa]*
Deich	dique *el* ['dike] *[dike]*
delegieren	subdelegar [suβ'ðeleɣar] *[subdelegar]*
Delfin	delfín *el* [del'fin] *[delfin]*
der, die, das dort	aquel, -ella, -ello [a'kel, -eʎa] *[akel, akeja]*
Deutsch, Deutsche(r), deutsch	alemán(a) *el/la* [ale'man] *[allemann]*
Deutschland	Alemania *la* [ale'manja] *[allemanja]*
Dicke	grosor *el* [gro'sor] *[grosor]*
Diesel	diesel *el* ['djesel] *[djesel]*
diktieren, verkünden	dictar [dik'tar] *[diktar]*
dilettantisch	diletante [dile'taṇte] *[diletante]*
dinieren, essen, fressen	comer [ko'mer] *[komer]*
Donnerwetter!	hijole ['ixole] *[ichole]*
Doppelkinn	papada *la* [pa'paða] *[papada]*
doppelt	duplo, -a ['duplo, -a] *[duplo, -a]*
Dosis	dosis *la* ['dosis] *[dosis]*
Drama	drama *el* ['drama] *[drama]*
Drehung, Wendung	giro *el* ['xiro] *[chiro]*
drei	tres ['tres] *[tres]*
dreilagig	triple ['triple] *[triple]*

Dreizack	tridente *el* [tri'ðeṇte] *[tridente]*
Druckfehler	errata *la* [e'rrata] *[erata]*
Druckknopf	broche *el* ['broʧe] *[brotsche]*
Dübel	taco *el* ['tako] *[tako]*
dumm	memo, -a ['memo, -a] *[memo, -a]*
Dummheit	lesera *la* [le'sera] *[lesera]*
Dummkopf	bobo *el* ['boβo] *[bobo]*
Dummkopf	zote *el* ['θote] *[sote]*
dünnes Blech, Folie	lámina *la* ['lamina] *[lamina]*
Durcheinander	babel *el* [ba'bel] *[babel]*
Durcheinander, Unordnung, Schlamperei	desorden *el* [de'sorðen] *[desorden]*

Edelstein	gema *la* ['xema] *[chema]*
Ehefrau, Frau, Weibsbild	mujer *la* [mu'xer] *[mucher]*
Ehemann(frau)	esposo, -a *el/la* [es'poso, -a] *[esposo, -a]*
Ehre, Ruhm	prez *el/la* [preθ] *[pres]*
ehrlich, treu, loyal	fiel [fjel] *[fjel]*
Eid, Amtseid	jura *la* ['xura] *[chura]*
Eierhandlung	huevería *la* [we'βeria] *[weberia]*
Eigelb, Dotter	yema *la* ['ǰema] *[jema]*
Eilbote	expreso *el* [es'preso] *[espresso]*
Eile	prisa *la* ['prisa] *[prisa]*
Eimer	cubo *el* ['kuβo] *[kubo]*
einarmig, einhändig	manco, -a *el* ['manko, -a] *[manko, -a]*
Einberufung	leva *la* ['leβa] *[leba]*
Einberufung	quinta *la* [kiṇta] *[kinta]*
einbringen	rendir [rreṇ'dir] *[rendir]*
eindrucksvoll, beeindruckend, imposant	imponente [impo'neṇte] *[imponente]*
einen Bart bekommen	barbar [bar'βar] *[barbar]*
einen draufmachen	farra, estar de ['farra] *[farra]*

Einfamilienhaus, Landhaus	chalé *la* [ʧaˈle] *[tschale]*
einfetten, beschmieren	pringar [priŋˈgar] *[pringar]*
Einfettung, Schmierung	engrase *el* [eŋˈgrase] *[engrase]*
eingravieren, einmeißeln	grabar [graˈβar] *[grabar]*
einrammen, hineinschlagen	hincar [iŋˈkar] *[inkar]*
eins	uno [ˈuno] *[uno]*
einsaugen, aufsaugen	chupar [ʧuˈpar] *[tschupar]*
einschreiben, auflisten, mustern	alistar [alisˈtar] *[alistar]*
einspannen, ausbreiten, verlegen, tendieren	tender [teŋˈder] *[tender]*
eintauchen, untertauchen, versenken	sumir [suˈmir] *[sumir]*
Einwohner/in	habitante *el/la* [aβiˈtaɲte] *[abitante]*
Einwohnerliste	patrón *el* [paˈðron] *[padron]*
Eis	hielo *el* [ˈjelo] *[jelo]*
Eisberg	iceberg *el* [iθeˈβer⁽ᵛ⁾] *[iseberg]*
eislaufen, Rollschuh laufen	patinar [patiˈnar] *[patinar]*
Eispickel	piolet *el* [pjoˈleˈ] *[pjolet]*
Eiter	pus *el* [pus] *[pus]*
Eiweiß	clara *la* [ˈklara] *[klara]*
elegant, stramm, kess	pimpante [pimˈpaɲte] *[pimpante]*
Ende	fin *el* [fin] *[fin]*
enden, aufhören	cesar [θeˈsar] *[sesar]*
Endiviensalat	escarola *la* [eskaˈrola] *[eskarola]*
Endsumme, Gesamtbetrag	total *el* [toˈtal] *[total]*
Energie	arranque *el* [aˈrraŋke] *[aranke]*
Engländerin	inglesa *la* [iŋˈglesa] *[inglesa]*
Ente	ánade *el* [ˈanaðe] *[anade]*
Ente	pata *la* [ˈpata] *[pata]*
entfernen, vertreiben	alejar [aleˈxar] *[alechar]*
entfernt sein	distar [disˈtar] *[distar]*
Entspannung	relax *el* [rreˈlaˣs] *[relags]*
entzweien	malquistar [malkisˈtar] *[malkistar]*

Erdbeeren	fresa *la* [ˈfresa] *[fresa]*
Erdnuss	maní *el* [maˈni] *[mani]*
ergeben	sufrido, -a [suˈfriðo, -a] *[sufrido, -a]*
Erholung, Ruhe	descanso *el* [desˈkanso] *[deskanso]*
Ermüdung, Atemnot, Verschleiß	fatiga *la* [faˈtiɣa] *[fatiga]*
Erpel	pato el [ˈpato] *[pato]*
erschrecken, Angst machen	asustar [asusˈtar] *[asustar]*
Essen, Speise, Nahrung, Lebensmittel	comida *la* [koˈmiða] *[komida]*
Etui	estuche *el* [esˈtuʧe] *[estutsche]*
Etui, Hülle	funda *la* [ˈfuɳda] *[funda]*
etwas	algo [ˈalɣo] *[algo]*
etwas haben	tener algo
Extra-	extra [ˈestra] *[estra]*

Fächer	paipai *el* [paɪˈpaɪ] *[paipai]*
fade, schal, geschmacklos, ungesalzen	soso, -a [ˈsoso, -a] *[soso, -a]*
fähig, imstande	capaz [kaˈpaθ] *[kapas]*
Fahne, Flagge	bandera *la* [baɳˈdera] *[bandera]*
Fähre	ferry *el* [ˈferri] *[ferri]*
Fakir	faquir *el* [faˈkir] *[fakir]*
Falke	halcón *el* [alˈkon] *[alkon]*
Falle	trampa *la* [ˈtrampa] *[trampa]*
fällen	*apear* [apeˈar] *[apear]*
fällen, abholzen, abhauen	talar [taˈlar] *[talar]*
faltig, runzelig	fané [faˈne] *[fane]*
Fantasie	magín *el* [maˈxin] *[machin]*
Fäustling, Waschlappen	manopla *la* [maˈnopla] *[manopla]*
Feder	pluma *la* [ˈpluma] *[pluma]*
Feder (tech.), Spiralfeder	resorte *el* [rreˈsorte] *[resorte]*
Fehler, Makel	maca *la* [ˈmaka] *[maka]*
Fehlmeldung, (Zeitungs-)Ente	paparrucha *la* [papaˈrruʧa] *[paparutscha]*

Feier, Festessen	festin *el* [fes'tin] *[festin]*
Feile	lima *la* ['lima] *[lima]*
Feld, Acker	campo *el* ['kampo] *[kampo]*
Fensterflügel, Türflügel, Türpfosten	batiente *el* [ba'tjeṇte] *[batjente]*
festbinden, festschnüren	atar [a'tar] *[atar]*
festhalten, aufheben, fassen	coger [ko'xer] *[kocher]*
Fett	graso *el* ['graso] *[graso]*
Fetzen, Schlampe, Pferd	pingo *el* ['piŋgo] *[pingo]*
Feuer	fuego *el* ['fweɣo] *[fwego]*
Filmaufnahme, Fernsehaufnahme	toma *la* [toma] *[toma]*
Finale, Endrunde	final *el* [fi'nal] *[final]*
finden, erfinden	hallar [a'ʎar] *[ajar]*
Fischei, Laich, Fischrogen	hueva *la* ['weβa] *[weba]*
Fischernetz, Netz	red *la* [rreᵟ] *[red]*
Fischgräte, Dorn, Stachel	espina *la* [es'pina] *[espina]*
flach	plano, -a ['plano, -a] *[plano, -a]*
flach, dünn, dürr, mager	flaco, -a ['flako, -a] *[flako, -a]*
Flechte	liquen *el* ['liken] *[liken]*
Fleisch	carne *la* ['karne] *['karne]*
fleißige Frau, Hausfrau	huarmi *la* ['warmi] *[warmi]*
Flicken, Pflaster	parche *el* [pa'rʧe] *[partsche]*
Fliege	mosca *la* ['moska] *[moska]*
fliegen	volar [bo'lar] *[bolar]*
flink, geschickt, agil	ágil ['axil] *[achil]*
Floh	pulga *la* ['pulɣa] *[pulga]*
Floß	balsa *la* ['balsa] *[balsa]*
Flosse, Nasenflügel, Kotflügel	aleta *la* [a'leta] *[aleta]*
Flucht	evasión *la* [eβa'sjon] *[ebasjon]*
Flucht	fuga *el* ['fuɣa] *[fuga]*
Fluss	flujo *el* ['fluxo] *[flucho]*
folglich	ende ['eṇde] *[ende]*
Fracht, Frachtgut	flete *el* ['flete] *[flete]*

Fransen, Saum, Borte	franja *la* [ˈfraŋxa] *[francha]*
Frechheit	chulada *la* [ʧuˈlaða] *[tschulada]*
freie Stelle	vacante *la* [baˈkaṇte] *[bakante]*
Freude	placer *el* [plaˈθer] *[plaser]*
Freund(in)	ligue *el/la* [ˈliɣe] *[lige]*
Freundschaft	amistad *la* [amiˈstaᵈ] *[amistad]*
Freundschaft schließen	amistar [amisˈtar] *[amistar]*
Friede, Friedensvertrag	paz *la* [paθ] *[pas]*
frisch, neu, kühl	fresco, -a [ˈfresko, -a] *[fresko, -a]*
Frische, Kühle	frescor *el* [fresˈkor] *[freskor]*
Frische, Kühle, Kühlung	frescura *la* [fresˈkura] *[freskura]*
fröhlich, lustig, lebhaft	alegre [aˈleɣre] *[alegre]*
fromm, gutherzig	pio, -a [pio, -a] *[pio, -a]*
Fronleichnam	Corpus *el* [ˈkorpus] *[korpus]*
Fuchs	zorro *el* [ˈθorro] *[sorro]*
fühlen, empfinden	sentir [seṇˈtir] *[sentir]*
Führer	líder *el/la* [liˈðer] *[lider]*
Führer(in)	dirigente *el/la* [diriˈxente] *[dirichente]*
Furcht	temor *el* [teˈmor] *[temor]*
fürchten	temer [teˈmer] *[temer]*
Furunkel	divieso *el* [diˈβjeso] *[dibjeso]*
Fußfessel, Hindernis, Schikane	traba *la* [traˈβa] *[traba]*
Fußtritt, Hufschlag	coz *la* [koθ] *[kos]*
Galgen, Heugabel	horca *la* [ˈorka] *[orka]*
Gans, Gänserich	ganso *el* [ˈganso] *[ganso]*
Gänseblümchen	maya *la* [maja] *[maja]*
ganz	entero, -a [eṇteˈro, -a] *[entero, -a]*
Garnele, Krabbe	camarón *el* [kamaˈron] *[kameron]*
Garten	jardin *el* [xarˈðin] *[chardin]*
Garten	vergel *el* [berˈxel] *[berchel]*

Gartenlaube, Speisesaal	cenador *el* [θena'ðor] *[senador]*
Gasthaus, Wirtshaus	fonda *la* ['fonda] *[fonda]*
Gaststätte, Gasthaus	posada *la* [po'saða] *[posada]*
Gauner, Faulpelz	mangante *el* [maŋ'gaṇte] *[mangante]*
Gauner, Schelm	charrán *el* [tʃa'rran] *[tscharan]*
Gauner, Zuhälter	rufián *el* [rru'fjan] *[rufjan]*
Gebärde	ademán *el* [aðe'man] *[ademan]*
Gebärde, Grimasse	mohín *el* [mo'in] *[moin]*
gebären, verursachen, hervorbringen	parir [pa'rir] *[parir]*
geben, schenken, austeilen	dar [dar] *[dar]*
geboren	nato, -a [nato, -a] *[nato, -a]*
geduldig	paciente [pa'θjeṇte] *[pasjente]*
Geflügel...	avícola [a'βikola] *[abikola]*
Gefräßigkeit	gula *la* ['gulaʃ] *[gula]*
Gegend, Ort	paraje *el* [pa'raxe] *[parache]*
Gegenwart	presente *el* [pre'seṇte] *[presente]*
Gehäuse	cárter *el* ['karter] *[karter]*
Gehege, Hühnerhof	corral *el* [ko'rral] *[koral]*
gehen	ir [ir] *[ir]*
Gehirn	seso *el* ['seso] *[seso]*
geizig, knausrig	cutre ['kutre] *[kutre]*
gelb	amarillo [ama'riʎo] *[amario]*
Geld	dinero *el* [di'nero] *[dinero]*
Geld	moni *el* ['moni] *[moni]*
Geld, Vermögen	platal *el* [pla'tal] *[platal]*
Geldbeutel, Zikade	cigarra *el* [θi'ɣarra] *[sigarra]*
Geldwechsler/in	cambista *el/la* ['kam'bista] *[kambista]*
Gelege, Brut	nidada *la* [ni'ðaða] *[nidada]*
gemein, gewöhnlich	vulgar [bul'ɣar] *[bulgar]*
gemein, niederträchtig	vil [bil] *[bil]*
genügend, genug	bastante [bas'taṇte] *[bastante]*
Genuss	goce *el* ['goθe] *[gose]*

genüsslich	ricamente [rrika'meṇte] *[rikamente]*
gerade	recto, -a ['rekto, -a] *[rekto, -a]*
Gerät, Gerätschaft, Handwerkszeug, Spielzeug	trebejo *el* [tre'βexo] *[trebecho]*
gern haben	amar [am'ar] *[amar]*
Gerücht	rumor *el* [rru'mor] *[rumor]*
Gesang, Singen	canto *el* ['kaṇto] *[kanto]*
Geschäftsführer, Betriebsleiter	gerente *el* [xe'reṇte] *[cherente]*
Geschenk, Mitbringsel	regalo *el* [rre'ɣalo] *[regalo]*
geschickt, schlau, fähig	hábil ['aβil] *[abil]*
Geschirr, Sattel	montura *la* [mon'tura] *[montura]*
Geschrei, Getrampel	trapa *la* ['trapa] *[trapa]*
Geschwafel, Geschwätz	follaje *el* ['foʎaxe] *[fojache]*
Gesetz, Kanon	canon *el* ['kanon] *[kanon]*
Gesicht, Antlitz	cara *la* ['kara] *[kara]*
(Gesichts)haut	cutis *el* ['kutis] *[kutis]*
Gestein, Klippe	roca *la* ['rroka] *[roka]*
Gestell, Skelett	armazón *la* [arma'θon] *[armason]*
gestern	ayer [a'jer] *[eier]*
Gestrüpp, Strauch, Staude	mata *la* ['mata] *[mata]*
gesund	sano, -a ['sano, -a] *[sano, -a]*
Getöse, Prasseln, Krachen	fragor *el* [fra'ɣor] *[fragor]*
Getreide	cereal *el* [θere'al] *[sereal]*
gewählt	electo, -a [e'lekto, -a] *[elekto, -a]*
Gewehr	fusil *el* [fu'sil] *[fusil]*
(Gewehr)kugel	bala *la* ['bala] *[balla]*
Gewitter, Sturm	tempestad *la* [tempes'taᵈ] *[temor]*
gewöhnlich	soler [so'ler] *[soler]*
gießen	regar [rre'ɣar] *[regar]*
gießen, schütten, ausleeren	verter [ber'ter] *[berter]*
Gift	veneno *el* [be'neno] *[beneno]*
Girlande	festón *el* [fes'ton] *[feston]*

Gitter	reja *la* [ˈrrexa] *[recha]*
Glanz	lustre *el* [ˈlustre] *[lustre]*
Glanz, Glitzer	brillo *el* [ˈbriʎo] *[brio]*
Glanzpapier, Kunstdruckpapier	papel cuché *el* [paˈpel kuˈʧe] *[papel kutsche]*
Glas, Einmachglas	tarro *el* [ˈtarro] *[tarro]*
Glas, Trinkglas, Becher	vaso *el* [ˈbaso] *[baso]*
Glasaal	angula *la* [aŋˈgula] *[angula]*
glatt, eben	liso, -a [ˈliso, -a] *[liso, -a]*
Glatze, kahle Stelle	calva *la* [ˈkalβa] *[kalba]*
glatzköpfig, kurz geschoren	pelón, -ona [peˈlon, -ona] *[pelon, -ona]*
Glaube	fe *la* [fe] *[fe]*
gleich	par [par] *[par]*
Glück	dicha *la* [ˈdiʧa] *[ditscha]*
Glück	suerte *la* [ˈswerte] *[swerte]*
Glück	ventura *la* [benˈtura] *[bentura]*
glücklich, fröhlich	feliz [feˈliθ] *[felis]*
Glückwunsch	parabién *el* [paraˈβjen] *[parabjen]*
glühend, brennend	candente [kanˈdente] *[kandente]*
Gnade	merced *la* [merˈθeð] *[mersed]*
Gold	oro *el* [ˈoro] *[oro]*
goldgelb	gualdo, -a [ˈgwalðo, -a] *[gwaldo, -a]*
Gold- oder Silberüberzug	plaqué *el* [plaˈke] *[plake]*
Golf	golf *el* [golf] *[golf]*
Gorilla	gorila *el* [goˈrila] *[gorila]*
Grab	huesa *la* [ˈwesa] *[wesa]*
Grab	sepultura *la* [sepulˈtura] *[sepultura]*
Grafiker/in	grafista *el/la* [graˈfista] *[grafista]*
Gramm	gramo *el* [ˈgramo] *[gramo]*
Granate	obús *el* [oˈβus] *[obus]*
Grapefruit	pomelo *el* [poˈmelo] *[pomelo]*
Grat	rebaba *la* [rreˈβaβa] *[rebaba]*

(grau)braun, erdfarben	pardo, -a [ˈparðo, -a] *[pardo, -a]*
grau, traurig, matt	gris [gris] *[gris]*
Greis(in)	viejo *el/la* [ˈbjexo, -a] *[bjecho, -a]*
Grill	gratinador *el* [gratinaˈðor] *[gratinador]*
Grimasse	visaje *el* [biˈsaxe] *[bisache]*
grob	tosco, -a [tosko, -a] *[tosko, -a]*
grob, plump	burdo, -a [ˈburðo, -a] *[burdo, -a]*
grob, rau, minderwertig	basto, -a [ˈbasto] *[basto]*
Groll	pique *el* [ˈpike] *[pike]*
groß	grande [ˈgrande] *[grande]*
Großbuchstabe	versal *el* [berˈsal] *[bersal]*
Großzügigkeit, Anmut	garbo *el* [ˈgarβo] *[garbo]*
Grube, Graben	fosa *el* [ˈfosa] *[fosa]*
Grubengas	grisú *el* [griˈsu] *[grisu]*
grün	verde [ˈberðe] *[berde]*
Grund, Ursache	porqué *el* [porˈke] *[porke]*
Grundgedanke, Motto	lema *la* [ˈlema] *[lema]*
Grundlage	base *la* [ˈbase] *[base]*
Grundstücks(grenze)	linde *el* [linˈde] *[linde]*
Gulasch	gulasch *el* [guˈlaʃ] *[gulasch]*
gültig	vigente [biˈxente] *[bichente]*
Gummi	goma *la* [ˈgoma] *[goma]*
Gurke	pepino *el* [peˈpino] *[pepino]*
Gurt, Riemen	correa *la* [koˈrrea] *[korea]*
Guru	gurú *el* [guˈruʃ] *[guru]*
Gutachten	dictamen *el* [dikˈtamen] *[diktamen]*
gutes Aussehen	apostura *la* [aposˈtura] *[apostura]*
haarlos	mondo, -a [ˈmondo, -a] *[mondo, -a]*
Haarnetz, Gepäcknetz	redecilla *la* [rreðeˈθiʎa] *[redesija]*
Haarshampoo, Radler (Bier-Limo-Mix)	champú *el* [ʧamˈpu] *[tschampu]*

haben	haber [a'βer] *[aber]*
Hacker	cracker *el/la* ['kraker] *[kraker]*
Häftling	preso, -a *el/la* ['preso, -a] *[preso, -a]*
Hahn, Gockelhahn	gallo *el* ['gaʎo] *[gajo]*
Hähnchen	pollo *el* ['poʎo] *[poijo]*
Haken	gancho *el* ['gantʃo] *[gantscho]*
halb	medio, -a ['meðjo, -a] *[medjo, -a]*
Hallo	hola ['ola] *[ola]*
Haltestelle	parada *la* [pa'raða] *[parada]*
Haltung, Körperhaltung, Einstellung	postura *la* [post'ura] *[postura]*
Hand, Handspiel	mano *el* ['mano] *[mano]*
Handbreit	palmo *el* ['palmo] *[palmo]*
Händchen	manita *la* [ma'nita] *[manita]*
Handhabung, Bedienung	manejo *el* [ma'nexo] *[manecho]*
Händler	mercader *el* [merka'ðer] *[merkader]*
Händler(in)	traficante *el/la* [trafi'kaṇte] *[trafikante]*
Handlung, Intrige	trama *la* ['trama] *[trama]*
Handschellen	esposas *las* [es'posas] *[esposas]*
Handschuh, Fingerhandschuh	guante *el* ['gwaṇte] *[gwante]*
Hängematte	hamaca *la* [a'maka] *[amaka]*
hängen	colgar ['kol'ɣar] *[kolgar]*
hängen, schweben	pender [pe'ṇder] *[pender]*
harmlos, leicht, lässig	leve ['leβe] *[lebe]*
Harz	resina *la* [rre'sina] *[resina]*
Haus	casa *la* ['kasa] *[kasa]*
Hausschuh	zapatilla *la* [θapa'tiʎa] *[sapatija]*
Hautjucken	picazón *la* [pika'θon] *[pikason]*
Heck	popa *la* [po'pa] *[popa]*
Heer, Anhängerschaft	hueste *la* ['weste] *[weste]*
Heftklammer	grapa *la* ['grapa] *[grapa]*
Heide	landa *la* ['laṇda] *[landa]*
heilig	sacro, -a ['sakro, -a] *[sakro, -a]*

heilig	santo, -a [ˈsaṇto, -a] *[santo, -a]*
Hellseher(in)	vidente *el/la* [biˈðeṇte] *[bidente]*
Herrin, Besitzerin	ama *el* [ˈama] *[ama]*
Herrscher/in	regente *el/la* [rreˈxeṇte] *[rechente]*
hervorragend	fetén [feˈten] *[feten*
hervortretend	protuberante [protuβeˈraṇte] *[protuberante]*
Herz	corazón *el* [koraˈθon] *[korason]*
heulen, jaulen	gañir [gaˈɲir] *[ganir]*
Hexe, Eule	bruja *la* [ˈbruxa] *[brucha]*
hin und her bewegen	agitar [axiˈtar] *[achitar]*
hinderlich	obstante [oβsˈtaṇte] *[obstante]*
hineinpassen, durchpassen	caber [kaˈβer] *[kaber]*
hinken, lahmen	renquear [rreŋkeˈar] *[renkear]*
hinsetzen, hinstellen, hinlegen	poner [poˈner] *[poner]*
hinten	detrás [deˈtras] *[detras]*
Hinterbacke	anca *la* [ˈaŋka] *[anka]*
Hinterland	hinterland *el* [ˈiṇðerlaṇð] *[hinderland]*
Hintermann	zaga *la* [ˈθaɣa] *[saga]*
Hintern	culo *el* [ˈkulo] *[kulo]*
hinterziehen, unterschlagen	defraudar [defrau̯ˈðar] *[defraudar]*
hinweisen, signalisieren, deuten	señalar [seɲaˈlar] *[senijalar]*
Hitze	calor *el* [kaˈlor] *[kalor]*
höchst, äußerst	sumo, -a [ˈsumo, -a] *[sumo, -a]*
Hocker, Stuhl	taburete *el* [taβuˈrete] *[taburete]*
Höflichkeit	mesura *la* [ˈmesura] *[mesura]*
Höflichkeit, Feinheit, Kultiviertheit	finura *la* [fiˈnura] *[finura]*
Holz	madera *la* [maˈðera] *[madera]*
Holzwurm	carcoma *la* [karˈkoma] *[karkoma]*
Honig	miel *la* [mjel] *[mjel]*
Horde, Herde	rebaño *el* [rreˈβaɲo] *[rebanjo]*
Hornist	clarín *el* [klaˈrin] *[klarin]*
Hose	calzón *el* [ˈkalˈθon] *[kalson]*

hübsch, süß, entzückend	mono, -a [ˈmono, -a] *[mono, -a]*
Hüft...	coxal [koˠˈsal] *[kogsal]*
Hühnerbrühe, Gemüsetopf	pisto *el* [ˈpisto] *[pisto]*
Hühnerstall	pollera *la* [poˈʎera] *[poijera]*
Hund	can *el* [kan] *[kan]*
hundert	cien [θjen] *[sjen]*
Hure	golfa *la* [ˈgolfa] *[golfa]*
Husten	tos *la* [tos] *[tos]*
husten	toser [toˈser] *[toser]*
Hyäne	hiena *la* [ˈjena] *[jena]*

Iglu	iglú *el* [iˈɣlu] *[iglu]*
ihr	vos [bos] *[bos]*
in Ordnung bringen	arreglar [arreˈɣlar] *[areglar]*
in, durch	por [por] *[por]*
innen	dentro [ˈdeṇtro] *[dentro]*
(Insekten)eier, Made	cresa *la* [ˈkresa] *[kresa]*
interessiert	interesadamente [iṇteresaðaˈmeṇte] *[interesadamente]*

ja	sí [si] *[si]*
jammern	plañir [plaˈɲir] *[planir]*
Januar	enero *el* [eˈṇero] *[enero]*
jenseits	allende [ˈaʎeṇde] *[alljende]*
Journalist(in)	periodista *el/la* [perjoˈðista] *[perjodista]*
Juckreiz, Unruhe	comezón *el* [komeˈθon] *[komeson]*
Jugend, (Pflanzen)grün	verdor *el* [berˈβor] *[berdor]*
Junge, Mädchen	zagal, -a *el/la* [θaˈɣal(a)] *[sagal(a)]*
Junge, verwöhntes Kind	niño *el* [ˈniɲo] *[ninjo]*
jungfräulich, rein	virgen [birˈxen] *[birchen]*

Kaffee	café *el* [ka'fe] *[kafe]*
Kaiser	káiser *el* ['kaiser] *[kaiser]*
Kajak	kayak *el* [kajak] *[kajak]*
Kaktusfeige	chumbo *el* [tʃumbo] *[tschumbo]*
Kalb	ternero *el* [ter'nero] *[ternero]*
kalt, frostig	frio, -a ['frio, -a] *[frio, -a]*
Kälte	frio *el* ['frio] *[frio]*
Kamm	peine *el* ['paine] *[paine]*
Kampf, Gefecht, Schlacht	combate *el* [kom'bate] *[kombate]*
Kannibale	canibal *el* [ka'niβal] *[kanibal]*
Kanu	bongo *el* ['boŋgo] *[bongo]*
Kapelle	ermita *la* [er'mita] *[ermita]*
Kapuze, Verschlusskappe	capuchón *el* [kapu'tʃon] *[kaputschon]*
Karriere, Laufbahn	carrera *la* [ka'rrera] *[karera]*
Kartenspiel	mus *el* [mus] *[mus]*
Kartoffel, Papst	papa *la* ['papa] *[papa]*
Karussell	carrusel *el* [karru'sel] *[karusell]*
Kassierer(in)	cobrador(a) *el/la* ['koβra'ðor(a)] *[kobrador(a)]*
(kastanien)braun	marrón [ma'rron] *[maron]*
Kater	gato *el* ['gato] *[gato]*
Katze	gata *la* ['gata] *[gata]*
kauen, murmeln, vorhersehen	mascar [mas'kar] *[maskar]*
kaum	dudosamente ['duðosa'mente] *[dudosamente]*
Kefir	kéfir *el* [kefir] *[kefir]*
Kegel	bolo *el* ['bolo] *[bolo]*
Keim, Ursprung	germen *el* ['xermen] *[chermen]*
Keimling, Trieb, Sprosse	brote *el* ['brote] *[brote]*
Kennzeichen	marca *la* ['marka] *[marka]*
Kerze	vela *la* ['bela] *[bela]*
Kessel	tacho *el* ['tatʃo] *[tatscho]*

Keuchen, Hecheln	jadeo *el* [xaˈðeo] *[chadeo]*
Keule	clava *la* [ˈklaβa] *[klaba]*
Keule, Schlägel, Stampfer	maza *la* [ˈmaθa] *[masa]*
Kieme	agalla *la* [aˈɣaʎa] *[agaia]*
Kies, Schotter	grava *la* [ˈgraβa] *[graba]*
Kieselstein	china *la* [ˈtʃina] *[tschina]*
Kieselstein	guija *la* [ˈgixa] *[gicha]*
Kindergarten	kindergarten *el* [kiṇderˈɣarten] *[kindergarten]*
Kindermädchen	chacha *la* [ˈtʃatʃa] *[tschatscha]*
Kinn	barbilla *la* [barˈβiʎa] *[barbia]*
Kirche	iglesia *la* [iˈɣlesja] *[iglesia]*
Kitsch	kitsch *el* [ˈkitʃ] *[kitsch]*
Klang, Schall, Laut	son *el* [son] *[son]*
Klarinette	clarinete *el* [klariˈnete] *[klarinete]*
klasse, spitze	guay [gwai] *[gwai]*
Klatschtante	maruja *la* [maˈruxa] *[marucha]*
Klebstoff, Schwanz	cola *la* [ˈkola] *[kola]*
Kleiderkammer, Patronenlager	recámara *la* [rreˈkamara] *[rekamara]*
kleine Festung(sanlage)	fortín *el* [forˈtin] *[fortin]*
kleines Fass	barrica *la* [baˈrrika] *[barika]*
(kleiner) Junge, (kleines) Mädchen	rapaz(a) *el/la* [ˈrrapaθ, -a] *[rapas, -a]*
kleines Mädchen, Kleine	nena *la* [neˈna] *[nena]*
kleines Stück, ein bisschen	pizca *la* [ˈpiθka] *[piska]*
Klima	clima *el* [ˈklima] *[klima]*
klingend, klangreich	sonante [sonˈaṇte] *[sonante]*
Klischeevorstellung	cliché *el* [kliˈtʃe] *[klitsche]*
Klitoris	clítoris *el* [ˈklitoris] *[klitoris]*
Klosterbruder	fray *el* [fraị] *[frai]*
Klosterhof, Kreuzgang	claustro *el* [ˈklaụstro] *[klaustro]*
knackig, geschwollen, üppig	turgente [turˈxente] *[turchente]*
Knast	trena *la* [ˈtrena] *[trena]*

Knäuel, Bündel	rebujo *el* [rreˈβuxo] *[rebucho]*
Knoblauch	ajo *el* [ˈaxo] *[acho]*
Knüppel	garrote *el* [gaˈrrote] *[garote]*
Kobra	cobra *la* [ˈkoβra] *[kobra]*
kochen, schmoren, aushecken	guisar [giˈsar] *[gisar]*
Kochtopf	olla *la* [ˈoʎa] *[oja]*
Kohle, Steinkohle	hulla *la* [ˈuʎa] *[uja]*
Kokosnuss	coco *el* [ˈkoko] *[koko]*
Kolben	matraz *el* [maˈtraθ] *[matras]*
Kolibri	colibrí *el* [ˈkoliˈβri] *[kolibri]*
Komet, (la) Drachen	*cometa el* [koˈmeta] *[kometa]*
komisch, witzig	cómico, -a [ˈkomiko, -a] *[komiko, -a]*
Kompost	compost *el* [komˈposᵗ] *[kompost]*
Kompressor, Verdichter	compresor *el* [kompreˈsor] *[kompresor]*
können	poder [poˈðer] *[poder]*
(Kopf)schuppen	caspa *la* [ˈkaspa] *[kaspa]*
Korb	canasta *la* [kaˈnasta] *[kanasta]*
Korn, Erntezeit	mies *la* [ˈmjes] *[mjes]*
Körper, Leib, Rumpf	cuerpo *el* [ˈkwerpo] *[kwerpo]*
Korsett	faja *la* [ˈfaxa] *[facha]*
kosten	catar [kaˈtar] *[katar]*
kosten	valer [baˈler] *[baler]*
kostenlos, gratis	gratis [ˈgratis] *[gratis]*
Kotfleck, Hosenboden	culera *la* [kuˈlera] *[kulera]*
Krabbe, Garnele	gamba *la* [ˈgamba] *[gamba]*
krächzen, schnattern	graznar [graθˈnar] *[grasnar]*
Kraft, Energie	lena *la* [ˈleɲa] *[lenja]*
kräftig, stabil, fest	firme [ˈfirme] *[firme]*
kraftvoll, schwungvoll	vibrante [biˈβraɳte] *[bibrante]*
Kramladen	tendajo *el* [teɳˈdaxo] *[tendacho]*
Krankenbahre	camilla *la* [kaˈmiʎa] *[kamija]*
Krater	cráter *el* [ˈkrater] *[krater]*

kratzen, abkratzen, abschaben	raspar [rras'par] *[raspar]*
Kraul(schwimmen)	crol *el* ['krol] *[krol]*
Krawatte	corbata *la* [kor'βata] *[korbata]*
Kredit geben	fiar [fi'ar] *[fiar]*
Kreide	creta *la* ['kreta] *[kreta]*
Krieg	guerra *la* ['gerra] *[gerra]*
Krug	botija *la* [bo'tixa] *[boticha]*
Kruzifix	cristo *el* ['kristo] *[kristo]*
Kübel, Bottich	cuba *la* ['kuba] *[kuba]*
Kuchen	pastel *el* [pas'tel] *[pastel]*
Küchenhilfe	pinche *el* ['pintʃe] *[pintsche]*
Kugel	globo *el* ['gloβo] *[globo]*
Kügelchen	glóbulo *el* ['gloβulo] *[globulo]*
Kuh	vaca *la* ['baka] *[baka]*
Kuhfladen, Pferdeapfel	bosta *la* ['bosta] *[bosta]*
Kumpan(in)	compinche *el/la* [kom'pintʃe] *[kompintsche]*
Kumpel	pipe *el* ['pipe] *[pipe]*
Kurve, Bogen, Kehre	curva *la* ['kurβa] *[kurba]*
Kuss, Schmatz	beso *el* [beso] *[beso]*
küssen, sich küssen	besar [be'sar] *[besar]*
Küste	costa *la* ['kosta] *[kosta]*
Küste, Ufer	orilla *la* [o'riʎa] *[orija]*
Lachs	salmón *el* [sal'mon] *[salmon]*
Lagerfeuer	pira *la* ['pira] *[pira]*
lagern	campar [kam'par] *[kampar]*
Laie, Laienbruder	lego *el* ['leɣo] *[lego]*
Lampe	lámpera *la* ['lampera] *[lampera]*
Lampenverkäufer(in)	lampista *el/la* [lam'pista] *[lampista]*
Landhaus, Bauernhaus	casal *el* [ka'sal] *[kasal]*

(Land)karte	mapa *el* [ˈmapa] *[mapa]*
Landschaft	paisaje *el* [paiˈsaxe] *[paisache]*
landwirtschaftlich	agricola [aˈɣrikola] *[agrikola]*
laut, hoch	alto [ˈal̪to] *[alto]*
leben	vivir [biˈβir] *[bibir]*
lebendig, munter	vivo [ˈbiβo] *[bibo]*
Leberpastete	paté *el* [paˈte] *[pate]*
Leergewicht, Tara	tara *la* [ˈtara] *[tara]*
Lehm	limo *el* [ˈlimo] *[limo]*
Lehramt, Lehrberuf	docencia *la* [doˈθeṇθja] *[dosensja]*
Lehrling	aprendiz(a) *el/la* [apreṇˈtiθ(a)] *[aprentis(a)]*
Leibesfrucht, Fötus	feto *el* [ˈfeto] *[feto]*
leicht verdorben, überreif	manido, -a [maˈniðo, -a] *[manido, -a]*
Leichtigkeit	levedad *la* [leβeˈðað] *[lebedad]*
Leid, Plage	plaga *la* [ˈplaɣa] *[plaga]*
Leine, Strick	cuerda *la* [ˈkwerða] *[kwerda]*
leistungsfähig, potent	potente [poˈteṇte] *[potente]*
Lenkrad, Steuer	volante *el* [boˈlaṇte] *[bolante]*
Lesefibel	catón *el* [kaˈton] *[katon]*
Lesegerät	lector *el* [lekˈtor] *[lektor]*
lesen	leer [leˈer] *[leer]*
Leuchtturmwärter(in)	torrero, -a *el/la* [toˈrreo, -a] *[torero, -a]*
Lichtung	claro *el* [ˈklaro] *[klaro]*
Liebe	amor *el* [aˈmor] *[amor]*
Liebesgedicht	poema de amor *el* [poˈema de aˈmor] *[poema de amor]*
liebevoll, weich, mild	amoroso, -a [amoˈroso, -a] *[amoroso, -a]*
liebevolle Mutter	madraza *la* [ˈmaðraθa] *[madrasa]*
Lieblosigkeit, Abneigung	desamor *el* [desaˈmor] *[desamor]*
Lilie	lis *la* [lis] *[lis]*
Linde	tilo *el* [ˈtilo] *[tilo]*

Lineal, linear	lineal *el* [line'al] *[lineal]*
Lineal, Regel	regla *la* [ˈrreɣla] *[regla]*
Lob	alabanza *la* [alaˈβaṇθa] *[alabansa]*
Lohn, Gehalt	sueldo *la* [ˈsweldo] *[sweldo]*
Lohn, Zahlung	paga *la* [ˈpaɣa] *[paga]*
Lorbeer(baum)	laurel *el* [lau̯ˈrel] [laurel]
Lötkolben	soldador *el* [soldaˈðor] *[soldador]*
Luchs	lince *el* [ˈliṇθe] *[linse]*
Lüften	oreo *el* [oˈrco] *[oreo]*
Luftziegel	adobe *el* [aˈðoβe] *[adobe]*
Lüge, Betrug	filfa *la* [ˈfilfa] *[filfa]*
lügen, schwindeln	mentir [menˈtir] *[mentir]*
Lunge	bofe *el* [ˈbofe] *[bofe]*
Lust	gana *la* [ˈgana] *[gana]*

machen, tun	hacer [aˈθer] *[aser]*
Macht	mando *el* [ˈmaṇdo]
mächtig, machtvoll	poderoso, -a [poṇdeˈroso, -a] *[ponderoso, -a]*
Mädchen	niña *la* [ˈniɲa] *[ninja]*
Mafia	mafia *la* [ˈmafja] *[mafja]*
Magen	buche *el* [ˈbutʃe] *[butsche]*
Magie, Zauber, Zauberkraft	magia *la* [ˈmaxja] *[machja]*
Magma	magma *el* [ˈmaɣma] *[magma]*
mahlen	moler [moˈler] *[moler]*
Mai	mayo *el* [ˈmaɟo] *[majo]*
Mais	milpa *la* [ˈmilpa] *[milpa]*
Makrele	caballa *la* [kaˈβaʎa] *[kabaja]*
Malz	malta *la* [ˈmal̪ta] *[malta]*
Mamma, Mutti	mamá *la* [maˈma] *[mama]*
Mammut	mamut *el* [maˈmuð] *[mamut]*

mangelhaft, ohne	falto, -a [ˈfalto, -a] *[falto, -a]*
Mango, Griff	mango *el* [ˈmaŋgo] *[mango]*
Mann, Junge	varón *el* [ˈbaron] *[baron]*
Männchen, Kerl	macho *el* [ˈmatʃo] *[matscho]*
Mannweib	machona *la* [ˈmatʃona] *[matschona]*
Marathon	maratón *el* [maraˈton] *[maraton]*
Marder	marta *la* [ˈmarta] *[marta]*
Marine	marina *la* [maˈrina] *[marina]*
Marktplatz	zoco *el* [ˈθoko] *[soko]*
Masche, Netz, Trikot	malla *la* [ˈmaʎa] *[maja]*
Maschine	máquina *la* [ˈmakina] *[makina]*
mästen	cebar [θeβar] *[sebar]*
matt, glanzlos	mate [ˈmate] *[mate]*
Meer, See	mar *el/la* [ˈmar] *[mar]*
mehr, lieber, besser	más [mas] *[mas]*
Meile	legua *la* [ˈleɣwa] *[legwa]*
Melone, Luftpumpe	bombín *el* [bomˈbin] *[bombin]*
Menge, Betrag, Quantum	cantidad *la* [kaɳtiˈðaˈ] *[kantidad]*
Menge, Volks(masse)	multitud *la* [multiˈtuˈ] *[multitud]*
Meter	metro *el* [ˈmetro] *[metro]*
Miete	renta *la* [rreɳta] *[renta]*
Milch	leche *la* [ˈletʃe] *[letsche]*
Milchzucker	lactosa *la* [lakˈtosa] *[laktosa]*
Mime	mimo *el* [ˈmimo] *[mimo]*
Minigolf	minigolf *el* [miniˈɣolf] *[minigolf]*
mir, mich	mí [mi] *[mi]*
missbrauchen, ausnutzen	abusar [aβuˈsar] *[abusar]*
miteinander schlafen	sebear [seˈβear] *[sebear]*
mollig, geschmeidig, glatt	suave [suˈaβe] *[suabe]*
Mönch	monje *el* [ˈmoŋxe] *[monche]*
Mond	luna *la* [ˈluna] *[luna]*
Montage	monta *la* [ˈmoɳta] *[monta]*

Morgendämmerung	alba *el* [ˈalba] *[alba]*
Morgenrock (für Männer)	batín *el* [baˈtin] *[batin]*
Morgenröte	aurora *la* [au̯ˈrora] *[aurora]*
Motorhaube	capot *el* [kaˈpo] *[kapo]*
Motte	polilla *la* [poˈliʎa] *[polija]*
müde, ermüdend	cansado, -a [kanˈsaðo, -a] *[kansado, -a]*
Mund	boca *la* [ˈboka] *[boka]*
mutig	valeroso, -a [baleˈroso, -a] *[baleroso, -a]*
mutig	valiente [baˈljente] *[baljente]*
mutig, tapfer	bizarro, -a [biˈθarro, -a] *[bisarro, -a]*

na gut!	bueno [ˈbweno] *[bweno]*
Nachkomme	descendiente *el* [deθenˈdiente] *[desendijente]*
Nacht	noche *la* [ˈnoʧe] *[notsche]*
(Nacht-)Tau	relente *el* [rreˈlente] *[relente]*
Nachtisch	pos *el* [pos] *[pos]*
Nachtlokal	boite *la* [bwaˈ] *[bwad]*
Nachttau	serena, -o *el* [seˈrena, -o] *[serena, -o]*
Nacken, Genick	nuca *la* [ˈnuka] *[nuka]*
Nahrung	alimento *el* [aliˈmento] *[alimento]*
Narr, Närrin	orate *el/la* [oˈrate] *[orate]*
naschhaft, lecker	goloso, -a [goˈloso, -a] *[goloso, -a]*
Naschkatze, Leckermaul	goloso, -a *la/el* [goˈloso, -a] *[goloso, -a]*
Nase	nariz *la* [naˈriθ] *[naris]*
Neffe, Nichte	sobrino, -a *el/la* [soˈβrino, -a] *[sobrino, -a]*
Nektar	néctar *el* [ˈnektar] *[nektar]*
Nervensäge	plasta *el* [ˈplasta] *[plasta]*
Nerz	visón *el* [biˈson] *[bison]*
Nest	nido *el* [ˈniðo] *[nido]*

Nichtanwendung	desuso *el* [deˈsuso] *[desuso]*
nichts	nada [ˈnaða] *[nada]*
nieseln	cerner [θerˈner] *[serner]*
Niete	remache *el* [rreˈmatʃe] *[rematsche]*
noch einmal	bis [bis] *[bis]*
noch einmal machen, wiederherstellen, reparieren	rehacer [rreˈaθer] *[reaser]*
notieren	anotar [anoˈtar] *[anotar]*
Notiz, Skizze	apunte *el* [aˈpunte] *[apunte]*
Notizbuch	libreta *la* [liˈβreta] *[libreta]*
Nudeln	fideos *los* [fiˈðeo] *[fideos]*
Nudeln	pasta *la* [ˈpasta] *[pasta]*
nur	únicamente [unikaˈmen̦te] *[unikamente]*
nur, einzig und allein	solamente [solaˈmen̦te] *[solamente]*
Nutte, Strichmädchen	puta *la* [ˈputa] *[puta]*
nützen	servir [serˈβir] *[serbir]*
Nutzung, Gebrauch, Verwendungszweck	uṣo *el* [ˈuso] *[uso]*
obliegen	competer [kompeˈter] *[kompeter]*
Oboe	oboe *el* [oˈβoe] *[oboe]*
ohne	carente [kaˈrente] *[karente]*
ohne	sin [sin] *[sin]*
Ohnmacht	desmayo *el* [desˈmajo] *[desmajo]*
Ohrfeige	cate *el* [ˈkate] *[kate]*
Ohrring	arete *el* [aˈrete] *[arete]*
Ölpresse, Kelterei	lagar *el* [laˈɣar] *[lagar]*
Omelett	tortilla *la* [torˈtiʎa] *[tortija]*
Opernglas, Zwillinge	gemelos *los* [xeˈmelos] *[chemelos]*
oral, mündlich	oral [oˈral] *[oral]*
Orange	naranja *la* [naˈraŋxa] *[narancha]*
Orca, Schwertwal	orca *la* [ˈorka] *[orka]*

Osten	este *el* [ˈeste] *[este]*
Osten, Orient	naciente *el* [naˈθjeṇte] *[nasjente]*
Paarung, Begattung	cópula *la* [ˈkopula] *[kopula]*
Panda	panda *la* [ˈpaṇda] *[panda]*
Panzer	tanque *el* [ˈtaŋke] *[tanke]*
Papierkorb, Aktenschrank	papelera *la* [papeˈlera] *[papelera]*
Pappelwald, Pappelallee	alameda *la* [alaˈmeda] *[alameda]*
päpstlich	papal [paˈpal] *[papal]*
Park	parque *el* [ˈparke] *[parke]*
Passagierschiff	paquebote *el* [pakeˈβote] *[pakebote]*
Pech, Schwierigkeit	pega *la* [ˈpeʎa] *[pega]*
Pech, Unglück	yeta *la* [ˈjeta] *[jeta]*
Pedal	pedal *el* [peˈðal] *[pedal]*
Pest	peste *la* [ˈpeste] *[peste]*
Pfad	senda *la* [ˈseṇda] *[senda]*
Pfahl	pilote *el* [piˈlote] *[pilote]*
Pfand	prenda *la* [ˈpreṇða] *[prenda]*
pfeifen	silbar [silˈβar] *[silbar]*
Pfeil	flecha *la* [ˈfleʧa] *[fletscha]*
Pferch	redil *el* [rreˈðil] *[redil]*
Pflanze	planta *la* [ˈplaṇta] *[planta]*
Pfosten	poste *el* [ˈposte] *[poste]*
Phase	fase *la* [ˈfase] *[fase]*
Piano, Klavier	piano *el* [piˈano] *[piano]*
Pilz	seta *la* [ˈseta] *[seta]*
Pinsel	pincel *el* [piṇˈθel] *[pinsel]*
Pizza	pizza *la* [ˈpitsa] *[pitsa]*
Plädoyer	alegato *el* [aleˈɣato] *[alegato]*
Plan	plan *el* [ˈplan] *[plan]*
Planet	planeta *el* [plaˈneta] *[planeta]*

Plankton	plancton *el* [plan'kton] *[plankton]*
plötzlich, sprunghaft	brusco, -a ['brusko, -a] *[brusko, -a]*
plötzliche Bewegung	repente *el* [rre'peṇte] *[repente]*
Plüschtier	peluche *el* [pe'luʧe] *[pelutsche]*
Pökeln	saladura *la* [sa'laðura] *[saladura]*
Poker	póker *el* ['poker] *[poker]*
Pol	polo *el* ['polo] *[polo]*
polieren	lustrar [lus'trar] *[lustrar]*
Polka	polca *la* ['polka] *[polka]*
Pollen	polen *el* ['polen] *[polen]*
Pony	póney *el* ['poni] *[poni]*
Popcorn	tote *el* ['tote] *[tote]*
portugiesisch	luso, -a *la/el* ['luso, -a] *[luso, -a]*
Pose	pose *la* [po'se] *[pose]*
Postamt	estafeta *la* [esta'feta] *[estafeta]*
Preis	coste *el* ['koste] *[koste]*
Preußen	Prusia *la* ['prusja] *[prusja]*
prima, hochwertig	fain [fain] *[fain]*
Prüfung	examen *el* [eˠ'samen] *[egsamen]*
Prüfung	tanteo *el* [taṇ'teo] *[tanteo]*
Pudding	pudin *el* ['puðiṇ] *[pudin]*
Punkt	punto *el* ['puṇto] *[punto]*

quälen	remorder [rremor'ðer] *[remorder]*
Qualle	medusa *la* [me'ðusa] *[medusa]*
Quelle	naciente *el* [na'θjeṇte] *[nasjente]*
quetschen	magullar [maɣu'ʎar] *[maguijar]*

Raub	robo *el* ['rroβo] *[robo]*
rauchen	fumar [fu'mar] *[fumar]*

Recht, Anrecht, Anspruch	derecho *el* [deˈretʃo] *[deretscho]*
Rechte, politsch	derecha *la* [deˈretʃa] *[deretscha]*
Rechtsanwalt	abogado *el* [aβoˈɣaðo] *[abogado]*
Rechtsstreit	pleito *el* [ˈpleito] *[pleito]*
Referent(in)	ponente *el/la* [poˈnente] *[ponente]*
Regel, Norm	norma *la* [ˈnorma] *[norma]*
Regentropfen, Tropfen	gota *la* [ˈgota] *[gota]*
regieren, leiten, lenken	regir [rreˈxir] *[rechir]*
(ab-) *reiben, frottieren*	frotar [froˈtar] *[frotar]*
Reibung	roce *el* [rroˈθe] *[rose]*
reicher Mann	bacán *el* [baˈkan] *[bakan]*
reichlich, ausgiebig	abundante [aβunˈdante] *[abundante]*
reif	granado, -a [graˈnaðo, -a] *[granado, -a]*
reif	maduro, -a [maˈðuro, -a] *[maduro, -a]*
Reihe, Schlange	fila *la* [ˈfila] *[fila]*
Reinigung	tinte *el* [ˈtinte] *[tinte]*
Reis	arroz *el* [aˈrroθ] *[arros]*
Reiseführer, Leitfaden	guía *la* [ˈgia] *[gia]*
Reiter	jinete *el* [xiˈnete] *[chinete]*
Reitgerte	fusta *el* [ˈfusta] *[fusta]*
Ren; Rentier	reno *el* [ˈrreno] *[reno]*
Rerormer(in), reformfreudig	reformista *(el/la)* [rreforˈmista] *[reformista]*
Rest, übrig	remanente *(el)* [rremaˈnente] *[remanente]*
Retter, Lebensretter, Erlöser	salvador(a) *el/la* [salβaˈðor(a)] *[salbador(a)]*
Rettungsring, Schwimmer	flotador *el* [flotaˈðor] *[flotador]*
Ringkampf	lucha *la* [ˈlutʃa] *[lutscha]*
Rock	falda *la* [ˈfalda] *[falda]*
Rohr, Schilf, Halm	caña *la* [ˈkaɲa] *[kanja]*
Rolle, Rollfilm	rollo *el* [ˈrroʎo] *[roijo]*

Rosa	rosa [ˈrrosa] *[rosa]*
Rot	rojo *el* [ˈrroxo] *[rocho]*
Rübe, Schwanz (Penis)	nabo *el* [ˈnaβo] *[nabo]*
Rücken	dorso *el* [ˈdorso] *[dorso]*
Rücken, Kehrseite	espalda *la* [esˈpalda] *[espalda]*
Rücklage, Reserve	retén *el* [rreˈten] *[reten]*
rückwärts einparken	acular [akuˈlar] *[akular]*
Ruder	remo *el* [ˈrremo] *[remo]*
rudern, paddeln	bogar [boˈɣar] *[bogar]*
ruhig	pancho, -a [ˈpanʧo, -a] *[pantscho, -a]*
ruhig	plácido, -a [plaˈθiðo, -a] *[plasido, -a]*
rütteln, schütteln	remecer [rremeˈθer] *[remeser]*

Sack	saco *el* [ˈsako] *[sako]*
Safran	croco *el* [ˈkroko] *[kroko]*
Saft	jugo *el* [ˈxuɣo] *[chugo]*
Saft	zumo *el* [ˈθumo] *[sumo]*
saftig	suculento, -a [sukuˈlento, -a] *[sukulento, -a]*
Sahne	nata *la* [ˈnata] *[nata]*
Salbe	pomada *la* [poˈmaða] *[pomada]*
Salz	sal *la* [sal] *[sal]*
salzig	salado, -a [saˈlaðo, -a] *[salado, -a]*
(Samen)korn	grano *el* [ˈgrano] *[grano]*
Sandale	abarca *la* [aˈβarka] *[abarka]*
Sarkom	sarcoma *el* [sarˈkoma] *[sarkoma]*
Satin	satén *el* [saˈten] *[saten]*
Sattel	sillin *el* [siˈʎin] *[sijin]*
sauber	limpio, -a [limˈpjo, -a] *[limpjo, -a]*
Sauerkirsche	guinda *la* [ˈginda] *[ginda]*
säuerlich, Gauner	suche [ˈsuʧe] *[sutsche]*

Säufer	zaque *el* [ˈθake] *[sake]*
saugen, nippen	libar [liˈβar] *[libar]*
Sauger	tetina *la* [teˈtina] *[tetina]*
Säugling	lactante *el* [lakˈtaṇte] *[laktante]*
Sauna	sauna *la* [ˈsau̯na] *[sauna]*
Schach	jaque *el* [ˈxake] *[chake]*
Scham(gegend)	pubis *el* [ˈpuβis] *[pubis]*
scharfsinnig	sagaz [saˈɣaθ] *[sagas]*
Schattierung, Farbton	matiz *el* [maˈtiθ] *[matis]*
Schauder	grima *la* [grima] *[grima]*
Schaufel	pala *la* [ˈpala] *[pala]*
Schaufensterpuppe	figurín *el* [fiɣuˈrin] *[figurin]*
Schaum, Gischt	espuma *la* [esˈpuma] *[espuma]*
Schaumlöffel	rasera *la* [rraˈsera] *[rasera]*
Scheibe	disco *el* [ˈdisko] *[disko]*
Scheide	vaina *la* [baina] *[baina]*
scheißen	jiñar [xiˈɲar] *[chinjar]*
scheißen, beflecken	cagar [kaˈɣar] *[kagar]*
Scheitern, Misserfolg, Unglück	fracaso *el* [fraˈkaso] *[frakaso]*
Schemel, Fußbank	escabel *el* [eskaˈβel] *[eskabel]*
Scherz	guasa *la* [ˈgwasa] *[gwasa]*
schick	paquete, -a *el* [paˈkete, -a] *[pakete, -a]*
Schicksal	hado *el* [ˈaðo] *[ado]*
Schienbein	canilla *la* [kaˈniʎa] *[kanija]*
schießen, anschießen, erschießen	balear [baleˈar] *[balear]*
Schiff,	nave *la* [ˈnaβe] *[nabe]*
schikanieren, misshandeln	vejar [beˈxar] *[bechar]*
schläfrig, schwerfällig	modorro, -a [moˈðorro, -a] *[modorro, -a]*
Schlag	sopetón *el* [sopetˈon] *[sopeton]*
schlagen, verprügeln	tundir [tuṇˈdir] *[tundir]*
Schlagloch	bache *el* [ˈbaʧe] *[batsche]*
Schlagstock	tolete *el* [ˈtolete] *[tolete]*

Schlamm, Lama	lama *la* [ˈlama] *[lama]*
schlampiger Mensch	adán *el* [aˈðan] *[adan]*
Schlange	culebra *la* [kuˈleβra] *[kulebra]*
Schlangen	ofidios *los* [oˈfiðjos] *[ofidjos]*
Schlaufe	presilla *la* [preˈsiʎa] *[presija]*
schlecht	malo, -a [ˈmalo, -a] *[malo, -a]*
schlechte Laune	malhumor *el* [maluˈmor] *[malumor]*
Schleim, Geifer	baba *la* [ˈbaβa] *[baba]*
Schlick	légamo *el* [ˈleɣamo] *[legamo]*
Schlittschuh, Kufe	patín *el* [paˈtin] *[patin]*
Schluckauf	hipo *el* [ˈipo] *[ipo]*
Schmeichelei	camelo *el* [kaˈmelo] *[kamelo]*
schmelzen, verschmelzen, gießen	fundir [funˈdir] *[fundir]*
Schmerzmittel	sedante *el* [seˈðan̪te] *[sedante]*
Schmuck	adorno *el* [aˈðorno] *[adorno]*
Schmuckstück, Prachtstück	alhaja *la* [aˈlaxa] *[alacha]*
Schmuggelware	matute *el* [maˈtute] *[matute]*
Schmutz, Schäbigkeit	roña *la* [ˈrroɲa] *[ronja]*
Schnauzbart, Schnurrbart	bigote *el* [biˈɣote] *[bigote]*
Schneefall	nevada *la* [neˈβaða] *[nebada]*
schneeweiß	niveo, -a [ˈniβeo, -a] *[nibeo, -a]*
schneidend, scharf	cortante [korˈtan̪te] *[kortante]*
Schnur, Schnürsenkel, Strick	cordón *el* [korˈðon] *[kordon]*
Schock	shock *el* [ʃokᵏ/ʧokᵏ] *[tschok]*
schon, bereits	ya [ja] *[ja]*
schön, wohlgeformt	bello, -a [ˈbeʎo, -a] *[bejo, -a]*
Schotterplatz	pedregal *el* [peðreˈɣal] *[pedregal]*
Schrecken	espanto *el* [esˈpan̪to] *[espanto]*
Schreibtisch, Nachttisch	buró *el* [buˈro] *[buro]*
schreien	exclamar [esklaˈmar] *[esklamar]*
Schule	escuela *la* [esˈkwela] *[eskwela]*
Schulmappe	vade *el* [ˈbaðe] *[bade]*

Schürze	mandil *el* [maṇˈdil] *[mandil]*
Schürzenjäger	faldero *el* [faḷˈdero] *[faldero]*
Schüssel	platón *el* [plaˈton] *[platon]*
schütteln, schaukeln	mecer [ˈmeθer] *[meser]*
Schutz, Wache	guarda *la* [ˈgwarða] *[gwarda]*
Schutzwall	baluarte *el* [baˈlwarte] *[balwarte]*
schwach, matt	laso, -a [ˈlaso, -a] *[laso, -a]*
Schwangerschaft	preñez *la* [preˈɲeθ] *[prenjes]*
Schwanz (Penis)	carajo *el* [kaˈraxo] *[karacho]*
Schwätzer, Saatkrähe	grajo *el* [ˈgraxo] *[gracho]*
schweinisch, schmutzig, Schwein, Sau	cerdo, -a *el/la* [ˈθerðo] *[serdo]*
(Schweine)filet	magro *el* [ˈmaɣro] *[magro]*
Schweißbrenner	soplete *el* [soˈplete] *[soplete]*
schwer, schlimm	grave [ˈgraβe] *[grabe]*
schwerfällig, ungeschickt	torpe [ˈtorpe] *[torpe]*
Schwimmdock	dique flotante *el* [ˈdike floðṇðe] *[dike flotante]*
Schwindel, Betrug	chanada *la* [ʧaˈnaða] *[tschanada]*
Schwuler, Arschloch, Hosenscheißer	marica *el* [maˈrika] *[marika]*
Schwung, Elan, Heftigkeit	ímpetu *el* [ˈimpetu] *[impetu]*
See...	naval [naˈβal] *[nabal]*
Seeaal	varga *la* [ˈbarɣa] *[barga]*
Seebarsch	lubina *la* [ˈluβina] *[lubina]*
Seefahrer(in)	navegante *el/la* [naβeˈɣante] *[nabegante]*
Seele	alma *el/la* [ˈalma] *[alma]*
Seeteufel, Blitzrasur	rape *el* [ˈrrape] *[rappe]*
sehen	ver [ber] *[ber]*
Seidenspitze	blonda *la* [ˈbloṇda] *[blonda]*
Seil, Strick	soga *la* [ˈsoɣa] *[soga]*
Sellerie	apio *el* [ˈapjo] *[apjo]*
selten, rar	raramente [rraraˈmeṇte] *[raramente]*

seltsam, fremd, außerordentlich	peregrino, -a [pere'ɣrino, -a] *[peregrino, -a]*
Sensor	sensor el [sen'sor] *[sensor]*
Setzling	plantón el [plaŋ'ton] *[planton]*
Sextant	sextante el [ses'tante] *[sestante]*
sezieren, ausstopfen	disecar [dise'kar] *[disekar]*
(sich) gewöhnen	habituar [aβitu'ar] *[abituar]*
Sichel	hoz la [oθ] *[os]*
sichtbar, eindeutig	patente [pa'teņte] *[patente]*
Sieb	colador el [kola'ðor] *[kolador]*
Silbe	silaba la [silaβa] *[silaba]*
Silber	plata la ['plata] *[plata]*
singen	cantar [kaņ'tar] *[kantar]*
Sirup	almibar el [al'miβar] *[almibar]*
Ski	esquí el [es'ki] *[eski]*
sklavisch	servil [ser'βil] *[serbil]*
Smaragd	esmeralda la [esme'raļda] *[esmeralda]*
so, solch, solcher, solches	tal [tal] *[tal]*
Sommersprosse	peca la [pe'ka] *[peka]*
Sonne	sol el [sol] *[sol]*
Sonntag	domingo el [do'miŋɣo] *[domingo]*
sorgfältig, fleißig	diligente [dili'xeņte] *[dilichente]*
sorgfältig, gepflegt	esmerado, -a [esme'raðo, -a] *[esmerado, -a]*
Sorte, Art	clase la ['klase] *[klase]*
Soße, Tunke	salsa la ['salsa] *[salsa]*
Spalt, Riss, Kluft	fisura la [fiʧsura] *[fisura]*
Spaltung, Kernspaltung	fisión la [fis'jon] *[fisjon]*
Spanien	España la [es'paɲa] *[espanja]*
(spanischer) Sekt	cava el ['kaβa] *[kaba]*
Spaten	zapa la ['θapa] *[sapa]*
Specht, Schnabel, Mund	pico el ['pico] *[piko]*

spenden	donar [doˈnar] *[donar]*
Spieß, Pik	pica *la* [ˈpika] *[pica]*
Spitzname	mote *el* [ˈmote] *[mote]*
Sportplatz, Pferderennplatz	cancha *la* [ˈkantʃa] *[kantscha]*
Spott, Hohn	mofa *la* [ˈmofa] *[mofa]*
Sprache, Rede	habla *la* [ˈaβla] *[abla]*
Sprung, Absprung	salto *el* [ˈsalto] *[salto]*
Spur	carril *el* [kaˈrril] *[karill]*
Spur	pista *la* [ˈpista] *[pista]*
Stacheldrahtzaun	alambrada *la* [alaˈβaða] *[alambrada]*
stachelig, borstig	erizado, -a [eriˈθaðo, -a] *[erisado]*
Stall	cuadra *la* [ˈkwaðra] *[kwadra]*
Stammbaum	pedigrí *el* [peðiˈɣri] *[pedigri]*
Stange, Glied	verga *la* [berˈɣa] *[berga]*
Statist(in)	extra *el/la* [ˈestra] *[estra]*
Staubwedel	plumero *el* [pluˈmero] *[plumero]*
Stausee, Talsperre	embalse *el* [emˈbalse] *[embalse]*
stecken, hineinlegen, stopfen	meter [meˈter] *[meter]*
Stein	piedra *la* [ˈpjeðra] *[pijedra]*
steinigen	lapidar [lapiˈðar] *[lapidar]*
Steinplatte	laja *la* [ˈlaxa] *[lacha]*
Steinplatte	lancha *la* [ˈlantʃa] *[lantscha]*
Steinplatte, Fliese	losa *la* [ˈlosa] *[losa]*
Steinschleuder	honda *la* [ˈonda] *[onda]*
stellvertretend, befristet	interino, -a [inˈterino, -a] *[interino, -a]*
Stelzen, langes Bein	zanca *la* [ˈθaŋka] *[sanka]*
Stern, Star, Diva	estrella *la* [esˈtreʎa] *[estreja]*
sternhagelvoll	moco, -a [ˈmoko, -a] *[moko, -a]*
Stift	pin *el* [pin] *[pin]*
Stimmberechtigte(r), Wähler(in)	votante *el/la* [boˈtante] *[botante]*
Stimmung, Gemüt	temple *el* [ˈtemple] *[temple]*
Stirn, Vorderseite, Fassade	testera *la* [tesˈtera] *[testera]*

Stoßstange	bómper *el* [ˈbomper] *[bomper]*
Stotterer, -in	gago, -a *la/el* [ˈgaɣo, -a] *[gago, -a]*
Strafpredigt	sermón *el* [serˈmon] *[sermon]*
Strand, Badestrand, Ufer	playa *la* [ˈplaʝa] *[plaja]*
(Straßen)ecke	esquina *la* [esˈkina] *[eskina]*
Strauß, Zweig	ramo *el* [ˈrramo] *[ramo]*
Streicheleinheiten	papachos *los* [paˈpatʃos] *[papatschos]*
Streik	plante *el* [ˈplaṇte] *[plante]*
Streit	rija *la* [ˈrrixa] *[richa]*
Strick	dogal *el* [doˈɣal] *[dogal]*
Strickjacke	rebeca *la* [rreˈβeka] *[rebeka]*
Strohhut, Damenhut	pamela *la* [paˈmela] *[pamela]*
Strumpf, Socke	media *la* [ˈmeðja] *[medja]*
Strumpfband, Straps	liga *la* [ˈliɣa] *[liga]*
Strumpfhose	leotardo *el* [leoˈtarðo] *[leotardo]*
Stufe	grada *la* [ˈgraða] *[grada]*
Sturmangriff	asalto *el* [aˈsalto] *[asalto]*
Sturzbach, Wildwasser	torrente *el* [toˈrreṇte] *[torente]*
suchen	buscar [busˈcar] *[buskar]*
Süden	sur *el* [sur] *[sur]*
Südhang, Wintergarten	solana *la* [soˈlana] *[solana]*
südlich, Süd	austral [au̯sˈtral] *[austral]*
Summe, Betrag	montante *el* [ˈmoṇtaṇte] *[montante]*
Sumpf	suampo *el* [ˈswampo] *[swampo]*
Sumpf	wampa *la* [ˈwampa] *[wampa]*
Suppe	sopa *la* [ˈsopa] *[sopa]*

Tag	día *el* [ˈdia] *[dia]*
täglich	diurno [diˈurno, -a] *[diurno, -a]*
Takt, Rhythmus, Zirkel	compás *el* [komˈpas] *[kompas]*
Tal	valle *el* [ˈbaʎe] *[baije]*

Tanz, Tanzen	baile *el* [ˈbaile] *[baile]*
Tasche, Handtasche	bolso *el* [ˈbolso] *[bolso]*
Taste	tecla *la* [ˈtekla] *[tekla]*
Taube	paloma *la* [paˈloma] *[paloma]*
Tauschhandel, Austausch	permuta *la* [perˈmuta] *[permuta]*
Taxi	taxi *el* [ˈtaˣsi] *[tagsi]*
Tee	té *el* [te] *[te]*
Teil, Bestandteil, Ersatzteil	parte *la* [ˈparte] *[parte]*
teilen, dividieren	partir [parˈtir] *[partir]*
Telefonbuch	listín *el* [lisˈtin] *[listin]*
Tennis	tenis *el* [ˈtenis] *[tenis]*
Tennisspieler(in)	tenista *el/la* [teˈnista] *[tenista]*
Tenor	tenor *el* [teˈnor] *[tenor]*
Test	test *el* [tesˈ] *[test]*
teuer	caro, -a [ˈkaro, -a] *[ˈkaro, -a]*
Teufel	diantre *el* [diˈantre] *[diantre]*
Thema	tema *el* [ˈtema] *[tema]*
Thermalbad	termas *la* [ˈtermas] *[termas]*
tierisch	animal [aniˈmal] *[animal]*
Tintenfisch	sepia *la* [ˈsepja] *[sepia]*
Tisch	mesa *la* [ˈmesa] *[mesa]*
Tischchen	mesilla *la* [meˈsiʎa] *[mesija]*
Tischdecke	mantel *el* [manˈtel] *[mantel]*
Tischdecke	tapete *el* [taˈpete] *[tapete]*
(Tisch-)Gast, (Tisch-)Nachbarin	comensal *el/la* [komenˈsal] *[komensal]*
Tischtennis	microtenis *el* [mikroˈtenis] *[mikrotenis]*
toasten	tostar [tosˈtar] *[tostar]*
Tod, Mord, Vernichtung	muerte *el* [ˈmwerte] *[mwerte]*
tödlicher, todes...	mortal [morˈtal] *[mortal]*
Tomate	tomate *el* [toˈmate] *[tomate]*
tonal	tonal [toˈnal] *[tonal]*
Tonleiter	gama *la* [ˈgama] *[gama]*

Torf	turba *la* [ˈturba] *[turba]*
Torhüter(in)	meta² *la* [meˈta] *[meta]*
tot, leblos	inerte [iˈnerte] *[inerte]*
töten, umbringen	matar [maˈtar] *[matar]*
Totengräber(in)	enterrador, -a *el/la* [eṇterraˈðor(a)] *[enterador(a)]*
Toupet, Frechheit	tupé *el* [tuˈpe] *[tupe]*
Tourist, Ausländer	guiri *la/el* [ˈgiri] *[giri]*
Trab, Hin und Her	trote *el* [ˈtrote] *[trote]*
Tracht Prügel	pisa *la* [piˈsa] *[pisa]*
Tracht Prügel	tunda *la* [ˈtuṇda] *[tunda]*
Traktor	tractor *el* [traˈktor] *[traktor]*
Trampolin	trampolín *el* [trampoˈlin] *[trampolin]*
Trance	trance *el* [ˈtraṇθe] *[transe]*
Transport	trajin *el* [traˈxin] *[trachin]*
Traube	uva *la* [ˈuβa] *[uba]*
Trauma	trauma *el* [ˈtrau̯ma] *[trauma]*
träumen	soñar [soˈɲar] *[sonjar]*
Treffen	mitin *el* [ˈmitin] *[mitin]*
treten, austreten, betreten	pisar [ˈpisar] *[pisar]*
Trick	trepa *la* [ˈtrepa] *[trepa]*
Trinkgeld, Zugabe	yapa *la* [ˈjapa] *[japa]*
Trockenmittel	secante *el* [seˈkaṇte] *[sekante]*
trocknen	secar [seˈkar] *[sekar]*
trotz	pese [ˈpese] *[pese]*
Truhe	baúl *el* [baˈul] *[baul*
Truhe	cofre *el* [ˈkofre] *[kofre]*
Truthahn, Pute	pavo, -a *el/la* [paˈβo, -a] *[pabo, -a]*
Tschüss, bis gleich	¡hasta luego! [asta lwego] *[asta lwego]*
T-Shirt	niqui *el* [ˈniki] *[niki]*
Tuba	tuba *la* [ˈtuba] *[tuba]*
Tukan	tucán *el* [tuˈkan] *[tukan]*

Tumor	tumor *el* [tuˈmor] *[tumor]*
Tumult	tole *el* [ˈtole] *[tole]*
Tundra	tundra *la* [tuṇdra] *[tundra]*
tuscheln	secretear [sekreteˈar] *[sekretear]*
Twist	twist *el* [twist] *[twist]*

Übel, Böse, Leiden	mal *el* [mal] *[mal]*
überarbeiten, einschmelzen	refundir [rrefuɲˈdir] *[refundir]*
überbacken	gratén [graˈten] *[graten]*
überfallen, stürmen	asaltar [asalˈtar] *[asaltar]*
Überfluss	sobra *la* [ˈsoβra] *[sobra]*
überholen, überschreiten	rebasar [rreβaˈsar] *[rebasar]*
Überqueren, Passieren	pasaje *el* [paˈsaxe] *[pasache]*
übertreffen	superar [supeˈrar] *[superar]*
übrig bleiben	restar [rresˈtar] *[restar]*
übrig, überschüssig	sobrante [soˈβraṇte] *[sobrante]*
übrige(r)	demás [deˈmas] *[demas]*
Uhr	reloj *el* [rreˈlox] *[reloch]*
Uhrzeiger	saetilla *la* [saeˈtiʎa] *[saetija]*
Umhang, Talar	manto *el* [ˈmaṇto] *[manto]*
umherziehend	andante [aṇˈdaṇte] *[andante]*
umleiten, abzweigen	desviar [desβiˈar] *[desbiar]*
Umzug, Vorbeimarsch, (Militär)parade	desfile *el* [desˈfile] *[desfile]*
unbewaffnet	inerme [iˈnerme] *[inerme]*
unfruchtbares Weideland	pastón *el* [pasˈton] *[paston]*
ungezogen, widerspenstig	discolo, -a [ˈdiskolo, -a] *[diskolo, -a]*
ungleich	dispar [disˈpar] *[dispar]*
Unglück	desventura *la* [desβeṇˈtura] *[desbentura]*
Unrecht	entuerto *el* [eṇˈtwerto] *[entwerto]*
Unschuld, Naivität	candor *el* [kaṇˈdor] *[kandor]*
Unsinn	animalada *la* [animaˈlaða] *[animalada]*

Unterhose	bombacha *la* [bomˈbaʧa] *[bombatscha]*
Unterleib	abdomen *el* [aβˈðomen] *[abdomen]*
unterscheiden, diskriminieren	discriminar [disˈkriminar] *[diskriminar]*
unterschiedlich, verschieden	diferente [difeˈrente] *[diferente]*
Unterschrift, Testament	firma *la* [ˈfirma] *[firma]*
untersuchen, ausfragen	sondear [soṇdeˈar] *[sondear]*
Unterwäsche, Bettwäsche, Mauser, Haarwechsel	muda *el* [ˈmuða] *[muda]*
unterzeichnen, abzeichnen, bestätigen	refrendar [rrefreṇˈdar] *[refrendar]*
untreu	infiel [iɱˈfjel] *[imfjel]*
Unwohlsein, Unbehagen	malestar *el* [malesˈtar] *[malestar]*
Unzahl, Unmenge	sinfin *el* [siɱˈfin] *[simfin]*
Ursprung, Ursache	origen *el* [oˈrixen] *[orichen]*
Urteil	fallo *el* [ˈfaʎo] *[fajo]*

Vaterschaft	paternidad *la* [paterniˈðaᵒ] *[paternidad]*
Venusmuschel	almeja *la* [alˈmexa] *[almecha]*
Verachtung	desdén *el* [desˈðen] *[desden]*
Verarschung	coña *la* [ˈkoɲa] *[konja]*
verbal, mündlich	verbal [ˈberβal] *[berbal]*
Verbandsmull	gasa *la* [ˈgasa] *[gasa]*
Verbiegung, Springseil	comba *la* [ˈkomba] *[komba]*
verbinden, fesseln, behindern, hemmen	trabar [traˈβar] *[trabar]*
Verbindlichkeit, Verpflichtung	compromiso *el* [komproˈmiso] *[kompromiso]*
verblöden	alelar [aleˈlar] *[allelar]*
Verbrecher, Gauner	bandido, -a *el/la* [baṇˈdiðo] *[bandido]*
verbreiten, veröffentlichen	difundir [difuṇˈdir] *[difundir]*
verbreiten, weitersagen, ausposaunen	divulgar [diβulgar] *[dibulgar]*
Verdammt noch mal!	caramba! [kaˈramba] *[karamba]*
verdauen, ertragen	digerir [dixeˈrir] *[dicherir]*

verdienen	merecer [mereˈθer] *[mereser]*
verdorben, matt, kraftlos	pocho,- a [ˈpoʧo, -a] *[potscho, -a]*
verdummen	abobar [aβoˈβar] *[abobar]*
vereinigen, vereinen	unifikar [unifiˈkar] *[unifikar]*
verengen, enger machen	estrechar [estreˈʧar] *[estretschar]*
Verfluchung	anatema *la* [anaˈtema] *[anatema]*
Verfolgung	siga *la* [ˈsiɣa] *[siga]*
Vergangenheit	pasado *el* [paˈsaðo] *[pasado]*
vergeblich	vano, -a [ʋano, -a] *[bano, -a]*
verheimlichen	recatar [rrekaˈtar] *[rekatar]*
Verkleidung, Tarnung, Maske	disfraz *el* [disˈfraθ] *[disfras]*
verletzen, beleidigen	lastimar [lastiˈmar] *[lastimar]*
Vermächtnis	manda *la* [ˈmaɳda] *[manda]*
vermeiden, ausweichen	evadir [eßaˈðir] *[ebadir]*
vermischen, unterrühren	mezclar [meθˈklar] *[mesklar]*
verneinen	negar [neˈɣar] *[negar]*
verrenken, verzerren	dislocar [disloˈkar] *[dislokar]*
Vers	verso *el* [ˈberso] *[berso]*
verschoben	corrido, -a [koˈrriðo, -a] *[korido, -a]*
verschwenden, verpulvern, vergeuden	malgastar [malɣasˈtar] *[malgastar]*
Verspätung, Verzug	demora *la* [deˈmora] *[demora]*
versprechen	prometer [promeˈter] *[prometer]*
versteigern, ausschreiben	subastar [suβasˈtar] *[subastar]*
verstreuen, verbreiten	diseminar [disemiˈnar] *[diseminar]*
Versuch, Absicht	intento *el* [iɳˈteɳto] *[intento]*
Veruntreuung, Hinterziehung	desfalco *el* [desˈfalko] *[desfalko]*
Verwandlung, Reinkarnation	avatar *el* [aβaˈtar] *[abatar]*
verwandt	afin [aˈfin] *[afin]*
Verwirrung	despiste *el* [desˈpiste] *[despiste]*
Verwüstung	estrago *el* [esˈtraɣo] *[estrago]*
Verzicht	abandono *el* [aβaɳˈðono] *[abandono]*
Visier, Wachturm	mira *la* [ˈmira] *[mira]*

Vogel	ave *el* [ˈaβe] *[abe]*
Vogelbeere	serba *la* [ˈserβa] *[serba]*
Vokal, Selbstlaut	vocal *la* [boˈkal] *[bokal]*
Volkslied	cante *el* [ˈkaṇte] *[kante]*
völlig	enteramente [ˈeṇteraˈmeṇte] *[enteramente]*
völlig richtig, genau	cabal [kaˈβal] *[kabal]*
völlig, total, ganz und gar	totalmente [totalˈmeṇte] *[totalmente]*
Vorarbeiter	mayoral *el* [majoˈral] *[majoral]*
vorbeigehen, vorbeifahren	pasar [paˈsar] *[pasar]*
Vorbeugung, Schmeichelei	zalema *la* [θaˈlema] *[salema]*
vorbringen, beibringen	alegar [aleˈɣar] *[allegar]*
Vorderseite, Fassade	frontis *el* [ˈfroṇtis] *[frontis]*
Vorderseite, Gesicht	faz *la* [faθ] *[faz]*
Vorhalle, Veranda	porche *el* [ˈporʧe] *[portsche]*
Vormundschaft	tutelaje *el* [tuteˈlaxe] *[tutelache]*
vorsichtig, bedacht, behutsam	prudente [pruˈðeṇte] *[prudente]*
vortragen	recitar [rreθiˈtar] *[resitar]*
Vorwort	prólogo *el* [ˈproloɣo] *[prologo]*
Vorwürfe machen, beschuldigen	recriminar [rrekrimiˈnar] *[rekriminar]*

wachsen, heranwachsen, wuchern	crecer [kreˈθer] *[kreser]*
Waffe	arma *el* [ˈarma] *[arma]*
wahnsinnig, verrückt	loco, -a [ˈloko, -a] *[loko, -a]*
Wahrheit	veras *la* [ˈberas] *[beras]*
Wald	selva *la* [ˈselβa] *[selba]*
Walross	morsa la [ˈmorsa] *[morsa]*
Walzer	vals *el* [bals] *[bals]*
Wand, Mauer	pared *la* [paˈreð] *[pared]*
Wandbrett, Regalbrett	anaquel *el* [anaˈkel] *[anakel]*
wärmen, erwärmen	calentar [ˈkaleṇ ˈtar] *[kalentar]*

warnen, aufmerksam machen	apersibir [aperθiˈβir] *[apersibir]*
Waschbär	mapache *el* [maˈpatʃe] *[mapatsche]*
Waschbecken, Toilette	lavabo *el* [laˈβaβo] [lababo]
Wäsche	colada *la* [koˈlaða] *[kolada]*
waschen, spülen, auswaschen	lavar [laˈβar] [labar]
Wasserwaage	nivel *el* [niˈβel] *[nibel]*
Watt	watt *el* [ˈbaˈ] *[bat]*
WC	vatér *el* [ˈbater] *[bater]*
wehen	tejer [teˈxer] *[techer]*
Webstuhl	telar *el* [teˈlar] *[telar]*
Wecken, Weckruf, Zielscheibe	diana *la* [diˈana] *[diana] (das)*
Weg, Pfad	camino *el* [kaˈmino] *[kamino]*
weglassen	omitir [omiˈtir] *[omitir]*
Wehrdienst	mili *el* [ˈmili] *[mili]*
Weide (Baum)	sauce *el* [ˈsau̯θe] *[sause]*
Weihnachten	Navidad *la* [naβiˈðað] *[nabidad]*
Weihnachtskrippe	belén *el* [beˈlen] *[belen]*
weinrot	tinto, -a [ˈtiṇto, -a] *[tinto, -a]*
Weinstock	parra *la* [ˈparra] *[para]*
weiß	blanco [ˈblaŋko] *[blanko]*
Weizen	trigo *el* [ˈtriɣo] *[trigo]*
welcher, welche, welches	cuál [kwal] *[kwal]*
Welt, Erde, Globus	mundo *el* [ˈmuṇdo] *[mundo]*
weltlich	mundanal [muṇdaˈnal] *[mundanal]*
weltlich	seglar [seˈɣlar] *[seglar]*
Werkzeug, Werkzeugkasten	herramental *el* [errameṇˈtal] *[eramental]*
Wesen, Kerl	ente *el* [ˈeṇte] *[ente]*
Whisky	whisky *el* [ˈwiski] *[wiski]*
Wichser	pajero *el* [paˈxero] *[pachero]*
widerlegen	refutar [rrefuˈtar] *[refutar]*
widerspenstig	renuente [rreˈnweṇte] *[renwente]*
wieder verkaufen	revender [rreβeṇˈder] *[rebender]*

Wiege	cuna *la* [ˈkuna] *[kuna]*
Wiegenlied, Oma	nana *la* [ˈnana] *[nada]*
Wiese, Weide	prado *el* [ˈpraðo] *[prado]*
wild, unehelich	borde *el* [ˈborðe] *[borde]*
wild, Wilder, Wilde	salvaje *(el/la)* [salˈβaxe] *[salbache]*
Wille	querer *el* [keˈrer] *[kerer]*
Windel, Schlüpfer	braga *la* [ˈbraʎa] *[braga]*
Windfang	cancel *el* [kaɲˈθel] *[kansel]*
Windhund, Windhündin	galgo, -a *el/la* [ˈgalɣo, -a] *[galgo, -a]*
Windmühlenflügel, Propellerflügel	aspa *el* [ˈaspa] *[aspa]*
Windstille, Flaute	bonanza *la* [boˈnaɲθa] *[bonanza]*
wirksam, leistungsfähig	eficaz [efiˈkaθ] *[efikas]*
Wisch, Altpapier	papelón *el* [papeˈlon] *[papelon]*
wissen	saber [saˈβer] *[saber]*
Witz	gracejo *el* [graˈθexo] *[grasecho]*
Witz, Scherz	chufla *la* [ʧufla] *[tschufla]*
Wort	palabra *la* [paˈlaβra] *[palabra]*
Wunde, Blase, Geschwür	llaga *la* [ˈʎaɣa] *[jaga]*
Würde, Respekt	decoro *el* [deˈkoro] *[dekoro]*
Wurf, Auswerfen	lance *el* [ˈlaɲθe] *[lanse]*
Wurf, Schuss	tiro *el* [ˈtiro] *[tiro]*
Wurfpfeil, Speer	dardo *el* [ˈdarðo] *[dardo]*
Wurm	verme *el* [ˈberme] *[berme]*
Wurzel	raíz *la* [rraˈiθ] *[rais]*
Wüstling, Trunkenheit	crápula *la* [ˈkrapula] *[krapula]*
Wut	ira *la* [ˈira] *[ira]*

x-beinig	zambo, -a [ˈθambo(a)] *[sambo(a)]*

Z	zeta *la* [ˈθeta] *[seta]*
Zahn	diente *el* [ˈdjeṇte] *[djente]*
Zahnstein, Belag, Zahn	toba *el* [ˈtoβa] *[toba]*
Zauberer, Zauberin	mago, -a *el/la* [ˈmaɣo, -a] *[mago, -a]*
Zaumzeug	brida *la* [ˈbriˈða] *[brida]*
Zeichendreieck	escuadra *la* [esˈkwaðra] *[eskwadra]*
zeichnen, abzeichnen	dibujar [diβuˈxar] *[dibuchar]*
zerstampfen	machacar [maʧaˈkar] *[matschakar]*
Zettel, Notizzettel, Papier	papel *el* [paˈpel] *[papel]*
Zicklein	chivo, -a *la/el* [ʧiβo] *[tschibo]*
Ziel	meta[1] *la* [meˈta] *[meta]*
zu Abend essen	cenar [θeˈnar] *[senar]*
zu Fuß gehen	andar [aṇˈdar] *[andar]*
Zuckerherstellung	zafra *la* [ˈθafra] *[safra]*
Zug	tren *el* [tren] *[tren]*
zum zweiten Male tun	binar [biˈnar] *[binar]*
zurückkehren	tornar [torˈnar] *[tornar]*
zusammendrücken	tupir [tuˈpir] *[tupir]*
zusammenfalten	plegar [pleˈɣar] *[plegar]*
Zweifel, Bedenken	duda *la* [ˈduða] *[duda]*
zweifeln	dudar [duˈðar] *[dudar]*
Zweiunddreißigstelnote	fusa *la* [ˈfusa] *[fusa]*
Zwieback	biscote *el* [biˈkote] *[biskote]*
zwölf, Zwölf	doce *el* [doˈθe] *[dose]*

Lerntipps

Collagen

Wörter, die im Deutschen gleich oder ähnlich heißen, können zu einer Collage zusammengefasst werden. Diese Collage beinhaltet dann nur Wörter dieser Art.

Lesen Sie den folgenden Text aufmerksam durch und versuchen Sie, sich dazu konkrete Bilder vorzustellen. Die Wörter, die im Deutschen ähnlich oder gleich heißen, sind fett markiert:

»Auf einem **Krater**, der randvoll mit **Magma** gefüllt ist, sitzt ein **Fakir** mit **Anorak** auf einem **Trampolin** und spielt einen **Blues** mit der **Tuba**. Aus der **Tuba** fliegt ein **Colibri**. Zum **Krater** hinauf zieht ein **Traktor** einen **Bus** und ein **Taxi**. Auf dem **Traktor** sitzt der **Guru** des **Fakirs** und trinkt **Whisky**.«

So, und schon wieder 15 Vokabeln gelernt. Zugegeben, das war einfach, aber woher soll man wissen, welches Wort im Spanischen genauso heißt wie im Deutschen?

Jedes Mal, wenn Sie ein neues Wort als Bild in die Collage einbauen, wiederholen Sie notgedrungen das Gesamtbild, da Sie sich überlegen müssen, an welcher Stelle Sie den neuen Begriff als Bild ablegen. Sie kommen so gar nicht darum herum, die schon abgelegten Bilder zu wiederholen. Somit sind Wiederholungen nicht nur langweiliges Wiederkauen, sondern ein wirklich kreativer Akt, der auch echten Spaß machen kann.

Beispiel: Sie möchten **pincel** = **Pinsel** abspeichern. Sie merken: Das ist ein Wort, das im Spanischen dem deutschen Wort sehr ähnlich ist. Sie betrachten Ihr Gesamtbild und überlegen sich, wohin Sie nun den Pinsel platzieren möchten. Vielleicht hat der **Kolibri** den Pinsel im Schabel oder der **Fakir** malt den **Kolibri**, nachdem er aus der **Tuba** geflogen ist, bunt an. Es liegt an Ihnen, was Sie sich vorstellen. Auch hier gilt: Die Gedanken sind frei. Lassen Sie sich am besten etwas Verrücktes einfallen.

Sie dürfen natürlich die Collage auch umstellen. Angenommen, Sie möchten **carrusel** = **Karussell** abspeichern. Dann können Sie sich jetzt ein **Karussell** vorstellen mit einem **Bus**, einem **Traktor** und einem **Taxi** auf dem **Krater** neben dem **Fakir**, der auf dem **Trampolin** sitzt usw. Der Rest bleibt wie gehabt. Also: Der **Guru** bleibt auf seinem **Traktor** und trinkt **Whisky** usw.

Artikel-Ausnahmen

Den gleichen Tipp mit der Collage können Sie auch für andere Wortgruppen benutzen, beispielsweise für Artikel-Ausnahmen:

Normalerweise gilt im Spanischen: Endet das Hauptwort mit einem a, dann ist der Artikel weiblich, heißt also *la*. Endet es nicht auf a, sondern auf o, e, oder anders, dann ist der Artikel *el*.

Natürlich gibt es auch Ausnahmen. Um sich diese Ausnahmen zu merken, gehen Sie genauso vor wie oben beschrieben. Probieren Sie es doch gleich einmal mit den folgenden Wörtern aus:

la preñez = Schwangerschaft
la carne = Fleisch
la red = Fischernetz
la raíz = Wurzel
la suerte = Glück (Glückskeks)
la noche = Nacht
la mujer = Frau
la tempestad = Sturm
la lis = Lilie
la veras = Wahrheit

Vielleicht hat Ihre Collage folgende Bilder: »Eine **Frau** sitzt in der **Nacht** auf einer **Wurzel** und isst einen **Glück**skeks …«

Abstrakten Begriffen weisen Sie einfach konkrete Bilder zu. Zum Beispiel Glück = Glückskeks. Damit Sie nicht »Glückskeks« abspeichern, sondern »Glück«, müssen Sie dieses Bild kennzeichnen, ihm etwas Besonderes zuweisen. Zum Beispiel: Hinter **allen** Gegenständen, die grün sind oder ein Preisschild haben, sind abstrakte Begriffe versteckt. Hat also der Glückskeks ein Preisschild, dann wissen Sie: »la suerte« heißt nicht »Glückskeks«, sondern »Glück«. Das Preisschild ist ja nur der Hinweis darauf, dass es sich um einen abstrakten Begriff handelt.

Ar-ieren–Geschichten

»Ar-ieren« sind Verben, die im Spanischen auf -ar enden. Ersetzt man das -ar am Ende durch -ieren, dann sind uns die Verben bekannt.

modelar/modellieren
meditar/meditieren
orientar/orientieren
marcar/markieren
operar/operieren
reparar/reparieren
marinar/marinieren
conservar/konservieren
numerar/nummerieren
dictar/diktieren
publicar/publizieren
abonar/abonnieren

Gehen Sie nun wie folgt vor:

1. Geben Sie diesen Tätigkeiten jeweils ein Bild:
   modellieren = etwas aus Knete formen
   meditieren = im Yogasitz dasitzen
   orientieren = den Kompass drehen
   markieren = mit dem Marker unterstreichen
   operieren = mit dem Skalpell aufschneiden
   reparieren = Schraubenschlüssel drehen
   marinieren = in Marinade einlegen
   konservieren = in Dosen eindosen
   nummerieren = mit Zahlen versehen
   diktieren = ein Diktiergerät besprechen
   publizieren = Flugzettel verteilen
   abonnieren = Zeitungen stapeln

2. Setzen Sie nun die Bilder zu einer Geschichte zusammen
   und verbildern Sie diese wiederum. Es reicht vollkommen
   aus, wenn Sie die Geschichte stichpunktartig abspeichern
   können. Zum Beispiel:

Die Operation

Arzt muss aus Knete Organ **modellieren**.

Arzt **meditiert** vor der Operation im Yogasitz.

Arzt **orientiert** sich mit Kompass am Körper des Patienten.

Arzt **markiert** mit dem Marker die Operationsstelle.

Arzt **operiert** mit Skalpell.

Krankes Organ wird mit Schraubenschlüssel **repariert**.

Krankes Organ wird in Marinade **mariniert**.

Krankes Organ wird in Dose **konserviert**.

Konserve wird mit einer Zahl **nummeriert**.

Text für Ärztefachblatt wird auf Diktiergerät **diktiert**.

Ergebnisse im Ärztefachblatt werden durch Flugzettel **publiziert**.

Ärztefachblatt wird **abonniert** und Stapel gebildet.

Probieren Sie es nun selbst einmal:

Andere Ar-ieren, die Sie noch einbauen können, sind beispielsweise:

protestar/protestieren   Bild: z. B.: Faust _____

detonar/detonieren   Bild: _____

mutar/mutieren   Bild: _____

nominar/nominieren   Bild: _____

nivelar/nivellieren   Bild: _____

implicar/implizieren   Bild: _____

paginar/paginieren   Bild: _____

generar/generieren   Bild: _____

restaurar/restaurieren   Bild: _____

rotar/rotieren   Bild: _____

delegar/delegieren   Bild: _____

limitar/limitieren   Bild: _____

pasar/passieren (vorbeigehen)   Bild: _____

comentar/kommentieren   Bild: _____

moderar/moderieren   Bild: _____

dominar/dominieren   Bild: _____

duplicar/duplizieren   Bild: _____

Viel Spaß beim Geschichten-Kreieren (crear)!

Die ideale Ergänzung zum Buch

| Vokabelpaare | Community | Datenbank | Gewinnspiel |

LIEBE
AM O(H)R

- Sie lernen online interaktiv 100 Spanisch-Vokabeln gratis
- Sie erhalten gratis die besten Gedächtnistipps und -tricks
- Nutzen Sie die sich ständig erweiternde Vokabel-Datenbank
  mit tausenden Vokabeln
- Gestalten Sie die Inhalte selbst durch Ihren eigenen Input mit
- Legen Sie Ihre eigene Vokabel-Datenbank an
- Profitieren Sie von den Tipps der anderen User
- Tauschen Sie sich in der Online-Community aus
- Gewinnen Sie wertvolle Preise bei Kreativ-Wettbewerben

Registrieren Sie sich jetzt auf
www.liebe-am-ohr.de

Audio-DVD-Selbstlehrgang: Das »Geisselhart Gedächtnis Paket«

20 Stunden investieren, ein Leben lang profitieren!

Mit dem »Geisselhart Gedächtnis Paket« sind Sie in der Lage, alles Erdenkliche sicher und zuverlässig in kürzester Zeit abzuspeichern und jederzeit zuverlässig wieder abrufen zu können. Nach dem Hören und dem Durcharbeiten der Übungen merken Sie sich tatsächlich alles, was Sie wollen: angefangen von To-do-Listen über PIN-Codes, Kennzahlen und Fachtexte bis hin zu Namen und Gesichtern. Sie lernen, wie Sie Reden frei halten, sich Argumente für Verhandlungsgespräche bereitlegen, Gesprächsdetails behalten und sich Daten und Fakten zu wichtigen Personen merken. Die Geisselhart-Technik ist für jeden geistig gesunden Menschen in erfreulich kurzer Zeit erlernbar und lässt sich vor allem absolut praxisbezogen umsetzen und anwenden. Dabei ist es gleich, ob Sie 20 oder 80 Jahre alt sind, ob Sie »intelligent« sind oder weniger.

14 Tage gratis testen! Gleich anfordern auf www.kopferfolg.de

PC-Seminar »Kopf oder Zettel?«

Ihr Gedächtnis kann wesentlich mehr, als Sie denken!

Schon nach einer halben Stunde erleben Sie erste große Fortschritte. Garantiert! Denn: Ihr Gedächtnis kann wesentlich mehr, als Sie denken!

Beweisen können Sie sich dies selbst mit der neuesten CD-ROM von Oliver Geisselhart, dem Gedächtnistrainer des Jahres. Die CD-ROM entspricht einem Drei-Tages-Seminar! In kurzweiligen Lektionen von je ca. 15 Minuten entfalten Sie interaktiv und spielerisch Ihr volles Gedächtnispotenzial. (Laufzeit, wenn Sie alle Übungen machen, ca. 20 bis 25 Stunden!)

Inhalt: Namen sofort merken; Fachinfos und Vokabeln speichern; Reden frei halten; Terminkalender im Kopf; Konzentration und Fantasie steigern; Selbstbewusstsein erhöhen; geistig fit bleiben; leichter lernen; Alltagsprobleme meistern.

14 Tage gratis testen! Gleich anfordern auf www.kopferfolg.de

Buch »Kopf oder Zettel?«

Ihr Gedächtnis kann wesentlich mehr, als Sie denken!

Sie lernen schnell, einfach und spielerisch:

sich Namen und Gesichter sofort zu merken; Fachliteratur und Infos zu speichern; Reden bzw. Vorträge frei zu halten; Vokabeln und Fachbegriffe sicher abzuspeichern; Argumente und Einwandbehandlung immer parat zu haben; Zahlen und Daten mit Leichtigkeit zu behalten; Ihren Terminkalender im Kopf zu haben; sich die besten Witze zu merken; Ihre Konzentration zu verbessern; Ihre Kreativität zu steigern.

Mit der beiliegenden CD-ROM trainieren Sie in drei lernfreundlichen 15-Minuten-Einheiten interaktiv am PC und erleben Oliver Geisselhart in einem Kurzvortrag live. Zusätzlich erhalten Sie auf der CD zahlreiche Praxis-Features zum Ausdrucken.

Helmut Lange

Diplom-Pädagoge und Diplom-Sozialpädagoge Helmut Lange ist Seminarleiter und Trainer in den Bereichen Teamcoaching, Selbstmanagement und Gedächtnistraining in Deutschland und Österreich. Er hat einen Lehrauftrag an der Universität Nürnberg. Als Veranstalter von Gedächtnismeisterschaften und als Gedächtnistrainer zeigt er jedes Mal auf beeindruckende Weise, wie mit nur wenigen Stunden Training die Gedächtnisleistung sprunghaft ansteigt.

Nach einem Besuch seiner Infotainment-Seminare sind 200 bis 400 Prozent Steigerung der Gedächtnisleistung an der Tagesordnung. Dabei vermittelt er Lernmethoden, die schon seit Hunderten von Jahren existieren und erst jetzt wieder zu neuem Leben erweckt werden.

Top-Seminare zum Thema:

Lernen wie die Gedächtnisweltmeister

Seminar für Lehrer: Wie trainiere ich meine Schüler?

Effektiver Umgang mit der Informationsflut

Seminar für Firmen: Informationen schneller und dauerhafter abspeichern

Kontakt:

Helmut Lange
Bamberger Str. 17a
96049 Bamberg
0171 4588027
info@lange-partner-online.de
www.schluesselwortmethode.de

Oliver Geisselhart,
Deutschlands Gedächtnistrainer Nr. 1, laut ZDF

Dipl.-Betrw. Oliver Geisselhart ist einer der erfolgreichsten Topreferenten und Gedächtnistrainer in ganz Europa. Er war bereits 1983, mit 16 Jahren, Europas jüngster Gedächtnistrainer. Der mehrfache Bestsellerautor ist Top 100 Speaker und Lehrbeauftragter der Wirtschaftsuniversität Seekirchen bei Salzburg. Seine »Geisselhart-Technik des Gedächtnis- und Mentaltrainings« gilt unter Experten als die praxisorientierteste. Der »Gedächtnis-Papst« (TV HH1) versteht es, in unnachahmlicher Weise mit Witz, Charme und Esprit seine Zuhörer zu begeistern, zu motivieren und zu Gedächtnisbenutzern zu machen. Dies brachte ihm schon im Jahr 2000 den Titel »Gedächtnistrainer des Jahres« ein.

Aufgrund seiner hervorragenden Speaker-Leistungen wurde ihm bereits dreimal in Folge (2008, 2009 und 2010) der Oscar der Kongress- und Veranstaltungsbranche, der »Conga Award«, verliehen.

Bekannt durch ARD, ZDF, RTL, VOX, HR3, SWR1, Bild, Capital, FAZ, Freundin, Die Welt usw. wird Oliver Geisselhart weltweit von Firmen wie Bosch, IBM, DekaBank, BASF, Microsoft, Lufthansa, BMW u. v. a. m. für Mitarbeiter- und Kundenveranstaltungen gebucht. Dabei fasziniert er die Teilnehmer in nahezu comedyhafter Vortragsweise.

Stimmen zu Oliver Geisselhart

»Ihr Vortrag war der beste, den ich je erlebte.« Stefan Janoske, INPERSO GmbH.

»Ich habe gelacht und gelernt. Und das mit über 2000 anderen, Kompliment.«
Massimo Gallo, Zeppelin University.

»... waren unsere 200 Verkäufer von Ihnen, dem Vortragsinhalt und Ihrer motivierend-entertainigen Art begeistert.« Detlef Schmidt-Wilkens, Tecis-Finanzdienstleistungen AG

»... die Teilnehmeranzahl von 1100 Personen hat alle vorherigen Veranstaltungen um 30 Prozent übertroffen. Diese beeindruckende Steigerung hat sicher mit Ihrer Person und dem attraktiven Thema zu tun.« Michael Kaiser, Volksbank Backnang eG

Buchen Sie Oliver Geisselhart für Ihre:

- Tagungen
- Kongresse
- Incentives
- Vertriebsmeetings
- Jubiläen
- Kick-offs

- Produktschulungen/-präsentationen
- Vorstandsversammlungen
- Mitarbeiter-/Regionalmeetings
- Jahresabschlusstreffen
- Umstrukturierungsmaßnahmen
- Kundenseminare/-veranstaltungen

Sehr effektiv ist ein mitreißender Vortrag als »Eisbrecher« zu Beginn größerer Veranstaltungen, als »Espresso« nach der Mittagspause oder als Bindeglied zwischen der fachlichen Tagesveranstaltung und dem unterhaltsamen Abendprogramm.

Vorträge, Workshops und Seminare mit Oliver Geisselhart für Ihren Spitzenerfolg

- **Kopf oder Zettel?** – Ihr Gedächtnis kann wesentlich mehr, als Sie denken!
- **Souverän freie Reden halten** – Die Power der Memo-Rhetorik
- **So merke ich mir Namen und Gesichter** – Namen waren Schall und Rauch!
- **Gedächtnis-Power für Verkäufer** – Mehr verkaufen durch mentale Gedächtnistechniken
- **Verkaufserfolg beginnt im Kopf** – Gedächtnispower für Verkäufer

Risikofrei: Sie erhalten die TEAMGEISSELHART-Erfolgsgarantie. Das bedeutet für Sie: Sie bezahlen nur, was es Ihnen wirklich wert war. Sie können also nur gewinnen. Ob Sie nun Ihre Belegschaft, Kunden, Freunde oder Geschäftspartner weiterbilden und motivieren oder sich bei einer Veranstaltung vom Wettbewerb positiv abheben wollen – die Begeisterung Ihrer Teilnehmer ist Ihnen sicher.

Fordern Sie gern Ihr unverbindliches Angebot an:

TEAMGEISSELHART GmbH
Stolzestraße 15
44139 Dortmund
Tel.: 0231 952567-92
info@kopferfolg.de
www.kopferfolg.de

208 Seiten
Preis: 12,99 € (D) | 13,40 € (A)
ISBN 978-3-86882-258-8

Oliver Geisselhart
Helmut Lange

SCHIEB DAS SCHAF

Mit Wortbildern hundert und mehr Englischvokabeln pro Stunde lernen

1000 Vokabeln einfach, sicher, schnell, dauerhaft und mit Spaß einspeichern – das ist möglich mit der Keywordmethode-Methode von Helmut Lange und Oliver Geisselhart. Die Methode ist so einfach wie genial: Jede Englischvokabel ist gehirngerecht als Bild bzw. kleines Filmchen mit ihrer Übersetzung verknüpft. Durch einfaches Lesen und Sich-Vorstellen dieser meist sehr lustigen Szenen vor dem geistigen Auge, werden die Vokabeln gelernt. So lassen sich spielerisch und völlig mühelos 100 bis 200 Vokabeln in nur einer Stunde lernen.

Vera F. Birkenbihl

STROH IM KOPF?

Vom Gehirn-Besitzer zum
Gehirn-Benutzter

336 Seiten
Preis: 8,90 € [D] | 9,20 € [A]
ISBN 978-3-86882-445-2

Egal, was wir lernen/lehren, ob Medizin, Jura oder Computersprache, wir können alles gehirn-gerecht machen, das heißt, verständlich aufbereiten. Von der Gehirnforschung ausgehend hat Vera F. Birkenbihl faszinierende methodische Ansätze entwickelt. In einzelnen Modulen stellt sie neue Techniken und Ideen vor, zum Beispiel wie sich neue Informationen gehirn-gerecht aufbereiten lassen. Denn: »Es gibt keine trockene Theorie – nur trockene Theoretiker!« Das Buch ist voller Experimente, praktischer Anregungen und neuer Techniken gemäß dem Motto: ausprobieren, umsetzen und vertiefen.

mvgverlag

KOMMUNIKATIONS-
TRAINING

**Zwischenmenschliche
Beziehungen
erfolgreich gestalten**

mvgverlag

Auch als **E-Book** erhältlich

320 Seiten
Preis: 8,90 € (D) | 9,20 € (A)
ISBN 978-3-86882-446-9

Vera F. Birkenbihl
KOMMUNIKATIONS-
TRAINING
Zwischenmenschliche
Beziehungen erfolgreich
gestalten

Dieses Buch hilft jedem, durch die Anwendung der richtigen Kommunikationsregeln sich selbst und andere besser zu verstehen und so auch in schwierigen Situationen erfolgreich zu kommunizieren. Die Erfolgsautorin Vera F. Birkenbihl bietet alles, was man braucht, um die eigenen Inhalte möglichst überzeugend zu transportieren und gleichzeitig die Reaktionen seiner Mitmenschen besser zu interpretieren und so seine Menschenkenntnis zu verbessern. Mit zahlreichen einfachen Übungen, Experimenten und Spielen illustriert sie die theoretischen Ausführungen und macht uns Schritt für Schritt zu Kommunikationsprofis.

Isabel García

Inklusive Begleit-CD

Auch als E-Book erhältlich

Ich REDE.

Kommunikationsfallen
und wie man sie
umgeht

mvgverlag

160 Seiten
Preis: 16,95 € (D) | 17,50 € (A)
ISBN 978-3-86882-202-1

Isabel García
ICH REDE.
Kommunikationsfallen
und wie man sie umgeht

Kaum zu glauben, aber wahr: Wir überzeugen nur zu sieben Prozent durch das, was wir sagen, und zu stolzen 93 Prozent dadurch, wie wir etwas sagen. Doch nur die wenigsten Menschen sind von Natur aus gute und überzeugende Redner. Wer überzeugen will, muss sich die Grundlagen der Kommunikation aneignen. Isabel García, eine der versiertesten und gefragtesten Sprachspezialisten Deutschlands, erläutert genau diese Grundlagen Schritt für Schritt in ihrem Buch: ruhiges Reden und Atmen, tiefes und sachliches Sprechen, eine entspannte Körperhaltung und das Ausstrahlen von Souveränität. Auf der beiliegenden CD gibt sie außerdem konkrete Sprechbeispiele.

mvgverlag

170 Seiten
Preis: 16,99 € (D) | 17,50 € (A)
ISBN 978-3-86882-264-9

Christian Grüning
GARANTIERT ERFOLGREICH LERNEN
Wie Sie Ihre Lese- und Lernfähigkeit steigern

Nach der Arbeit mit diesem Buch kann jeder schneller und – viel wichtiger – mit besserem Verständnis und einer besseren Erinnerung lesen. Selbst komplexe Informationen werden gehirngerecht aufbereitet und mühelos in das derzeitige Wissen eingebunden. Derart »konstruiertes« Wissen kann man leicht wieder »re-konstruieren«, sodass es im entscheidenden Moment zur Verfügung steht. Unterstützt wird dieser Prozess durch das richtige Zeitmanagement. Man lernt, seine Konzentration zu verbessern und eine starke Motivation für die wichtigen Aufgaben zu entwickeln. Und das alles ohne Stress.

Wenn Sie **Interesse** an
unseren Büchern haben,

z. B. als Geschenk für Ihre Kundenbindungsprojekte,

fordern Sie unsere attraktiven Sonderkonditionen an.

Weitere Informationen erhalten Sie von

unserem Vertriebsteam unter +49 89 651285-154

oder schreiben Sie uns per E-Mail an:

vertrieb@mvg-verlag.de

mvgverlag